정보는 아름답다

정보는 아름답다

데이비드 맥캔들리스 지음 | 이정인 옮김

생각과느낌

지은이 **데이비드 맥캔들리스**

데이비드 맥캔들리스는 작가이자 디자이너로서 런던에 거주하고 있으며 가디언지에 글을 써 왔고
신기하고 흥미로운 일에는 무엇이든 빠져드는 성격이다.
근래에는 독립 저널리스트이자 인포메이션 디자이너로 활동하고 있다. 그는 사실, 데이터, 아이디어, 과제, 문제, 통계, 이슈 등을
최소한의 언어를 사용해 시각화된 정보로 제작하고 있다. 그의 관심은 디자인된 정보가 어떻게 사람들이 세상을 이해하는 데
도움을 줄 것인가 하는 데 있다. 헛소리들은 지우고 그 뒤에 숨겨진 연관, 패턴, 스토리 들을 드러내면서 말이다.
데이비드 맥캔들리스가 가장 싫어하는 것은 파이 차트이다. 파이는 사랑한다. 하지만 파이 차트는 싫어한다.
저작으로는 〈The Internet : Now in Handy Book Form!〉 등이 있으며 〈정보는 아름답다〉는 국내 첫 출간작이다.

옮긴이 **이정인**

고려대학교 철학과를 졸업하고 현재 전문번역가로 활중 중이며 인문학과 문학에 많은 관심을 보여 왔다.
옮긴 책으로는 〈소녀, 발칙하다!〉 〈바다의 별〉 〈프라하〉 등이 있다.

Originally published in the English Language by HarperCollins Publishers Ltd. under the title:
INFORMATION IS BEAUTIFUL
Text & Design ⓒ David McCandless, 2010
Translation ⓒ Thinking & Feeling Publishing Co., 2010,
translated under licence from HarperCollins Publisher Ltd
All rights reserved

Korean translation copyright ⓒ 2012
by Thinking & Feeling Publishing Co.
Korean translation rights arrnaged with HarperCollins Publishers Ltd.
through EYA(Eric Yang Agency)

이 책의 한국어판 저작권은 EYA(Eric Yang Agency)를 통해 HarperCollins Publishers Ltd.와
독점 계약한 (주)생각과느낌에 있습니다.
저작권법에 의하여 한국 내에서 보호를 받는 저작물이므로 무단 전재와 복제를 금합니다.

* 일러두기
1. 본문에서 ( )는 지은이의 글이고, [ ]는 옮긴이의 글입니다.
2. '※참고'는 옮긴이의 주석입니다.
3. 원서에서 한국 상황과 맞지 않거나 부적합하다고 판단된 부분은 일부 제외하였고,
   아래 페이지의 한국 부분은 한국판을 준비하며 편집진에서 추가한 것들입니다.
   탄소의 무게 I p.24 | 색과 문화 p.70 | Google 검색 통계 p.126
   불멸 p.135 | 칼로리 섭취 p.156 | 간단한 것들 II p.172, p.173

아름다운 인터넷 세상을 위하여

여는 글

이 책은 하나의 탐구에서 출발했습니다. 정보의 홍수에서 허우적거리며, 나는 이 모든 것을 보고 이해할 더 나은 방법을 찾고 있었습니다.

시각화를 하면 어떨까?

어떻게 보면 우리 모두는 어느 때보다 시각적인 세계에서 살고 있습니다. 매일, 매 시간, 매 분 우리는 웹을 통해 정보를 보고 흡수합니다. 우리는 그 속에 깊이 빠져 있지요. 아니, 벌써 길을 잃었는지도 모릅니다. 그래서 우리에게 필요한 건 항해를 도와줄 해도일지도 모릅니다. 세련된 디자인에, 화려하고 −그리고 바라건대− 유용하기까지 한 현대의 지도책 말이지요.

하지만 될 수 있는 한 글자를 줄인, 그래프와 지도로 가득한 책이 흥미진진하게 읽을 만한 책이 될 수 있을까? 그렇게 해도 재미있을까? 그림을 통해 유머를 발휘할 수 있을까? 아니, 정말 그래도 될까?

그래서 나는 새로운 방식과 오래된 방식 모두를 써서 정보와 아이디어 들을 그림으로 표현하는 실험을 시작했습니다. 내 자신의 호기심과 무지함을 충족하기 위해, 내가 답을 알고 싶은 주제들을 우선적으로 골랐습니다. 그리고 직접적인 사실과 건조한 통계를 피하는 대신 정보를 의미 있게 만드는 사실들 간의 관계와 맥락, 연결성에 집중하고자 했습니다.

그 결과가 바로 이 책입니다. 그림과 도표로 연결된 다채로운 사실들과 아이디어들, 눈으로 보는 상식 사전, 정보를 더욱 보기 쉽고 아름답게 만드는 실험들의 모음집. 이제 직접 눈으로 확인하십시오.

데이비드 맥캔들리스

반짝 상식		웹		사상	
억만 달러	010	온라인 사랑 찾기	066	좌파 vs. 우파	014
꼭 읽어야 하는 책들	026	세계가 하나	080	마법의 숫자 3	034
무슨 색을 '입었을까'?	030	유 튜브	086	의식이란 무엇인가?	064
무슨 색을 '골랐을까'?	032	Google 검색 통계	126	색과 문화	070
간단한 것들 I	058	전쟁 중인 항목들	148	당신의 단계	071
세계 최고	104	클라우드	178	세계의 종교	088
누가 더 똑똑할까?	109	영혼을 사세요	204	가치관의 매트릭스	090
베이컨보다 낫네	134			포스트모더니즘	122
불멸	135			방어기제	180
수염의 유형	158			에니어그램	200
빨강 vs. 파랑	166				
간단한 것들 II	170				

자연		과학		건강	
탄소의 무게 I	024	창조론 vs. 진화론	020	만병통치약?	018
먹어도 좋은 생선은?	028	창조 신화	044	불가항력	136
재고 점검	040	당신에 대한 책	048	신체 비례	139
30년 사이에 I	042	나에 대한 책	050	가장 위험한 병원균들	140
바닷물이 밀려온다!	068	퍼스널 컴퓨터의 진화	078	화장품 성분	141
이산화탄소 순환	092	해상도	094	암을 일으키는 것들	142
멸종	102	지구온난화 회의론 vs. 과학적 합의	112	대체 의학	176
교토 의정서의 목표	129	타고나는 것이냐 vs. 키워지는 것이냐	120		
30년 사이에 II	132	에너지의 미래	187		
탄소의 무게 II	146	미래의 미래	206		
워터 타워	150				
양서류의 멸종률	162				
꿀벌의 경고	202				

음식		권력		삶	
미뢰, 맛의 꽃봉오리	096	누가 세계를 움직일까?	036	20세기의 죽음	110
독배	106	누가 진짜 세계를 움직일까?	038	죽음의 확률	124
치료제	107	위인들의 뒤에는……	116	다양한 형태의 연애, 서양 결혼의 진화	130
샐러드드레싱	108	페터스 투영도법	174	동기, 이별 시기, 이별 통보	164
소스 좀 주세요	119	중동	184	사람의 사람 사랑	168
커피의 종류	144	중동에 대한 몇 가지 전후 맥락	186		
일일 다이어트 식단	154				
칼로리 섭취, 칼로리 소모	156				
와인 빈티지	160				

영화		미디어		음악	
시간선	016	침소봉대	022	댄스음악의 계보	046
22가지 이야기	190	정보 시각화의 유형	118	록의 계보	056
흥행에 성공한 할리우드 영화	192	미디어 정글	152	가장 성공한 록 밴드들	188
흥행에 성공한 영국 영화	196				
역대 흥행 영화	198				

억만 달러

억만 달러를 이쪽에 쓸 수도 있고 저쪽에 쓸 수도 있다. 이것들은 모두 연관되어 있다. 그렇지 않을까?

11조 9,000억
금융 위기 극복을 위해 전 세계가 들인 비용 총액

■ 증여　■ 지출　■ 전쟁　■ 축적　■ 빚　■ 손실　■ 수입

출처 : New York Times, Guardian, BBC, CNN 및 기타 언론매체 보도(특별한 언급이 없는 경우 모두 2009년도 추정 수치)
주의 : 이 표를 위해 약간의 시각적 조정을 하였다. 데이터 : http://bit.ly/bndollar

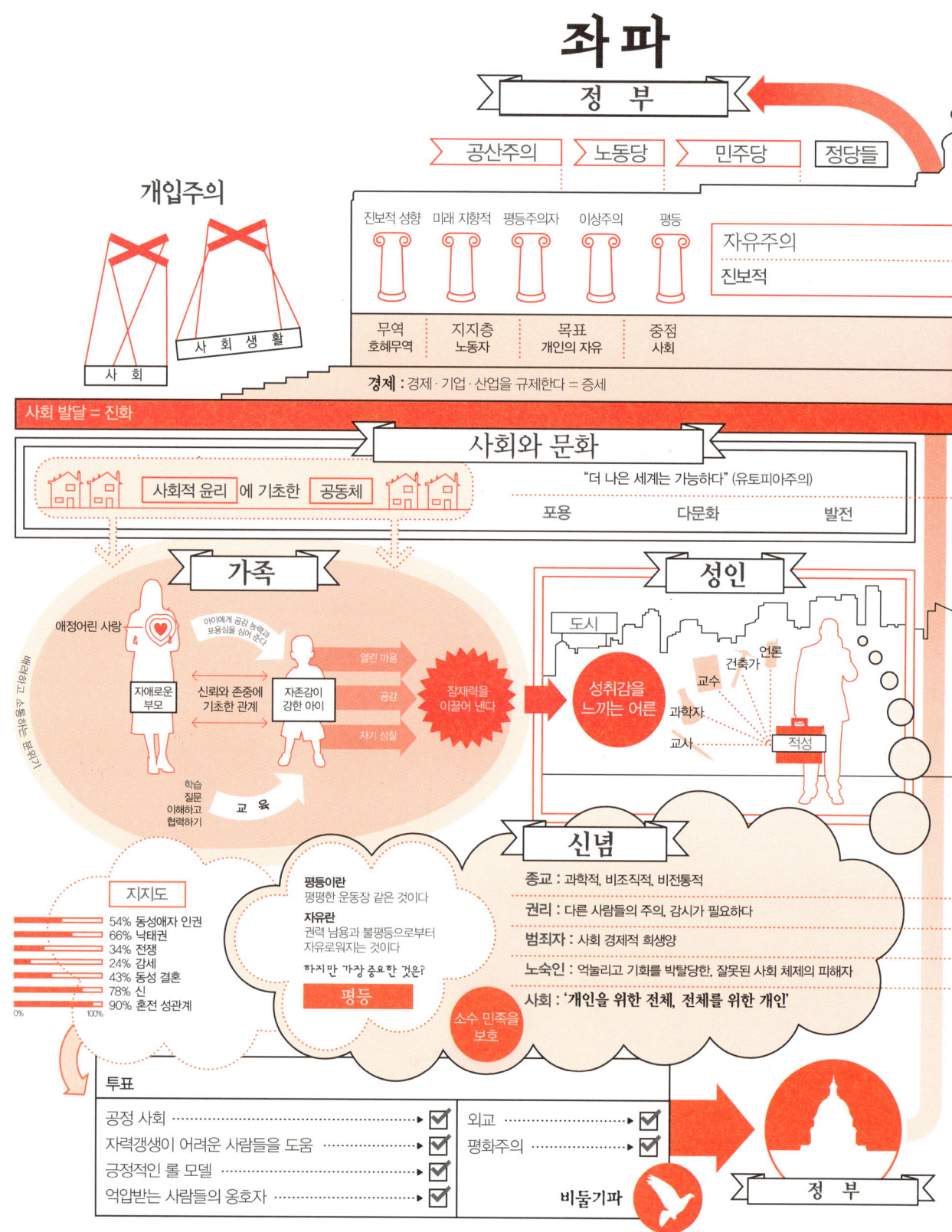

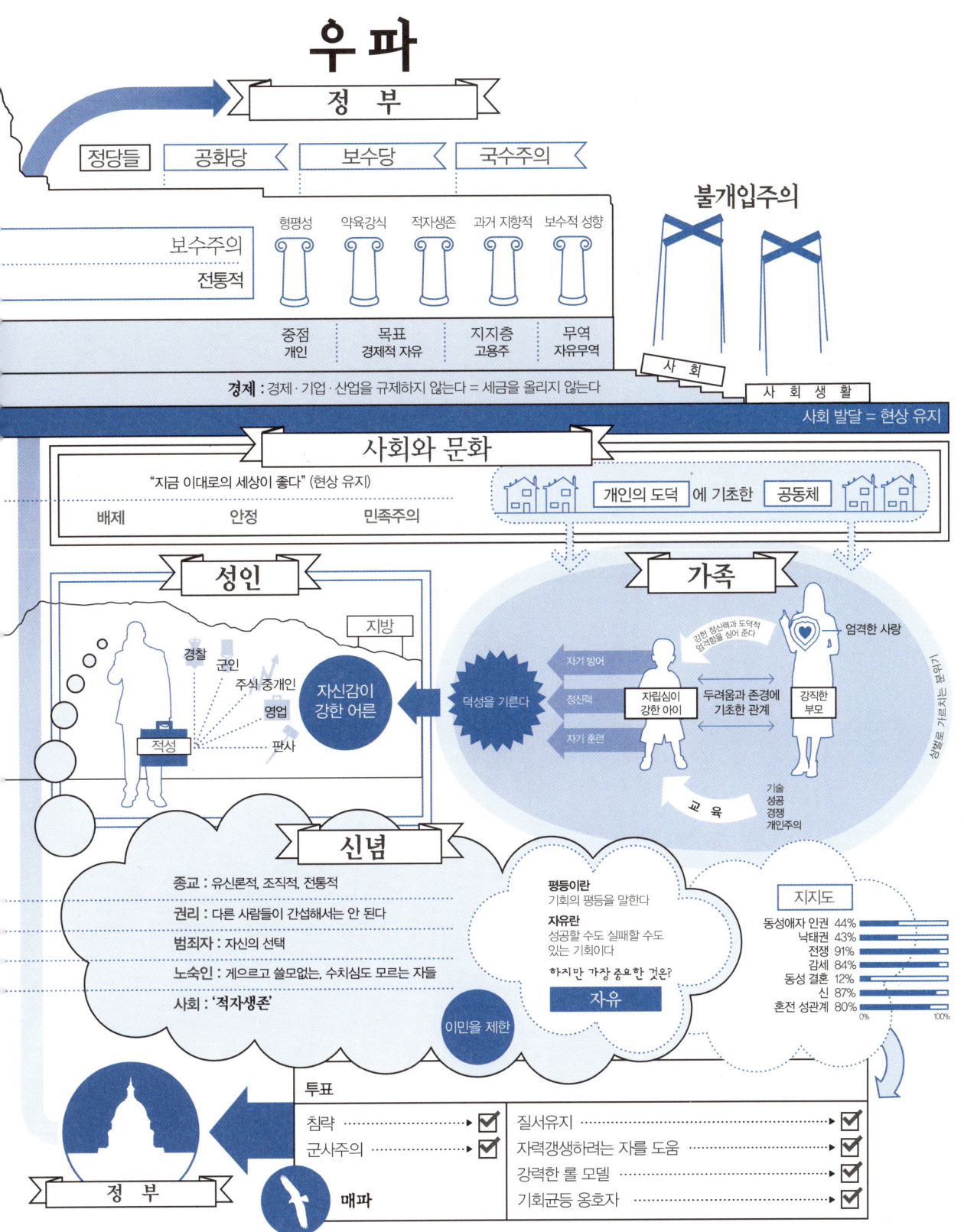

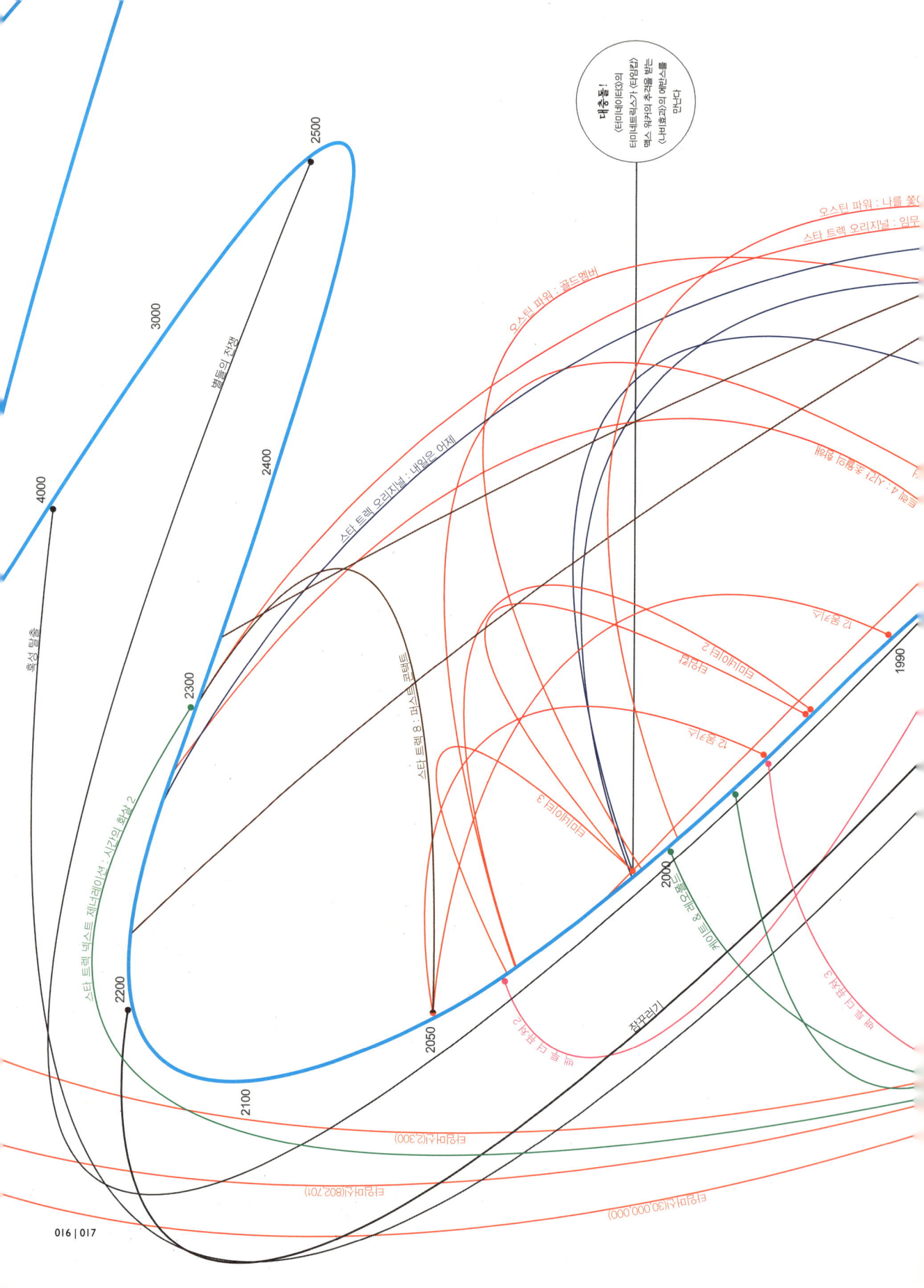

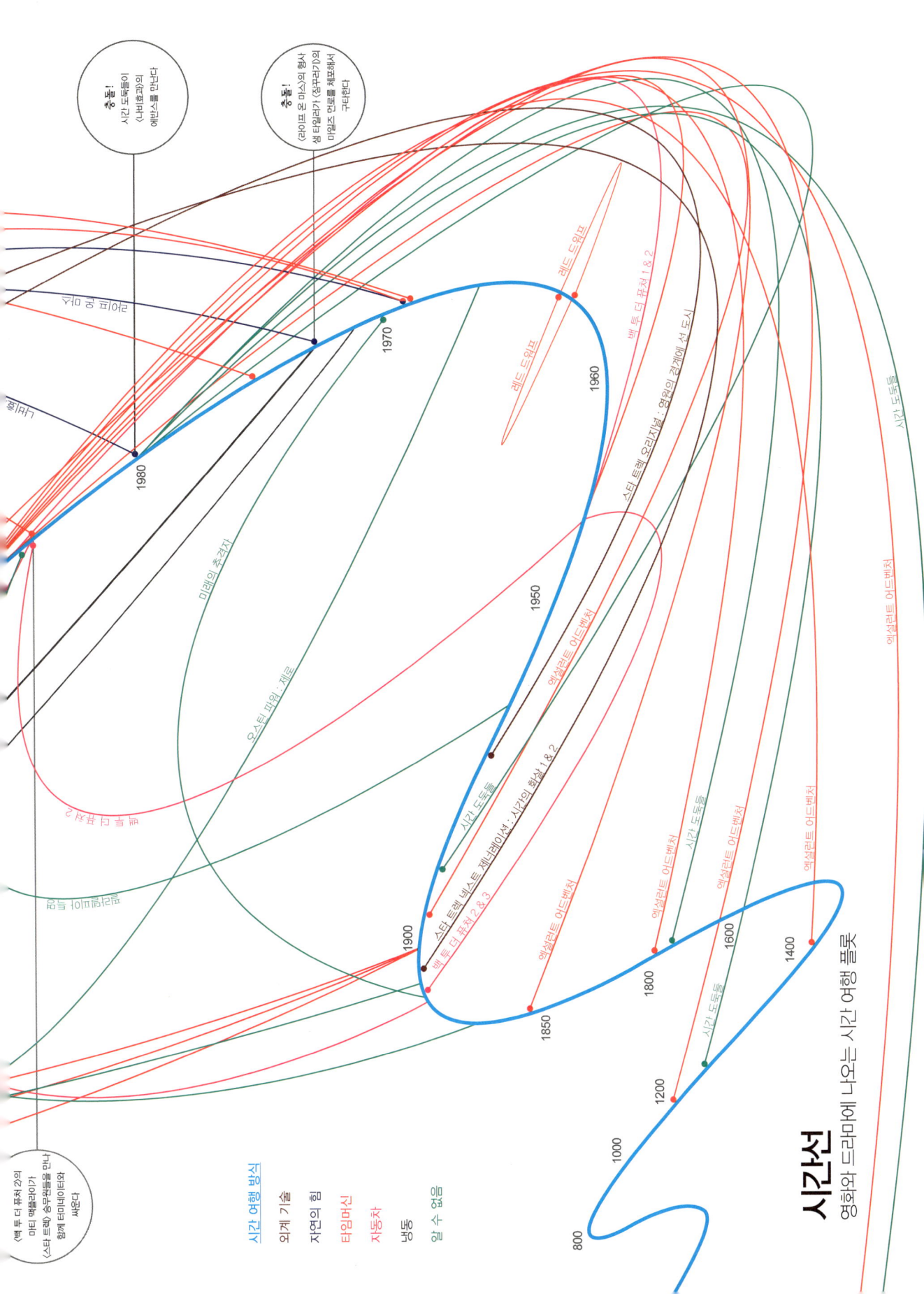

만병통치약?

인기 건강 기능 식품의 과학적 근거.
정상적인 식습관을 가진 성인이 섭취했을 때의 효능을 보여 준다.

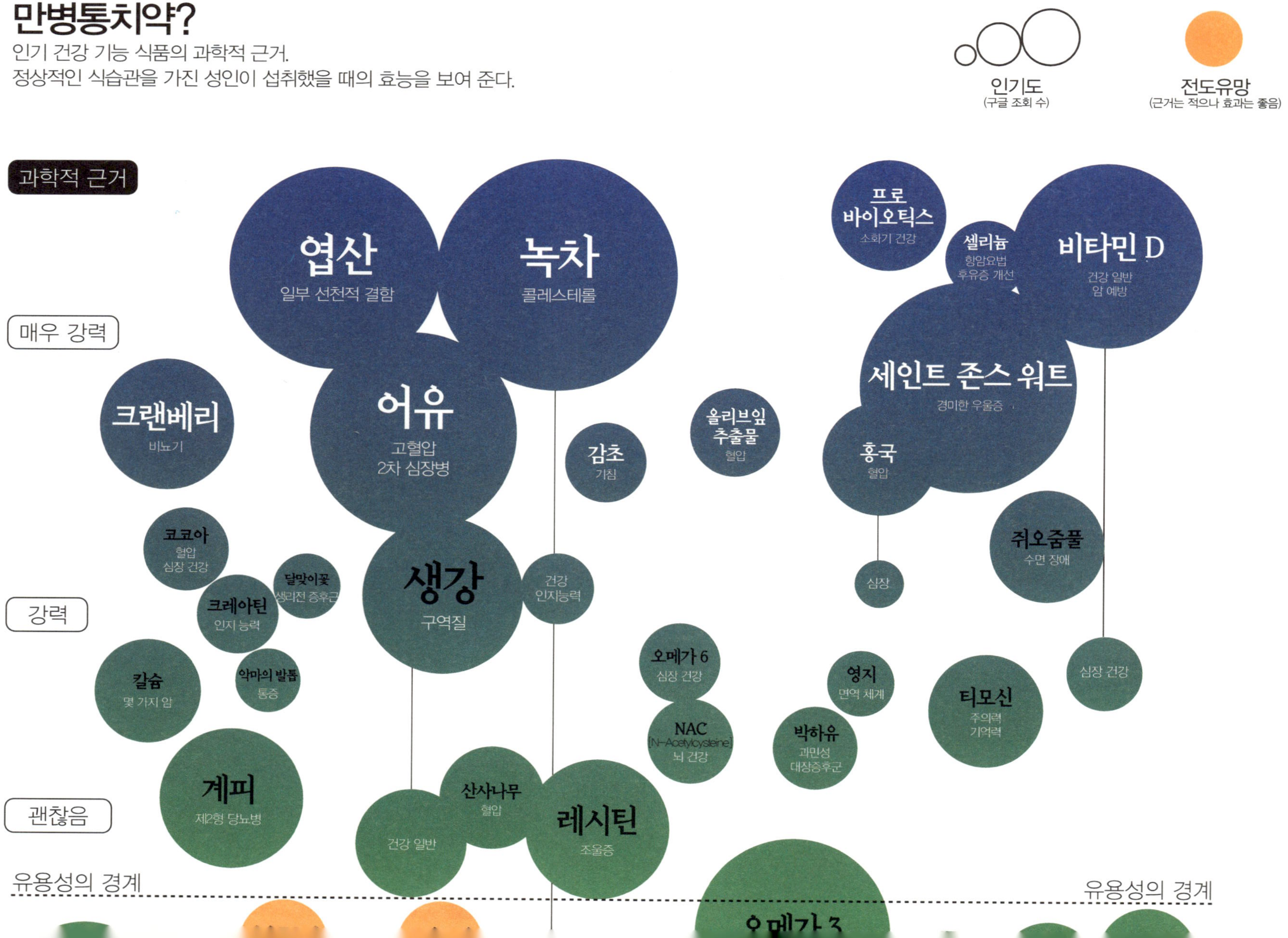

전도유망
(근거는 적으나 효과는 좋음)

인기도
(구글 조회수)

과학적 근거

매우 강력

- **비타민 D** — 건강 일반, 암 예방
- **세인트존스워트** — 경미한 우울증
  - 홍국 — 콜레스테롤
  - 셀라듐 — 항염증, 류머즘 개선
- **프로바이오틱스** — 소화기 건강
- **멜라토닌** — 수면 장애
  - 심장 건강
- **티모신** — 주의력 기억력
  - 영지 — 면역 체계
  - 박하유 — 과민성 대장증후군
- **녹차** — 콜레스테롤
- **엽산** — 일부 선천적 결함
- **어유** — 고혈압, 2차 심장병
- **생강** — 구역질
  - 올리브잎 추출물 — 혈압
  - 감초 — 기침
  - 오메가 6 — 심장 건강
  - NAC (N-Acetylcysteine) — 뇌 건강
- **레시틴** — 초콜증
  - 산사나무 — 혈압
  - 건강 일반

강력

- **크랜베리** — 비뇨기
  - 과요아 — 혈압, 심장 건강
  - 달맞이꽃 — 생리전 증후군
  - 크레아틴 — 인지 능력
  - 어깨의 발톱 — 통증
- **계피** — 제2형 당뇨병
- 감송 — 몇 가지 암

괜찮음

유용성의 경계

오메가 3

유용성의 경계

비타민 C
스피룰리나
트립토판
B12
B1 B7
B5
레스베라트롤 B2
통야자 느릅나무 껍질 토코트리에놀
포타슘 항상제 테아닌 유비퀴놀
베타인 로열젤리 강황
폴메틴 포다르크 타우린
간담 심장부정맥 대장암 우울증 케르세틴
세기풀 캄유 트립신
천연 실리카
라벤더 식이유황 오메가 9 프로바이오틱스 배뇨
엘리신 큰 엉겅퀴 메싸이오닌 파마인
잎 리코펜 리포산 판크레아틴
요오드 마그네슘 로즈힙
하얄루론산 리그난 메티오닌
철분
구기자 노니
인삼 마늘
DHEA 글루타치온 아마씨 기름
황련추출 호로파 구리 이소플라본
글루코사민 크코아 포도 껍질 민들레 인동초
콘드로이친 셀룰라아제 서양쪽송나무 은행잎
에키네이셔 크롬 체이스베리 아이브라이트
카르니틴 유리지치 비오벤치 아스파라긴 은 용액 아이소이신
고양이발톱 고사리 빌베리 캡사이신
카모마일 홍차 아사이 승마
아르기닌 여주 베타카로틴
5HTp 알라닌 천심련 아스트라갈루스 봉소
불확실 미미함 없음

창조론 vs. 진화론
세상 만물은 어디서 왔나?

 원의 크기 = 대략적인 지지자의 수(겹치는 부분은 한쪽만 고려)

지구가 평평하다고 믿는 사람들
성경에 지구가 평평하다고 나와 있으므로 지구는 평평하다. 동전이나 접시처럼 평평하다.

대부분의 이슬람교도들

불교
인간의 창조는 불가지한 것이므로 무의미한 물음이다. 문제는 존재다.

가톨릭교회의 입장

천동설
지구는 우주의 중심이다. 현대 과학은 모두 헛소리다.

진행적 창조론
신은 인간과 동물들을 창조했고, 다른 모든 것들은 진화했다.

유신론적 진화론
신은 진화를 통해 창조했다

진화는 좋은 것이다. 하지만 신은 생명 역사의 중요한 순간들에 개입한다. 신의 손길은 인간 영혼의 창조에도 꼭 필요한 것이다.

젊은 지구 창조론
지구의 나이는 6,000년이고, 인간은 동물과 아무 관계도 없다. 이를 믿지 않는 자는 지옥에 떨어질 것이다.

지적 설계 이론
세상 만물은 너무 잘 만들어져 있다. 진화를 통해서 이렇게 되기는 불가능하다. 따라서 신이 세상을 창조한 것이 확실하다.

간격 창조론
세계와 인류는 7일 만에 창조되었지만, 그러고 나서 약 1억년의 시간 간격이 있었다.

이신론
신은 지구와 인간을 창조했지만 그 뒤 아무것도 하지 않았다.

사이언톨로지
은하계의 지배자 제누가 테탄이라고 하는, 육체를 잃어버린 외계 존재의 영혼들을 모아 인간의 육신 속에 불어넣었다.

힌두 진화론
신은 진화다

진화는 영적 과정이다. 인간은 이런 살아 있는 진리를 향해 진화하는 신의 화신이다.

극단

보편적 다윈주의
우주의 모든 과정들,
그 모든 것은
다윈의 진화론을 따른다.

공진화
생물들 사이의 경쟁이 아니라
협력이 진화를 촉진시킨다.
'선자생존'.

다윈주의 진화론
적자생존
우연히 발생한 돌연변이가
환경에 적응하기
유리한 이점을 부여한다.
이러한 적응은 수백 세대 동안
자손에게 이어진다(자연 선택).
신은 없어도 된다.

집단 선택론
사실은 종 전체를
하나의 유기체로 보아야 한다.
자연 선택은 종의 차원에서
영향을 끼친다.

수렴 진화
눈처럼 복잡한
기관들은 기본 구조는
거의 변하지 않더라도
다른 기관들보다 훨씬 많은
진화 과정을 거친다.

신라마르크주의
진화는 생각만큼
우발적이지 않다.
유전자는 돌연변이를
'선택'할 어떤 능력을
보인다.

신다윈주의
DNA에 있는 이기적인
유전자가 오랜 세월에 걸쳐
천천히 숙주인 우리 생물들을
진화시킨다.

단속 평형 이론
진화는 돌발적으로 발생한
극적인 사태가 더 높은 단계의
진화를 이끌 때까지는
본질적으로
정적인 것이다.

라마르크주의
부모 세대가 살면서 획득한 형질은
자손에게 유전된다.
잘못된 이론으로 증명.

극단

출처 : Wikipedia, BBC.com, Skeptic.com

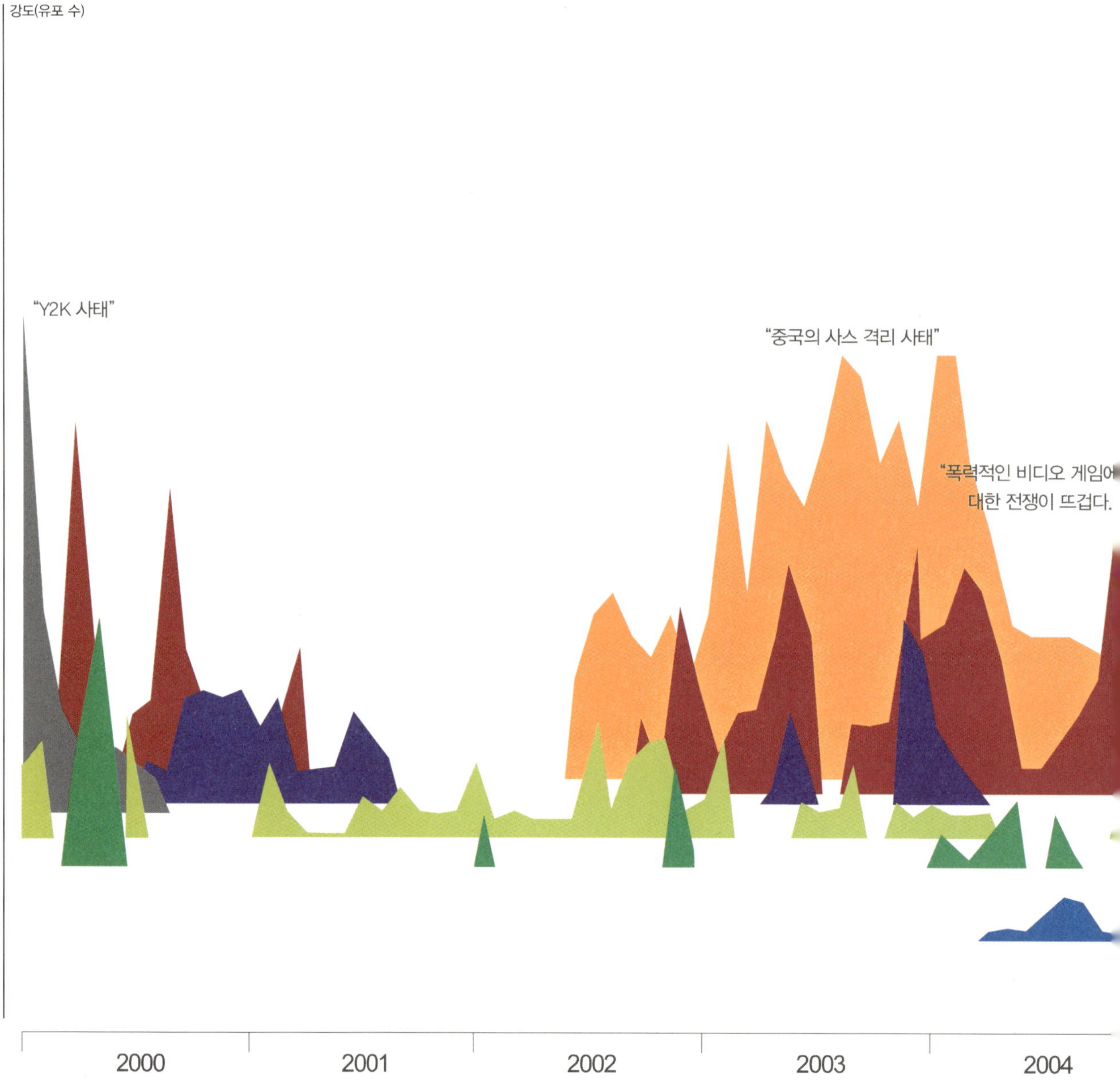

괴담(전세계 추산 사망자수)

- 살인 말벌(1,000)
- 자폐증 예방접종(0)
- 광우병(204)
- 조류독감(262)
- 와이파이 전자파(0)
- 소행성 충돌(0)
- 비디오 게임의 폭력성(알 수 없음)
- 신종플루(702)
- 휴대폰 사용으로 인한 뇌종양(0)
- 밀레니엄 버그(0)
- 사스(774)

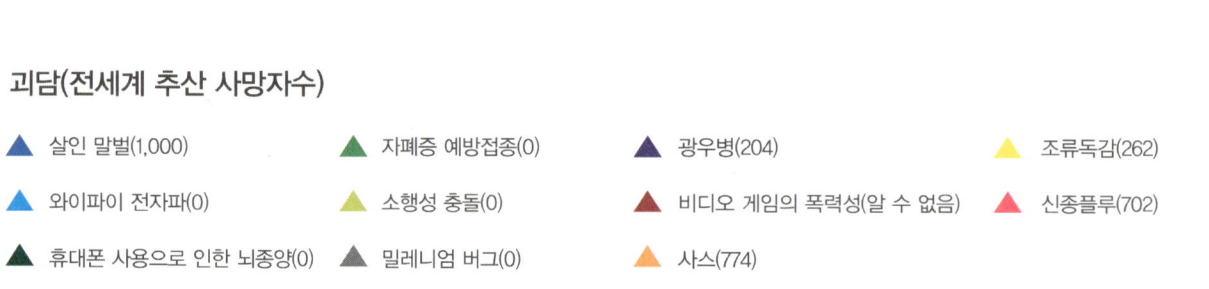

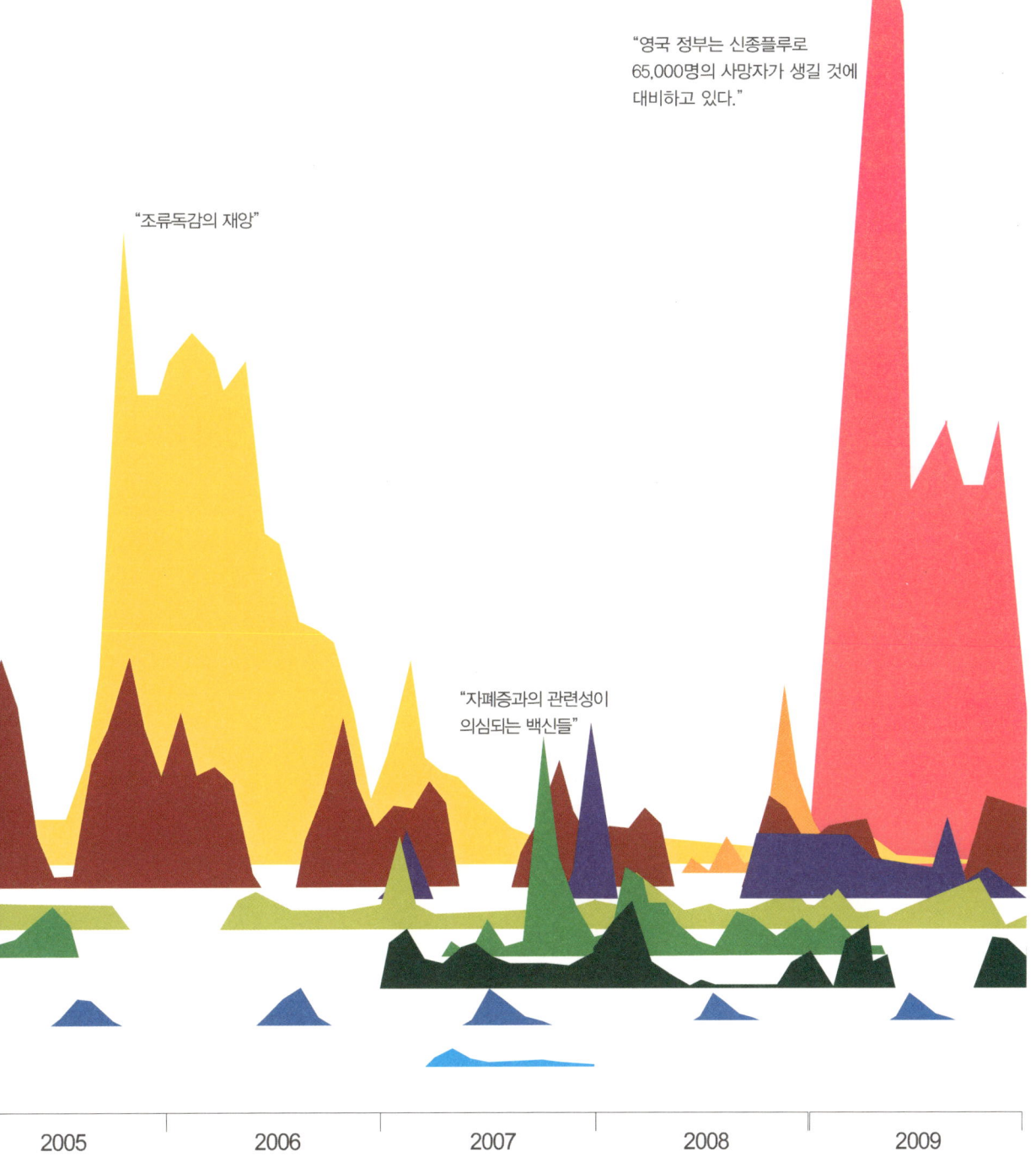

꼭 읽어야 하는 책들
서양이 꼽은 고전들

마음은 외로운 사냥꾼
대지
시녀 이야기　시핑 뉴스
은하수를
분노의 포도
크립토노미콘
시간 여행자의 아내　머니　동물
연금술사
캐치-22
노인과 바다　화이트 올랜더
작은 아씨들
데이
나는 황제 클라우디우스다
보이지 않는 인간　오언 미니를 위한 기도[1]　마의 산
오만과
파운틴헤드　새의 노래
제5도살장　미국의 목가[2]　젊은 예술가의 초상
음향과 분노
안네 프랑크의 일기
카
죄와 벌　시계태엽 오렌지　이방인　잃어버린 시간을 찾아서
우
위대한 유산　아라비안 나이트　추락
양철북　파우스트
백년
중력의 무지개　화산 아래에서[3]　미들섹스
율리시스　신곡　바람과 함께 사라
폭풍의 언덕
보물

※참고
아래의 작품들은 국내 미출간작들이다.
1. 『A Prayer For Owen Meany』[John Irving]
2. 『American Pastoral』[Philip Roth]
3. 『Under The Volcano』[Malcolm Lowry]
4. 『The Corrections』[Jonathan Franzen]
5. 『The Pickwick Papers』[Charles Dickens]
6. 『Regeneration』[Pat Barker]
7. 『The Poisonwood Bible』[Barbara Kingsolver]

산 작가가 될 거야!

톰 소여의 모험　캐벌리어와 클레이의 놀라운 모험

는 히치하이커를 위한 안내서　크리스마스 캐롤

멋진 신세계　더 컬러 퍼플　미들마치

풀잎

타　앵무새 죽이기

코퍼필드　대지의 기둥　파이 이야기　반지의 제왕　한밤중의 아이들

편견　코렐리의 만돌린　인생수정[4]　전쟁과 평화

피크위크 클럽의 기록[5]

일든　부활[6]　호밀밭의 파수꾼

가의 형제들

한 개츠비　생쥐와 인간　제인 에어

화씨 451　거장과 마르가리타

고독　돈키호테　로드　1984

허클베리 핀의 모험　누구를 위하여 좋은 울리나

모든 것이 산산이 부서지다

이즌우드 성경[7]　허영의 시장

몬테크리스토 백작

출처 : Desert Island Discs[BBC 라디오 프로그램], 부커상, BBC's The Big Reads[BBC가 주관한 인기 도서 투표], AskMetafilter.com, 퓰리처상, 오프라 윈프리 북 클럽 목록 및 작가 자신이 뽑은 톱 5

여름 | 겨울

무슨 색을 '입었을까'?
그해 유행한 여성복의 색

출처 : pantone.com

무슨 색을 '골랐을까'?
예상되었던 여성복의 유행색

여름

2002

핑클	릴리 그린	포피 레드	03
타이거릴리	카드뮴	플라자 토프	04
코럴 리프	켈프	베고니아 핑크	05
프렌치 바닐라	멜론	클로브	06
실버 피어니	타라곤	골든 애프리콧	07
골든 올리브	크루아상	스노클 블루	08
루사이트 그린	다크 시트론	로즈 더스트	09
로코코 레드	딥 울트라마린	카메오 핑크	10

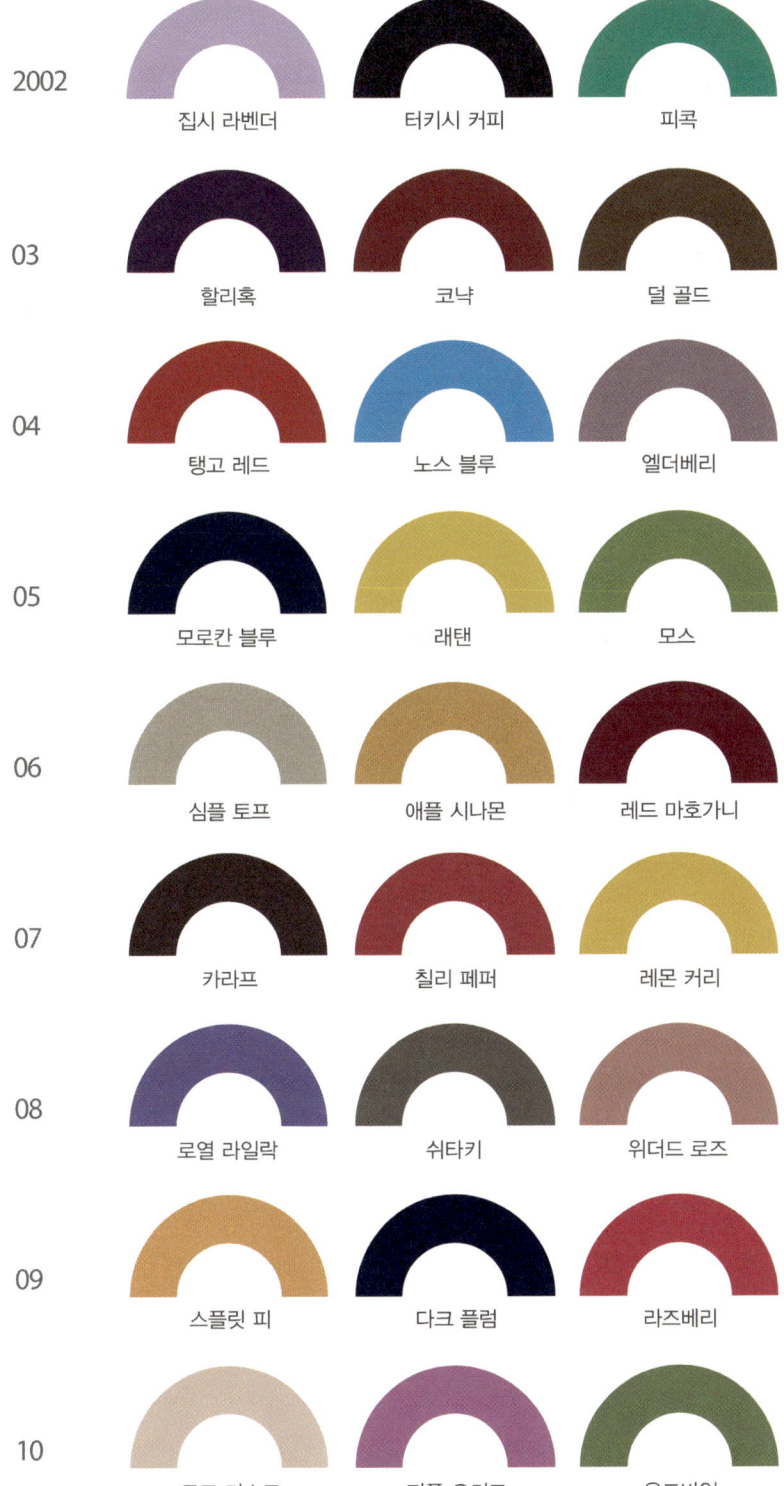

마법의 숫자 3

야릇한 사랑의 삼각형

흐음
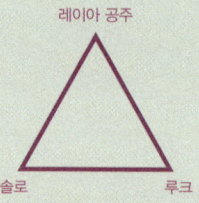
70년대

쿨럭
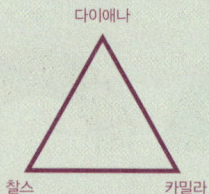
80년대

으응?
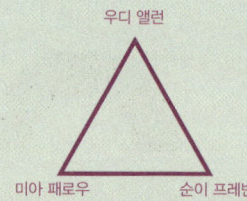
90년대

세 가지 생각

변증법
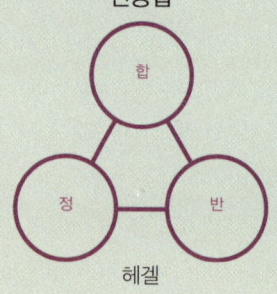
헤겔

사고의 유형
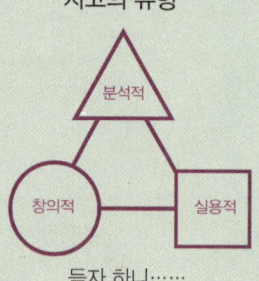
듣자 하니……

저널리즘
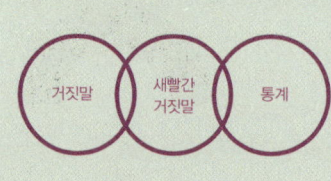
마크 트웨인

삶의 세 영역

영역
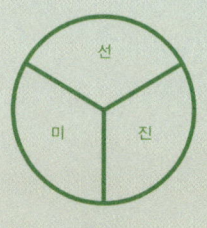
플라톤

훈련 방식
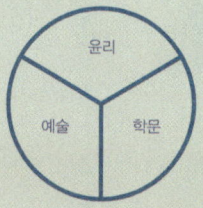

진리의 형태
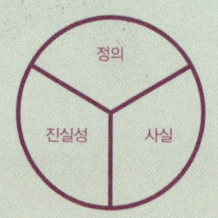

기독교 삼위일체론

하느님은 행복한 가족
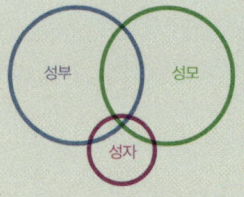
그노시스파(서기 100년)

하나의 하느님, 세 개의 위격
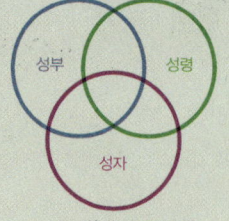
초기(서기 200년)

모두 개별적으로 존재한다
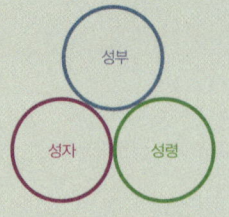
니케아공의회(서기 325년)

치유의 삼각형

생활의 필수 요소
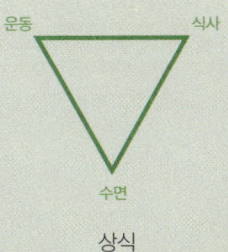
상식

건강의 유형
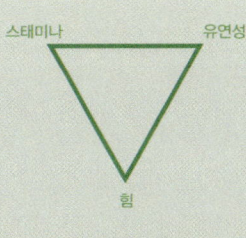
숀 필립스

연애의 기본 요소

행운이 있기를!

정신의 3구조
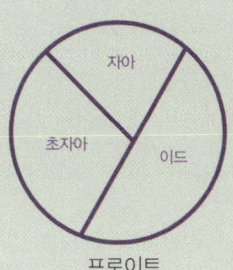
프로이트

뇌의 3구조
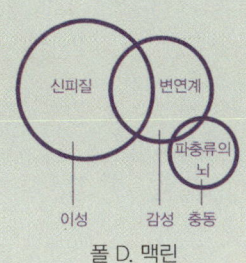
폴 D. 맥린

심리의 세 목소리
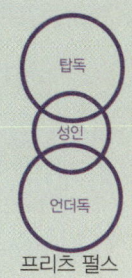
프리츠 펄스

가치의 삼원색

전근대적 가치
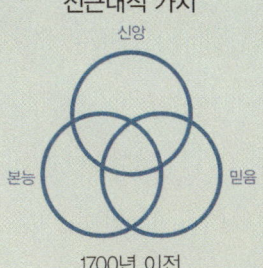
1700년 이전

근대적 가치
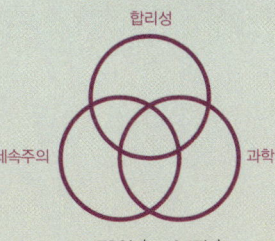
1700년~1945년

탈근대적 가치
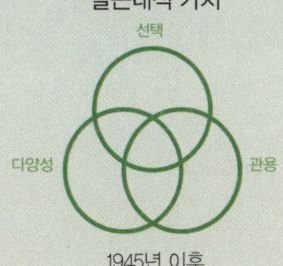
1945년 이후

아니, 성자는 신이자 인간이다
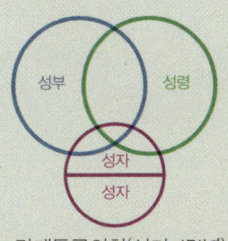
칼케돈공의회(서기 451년)

음, 어, 성자는 성부와 성령의 합일로 창조되었다
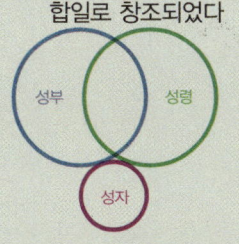
오리엔탈 정교회(서기 451년)

난 알아! 성부가 나머지 둘을 창조한 거야
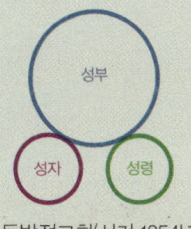
동방정교회(서기 1054년)

출처 : Wikipedia, The Gale Encyclopedia Of Religion[게일종교백과사전]

누가 세계를 움직일까?

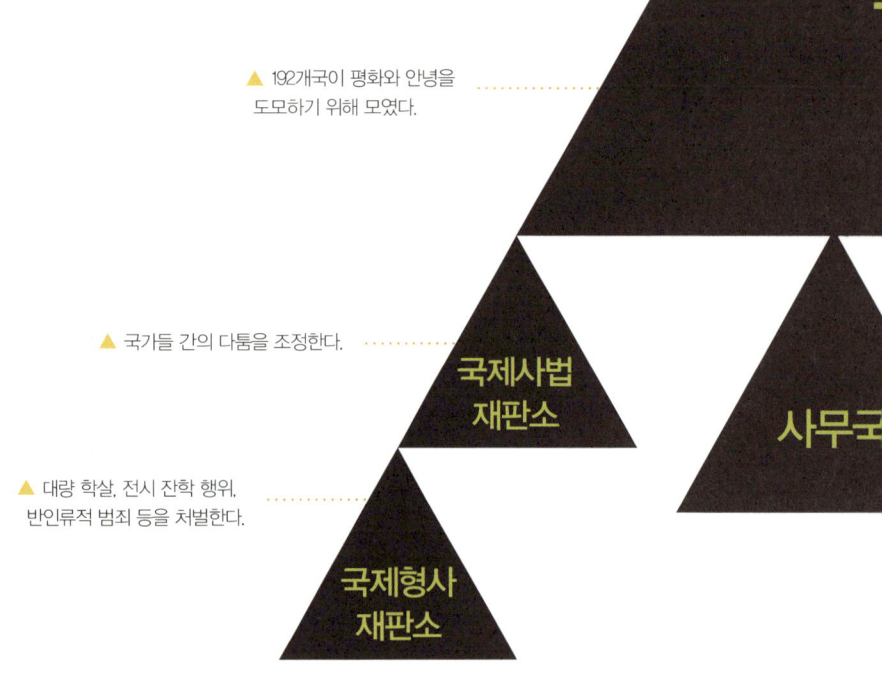

▲ 192개국이 평화와 안녕을 도모하기 위해 모였다.

▲ 국가들 간의 다툼을 조정한다.

국제사법재판소

사무국

▲ 대량 학살, 전시 잔학 행위, 반인류적 범죄 등을 처벌한다.

국제형사재판소

북대서양조약기구

▲ 세계를 무대로 활동하는 정보기관. 테러리즘, 밀거래, 조직범죄 등을 상대한다. 한마디로 제임스 본드 같은 일.

인터폴

개별 국가

동남아시아 국가연합

비정부기구

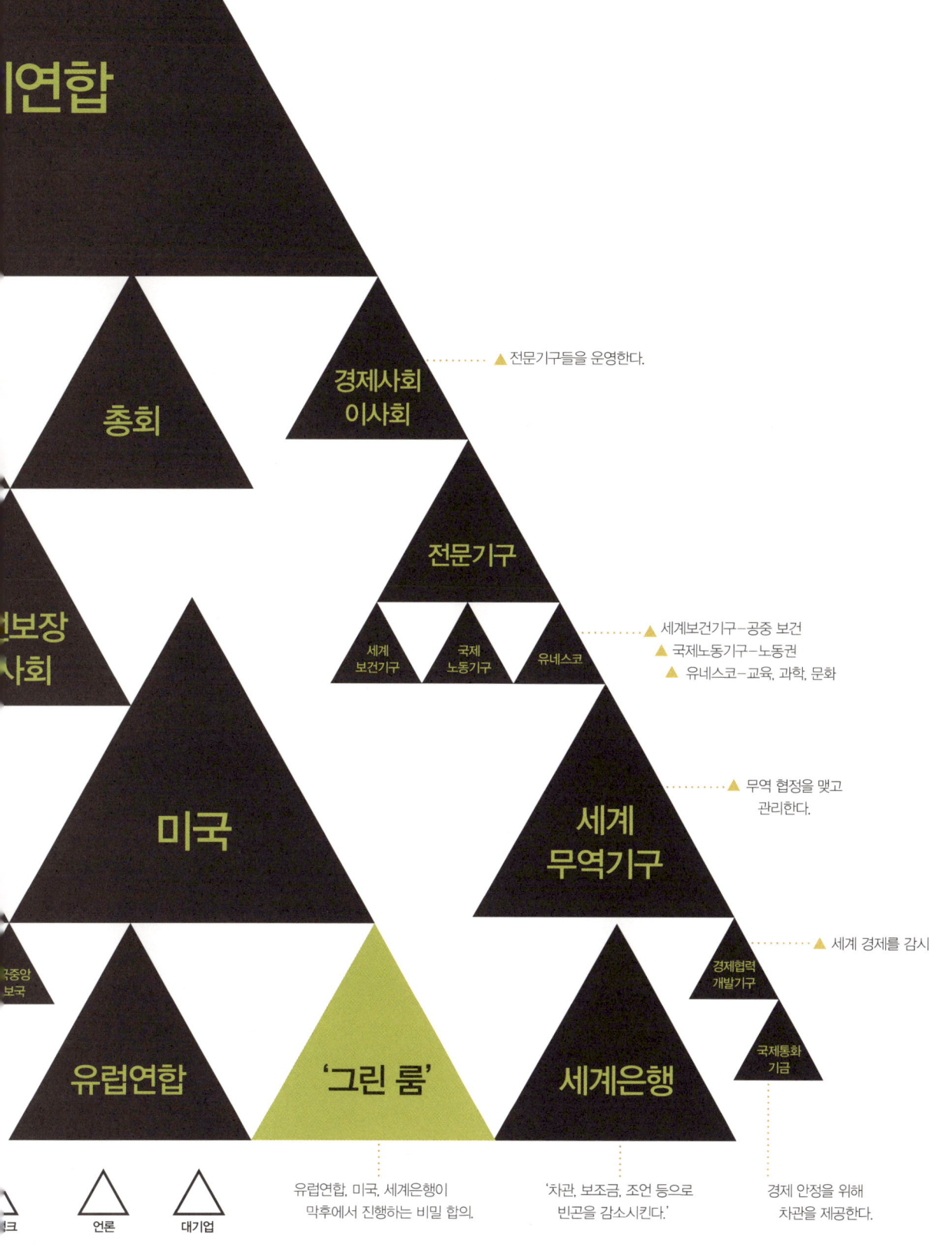

누가 진짜 세계를 움직일까?
음모론

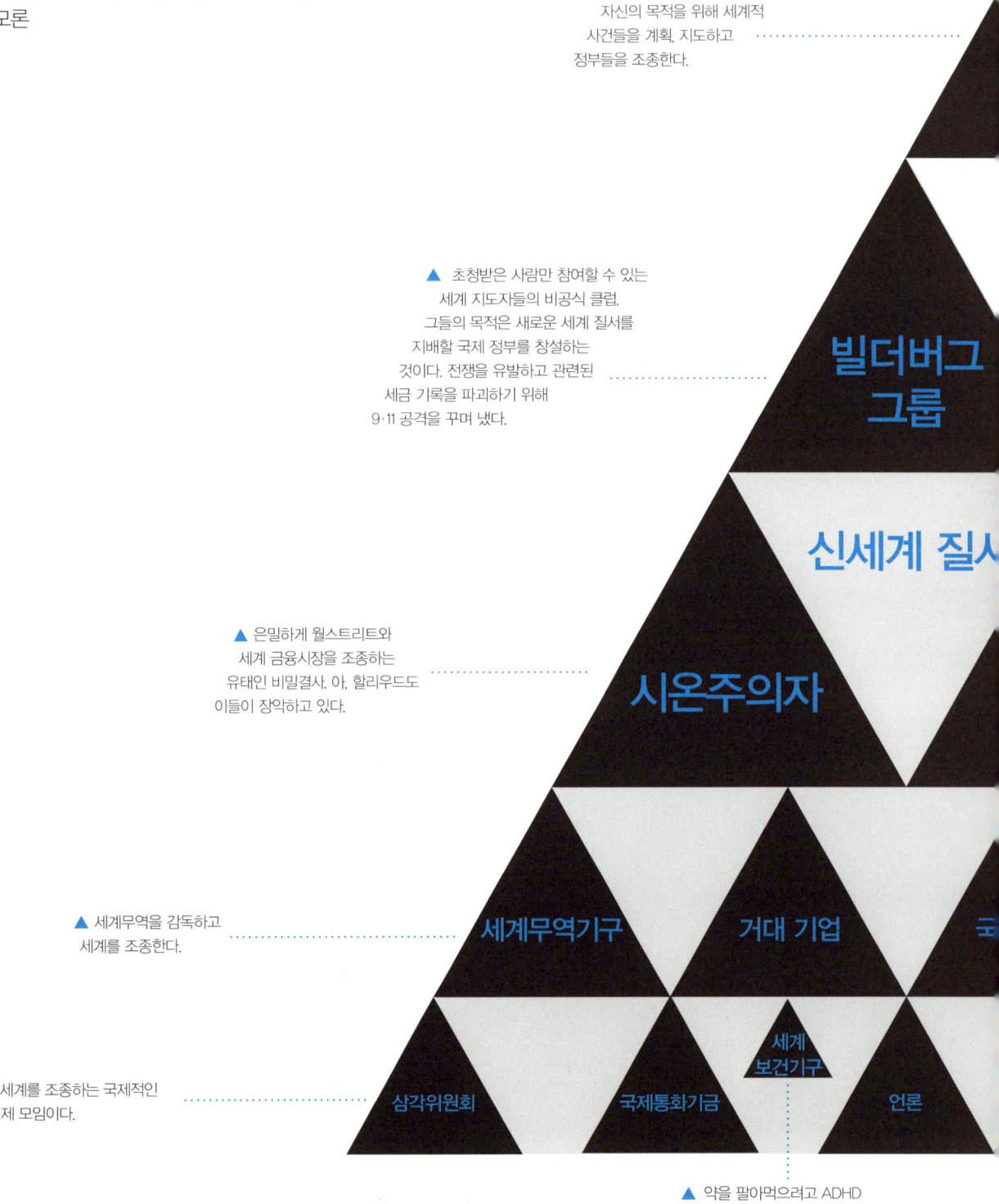

▲ 프리메이슨과 비슷한 비밀단체. 자신의 목적을 위해 세계적 사건들을 계획, 지도하고 정부들을 조종한다.

▲ 초청받은 사람만 참여할 수 있는 세계 지도자들의 비공식 클럽. 그들의 목적은 새로운 세계 질서를 지배할 국제 정부를 창설하는 것이다. 전쟁을 유발하고 관련된 세금 기록을 파괴하기 위해 9·11 공격을 꾸며 냈다.

▲ 은밀하게 월스트리트와 세계 금융시장을 조종하는 유태인 비밀결사. 아, 할리우드도 이들이 장악하고 있다.

▲ 세계무역을 감독하고 세계를 조종한다.

▲ 세계를 조종하는 국제적인 경제 모임이다.

▲ 약을 팔아먹으려고 ADHD 같은 병을 만들어 냈다.

일루미나티

사탄

변신 도마뱀

▲ 인간의 모습을 한 파충류들. 그들의 조직인 바빌론 협회가 세계를 조종한다. 조지 부시, 엘리자베스 2세와 배우 크리스 크리스토퍼슨 등이 회원이다.

적그리스도

국

외계인

미국 중앙정보국

유에프오

흑색 작전 [Black Ops]

▲ 비행기구름은 화학약품이다.
▲ 수돗물 속의 불소는 정신을 통제하는 약이다.
▲ 에이즈/HIV/조류독감/사스는 모두 인간이 만들어 낸 것이다.
▲ 크랙 코카인은 하층민을 통제하려고 발명되었다.
▲ 지구온난화는 사기다.
▲ 이라크에 대량 살상 무기가 있다는 증거는 전쟁을 정당화하기 위해 조작된 것이다. 앗. 실수!

▲ 외계인이 일상적으로 사람을 납치해 인체 실험을 하고 있다. 미국 정부는 진상을 알고 있지만 숨기고 있다.

출처 : Wikipedia, Skeptic.com

재고 점검
재생산이 불가능한 자원의 세계 잔여량 추산치

금속

	아연	악기	10년
	티타늄	비행기, 장갑용 강철판	12년
	인듐	태양전지판, LCD 스크린	13년
	납	탄환, 자동차 배터리	14년
	은	반창고, 메달, 장신구	14년
	금	장신구, 금괴	14년
	하프늄	원자력, 컴퓨터 반도체	17년
	크롬	도금, 도료	20년
	주석	캔, 산업용	23년
	우라늄	핵무기	23년
	구리	황동, 전선, 관악기	26년
	탄탈룸	휴대전화	28년
	안티몬	약품, 건전지	29년
	니켈	동전, 도금	31년
	백금	연료전지, 촉매 변환 장치, 장신구	39년
	카드뮴	2차전지, TV 스크린	54년

자원 의존 수요는 매년 1%~2.5%씩 증가한다고 추정

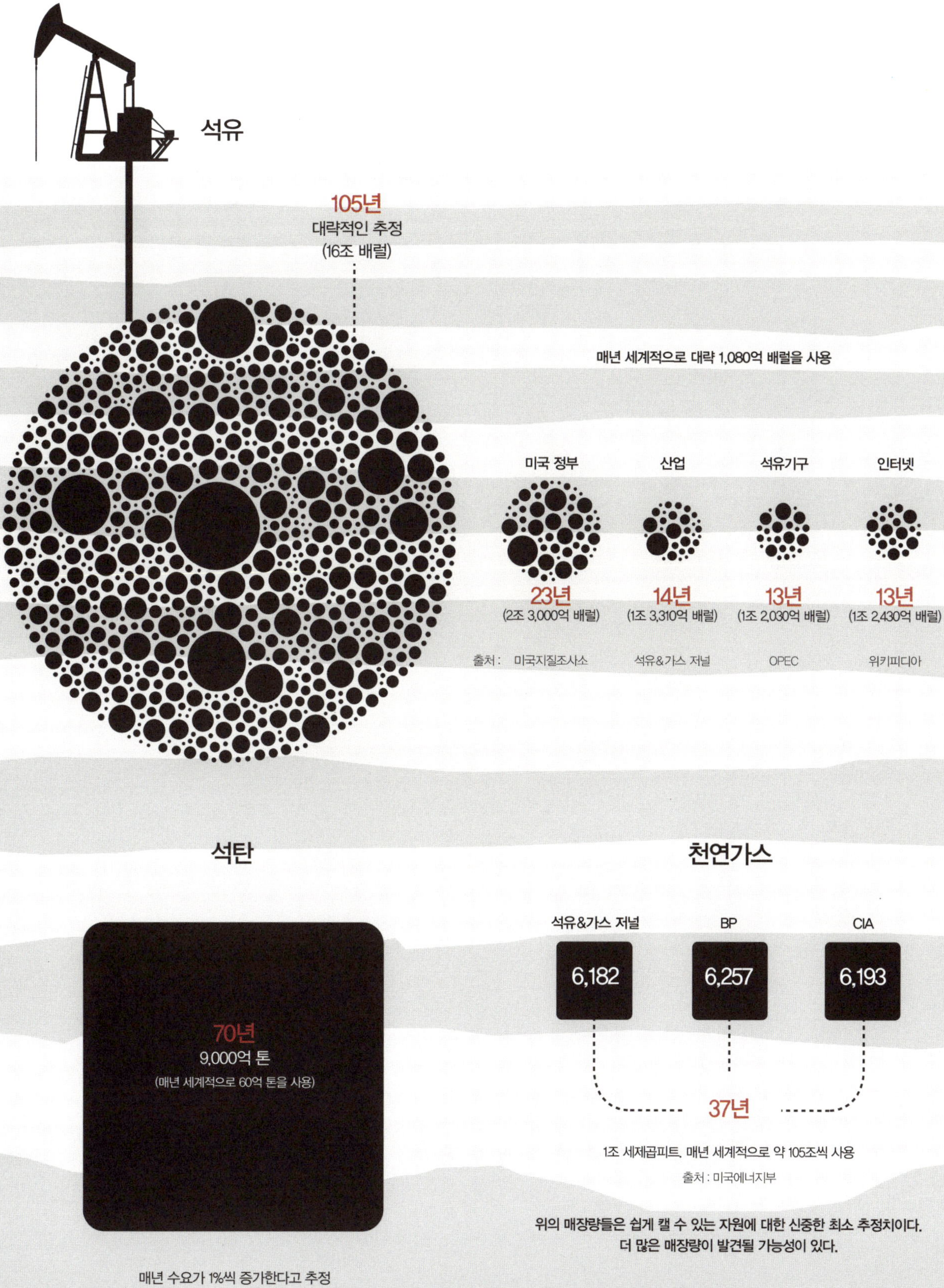

석유

105년
대략적인 추정
(16조 배럴)

매년 세계적으로 대략 1,080억 배럴을 사용

미국 정부	산업	석유기구	인터넷
23년 (2조 3,000억 배럴)	**14년** (1조 3,310억 배럴)	**13년** (1조 2,030억 배럴)	**13년** (1조 2,430억 배럴)
출처 : 미국지질조사소	석유&가스 저널	OPEC	위키피디아

석탄

70년
9,000억 톤
(매년 세계적으로 60억 톤을 사용)

매년 수요가 1%씩 증가한다고 추정

천연가스

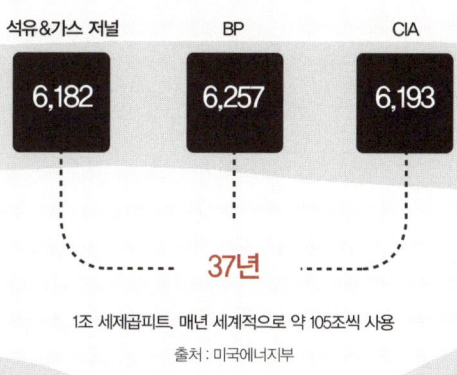

석유&가스 저널	BP	CIA
6,182	6,257	6,193

37년

1조 세제곱피트, 매년 세계적으로 약 105조씩 사용

출처 : 미국에너지부

위의 매장량들은 쉽게 캘 수 있는 자원에 대한 신중한 최소 추정치이다.
더 많은 매장량이 발견될 가능성이 있다.

출처 : Wikipedia, OPEC, Environmental Investigation Agency[환경보호국], USGS[미국지질조사소], CIA Factbook, Oil & Gas Journal, World Energy Council[세계에너지협의회], World Coal Institute[세계석탄연구소], BP

30년 사이에 I

1978

2008

출처 : Global Forest Watch[지구산림감시단]

창조 신화
만물은 어떻게 시작됐을까?

무에서 생겨났다

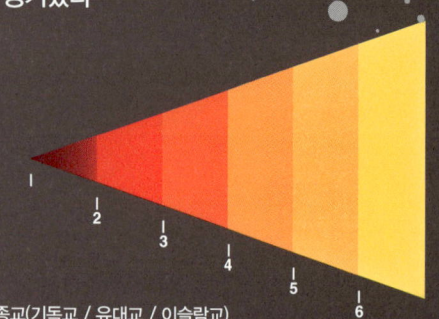

아브라함 종교(기독교 / 유대교 / 이슬람교)
1일. 하느님께서 빛과 어둠을 만드셨다.
2일. 하느님께서 물과 하늘을 만드셨다.
3일. 바다와 땅을 가르시고 모든 식물을 만드셨다.
4일. 해와 달과 별들을 만드셨다.
5일. 물속에 사는 모든 동물과 새들을 만드셨다.
6일. 땅에 사는 모든 동물을 만드셨다.
7일. 푹 쉬셨다.

빅뱅 이론
1. 140억 년 전, 우주의 모든 물질이 한 점에서 폭발해 나왔다. 2. 우주는 백만 분의 1초 만에 원자 크기에서 자몽만 한 크기로 팽창했다. 3. 3분 뒤 우주는 빛도 내지 않는, 엄청나게 뜨거운 안개가 되었다. 4. 30만 년 뒤 모든 것이 식으면서 최초의 원자들이 만들어졌다. 빛이 생겼다! 5. 10억 년 뒤 가스 구름이 붕괴한다. 인력이 그것들을 서로 끌어당겨 최초의 은하와 별들을 형성했다.

원시 "수프"

힌두교
캄캄하고도 넓은 바다에서 비슈누 신이 잠을 자고 있었다. 윙윙거리는 소리가 울리고 커다란 "옴!" 소리와 함께 비슈누가 깨어났다. 비슈누의 배 속에서 브라흐마를 품은 연꽃이 피어났다. 비슈누는 브라흐마에게 세계를 창조하라고 명령했다. 브라흐마는 연꽃을 갈라 천국과 땅과 하늘을 만든다.

중국(도교)
태초에 혼돈의 안개가 있었다. 안개가 갈라지면서 가벼운 것은 하늘로 올라가고 무거운 것은 가라앉아 땅이 되었다. 하늘과 땅에서 음과 양, 남과 여가 나와 세상의 조화를 만든다.

무한한 우주 / 영원한 창조

정상 우주론
우주가 팽창하면서 물질이 끊임없이 생성된다. 시작도 없고 끝도 없다.

불교
우주는 '존재'하는 상태 그대로 고정된 것이 아니라 '생성'하는 것이다. 별들과 은하들이 사멸하는 동안 항상 새로운 별들과 은하들이 탄생하고 있다.

무한한 우주 / 순환론

대폭발[빅뱅]과 대붕괴
약 1조 년을 주기로 해서 대폭발과 대붕괴가 끝없이 순환한다. 그때마다 모든 물질과 복사가 초기화된다. 하지만 우주 상수는 그렇지 않다. 우주 상수는 주기를 반복할 때마다 점차 줄어들어 오늘날 우주에서 관찰되는 것처럼 작은 값이 되었다.

퇴화 / 진화(힌두교, 신지학)
탄생. 죽음. 재탄생의 영원한 순환에서 무한한 수의 우주가 존재한다. 각 순환은 84억 년 동안 지속된다. 우주는 모든 물질적인 것들을 끌어들여(들숨) 모으고, 펼쳐 내며(날숨) 팽창한다. 이 순환은 영원히 반복된다.

반고체 상태
우주는 항상 존재해 왔다. 우리 우주에서의 대폭발에 맞먹는 매우 다양한 규모의 폭발이 지속적으로 발생한다.

거품 우주
우리의 우주는 더 큰 다른 우주들의 '거품'이 낳은 거품이다. 거품은 모두 서로 다르다. 우리의 거품은 삶을 지속시킬 수 있을 만한 훌륭한 것이 되었다.

출처 : Wikipedia, NewScientist.com

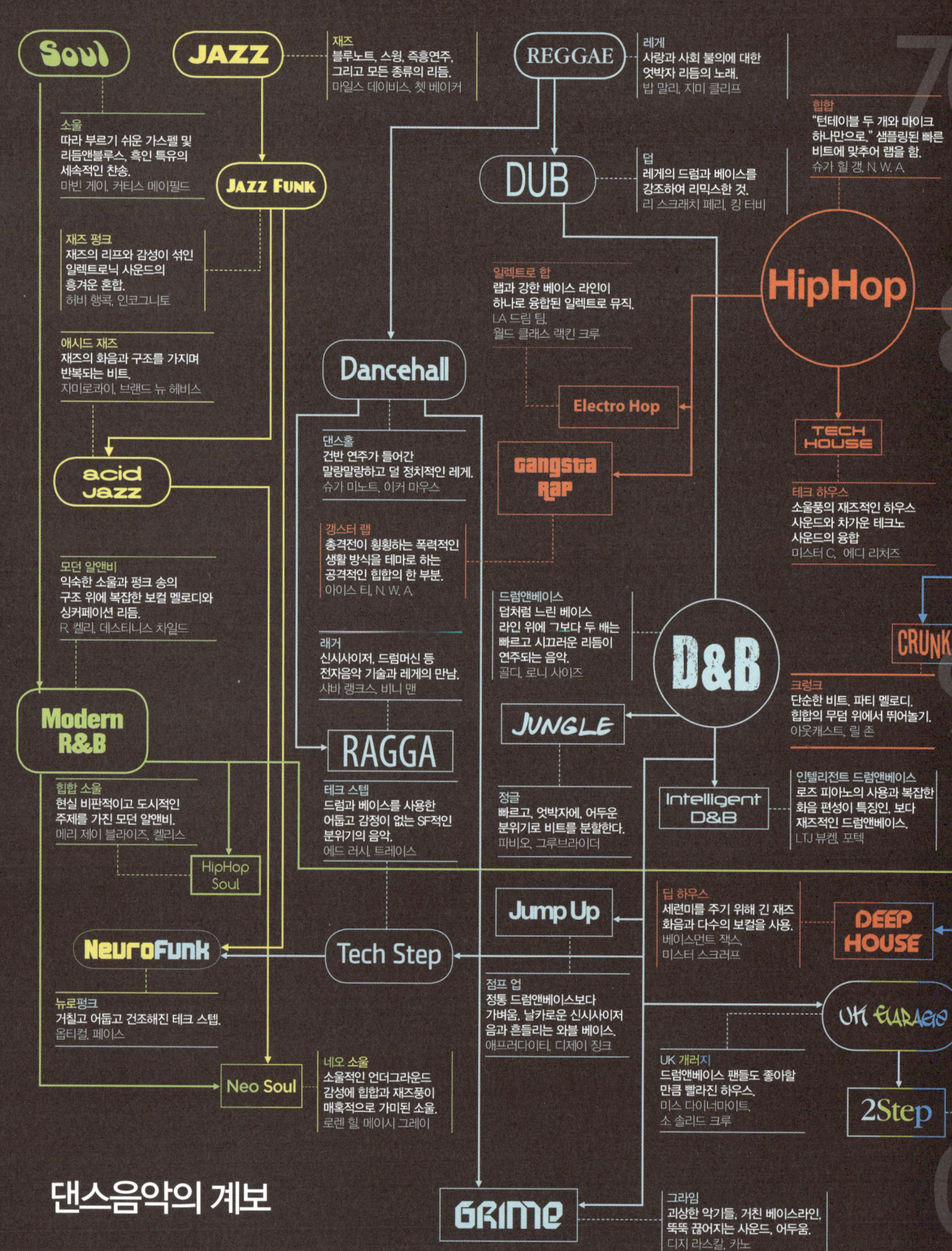

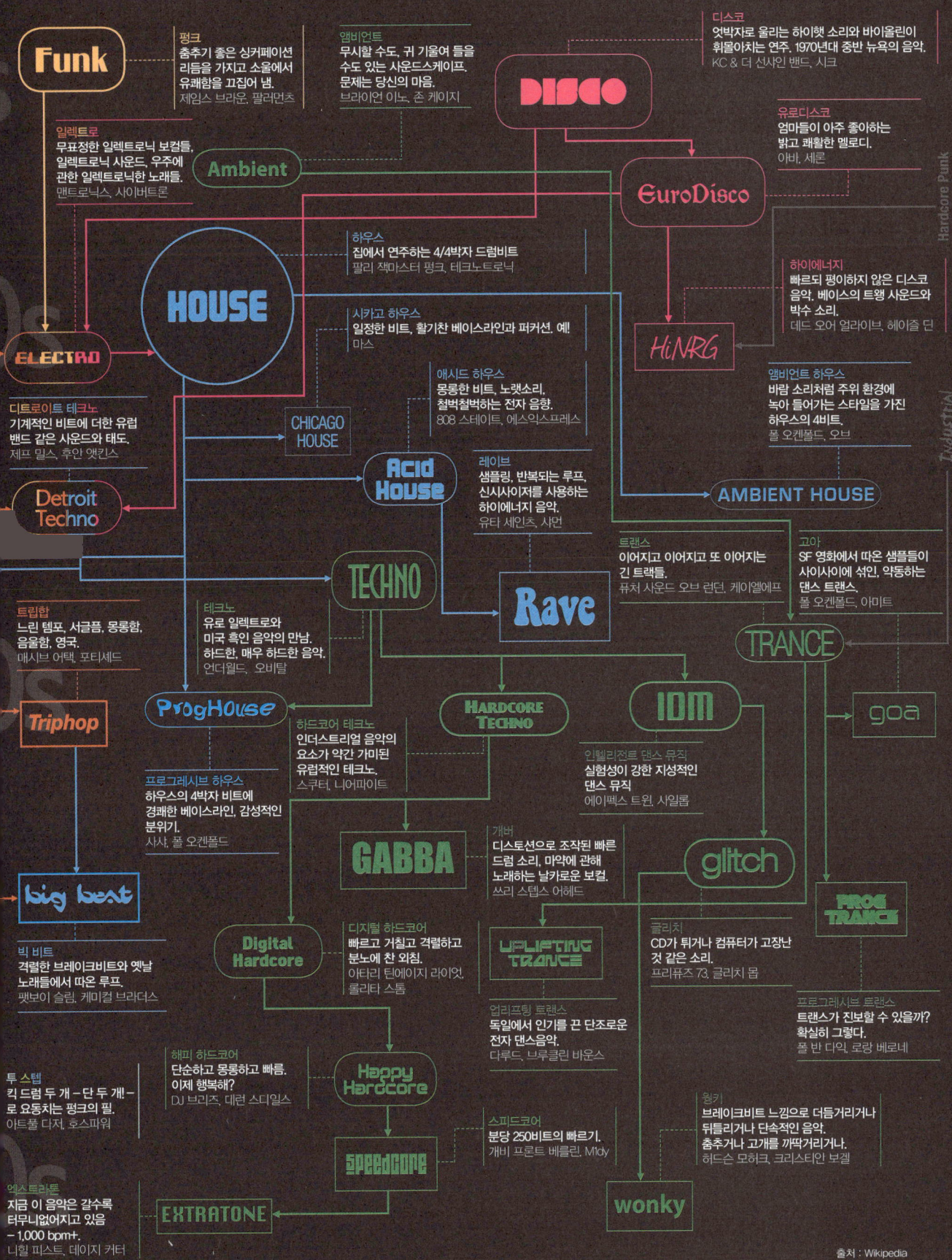

당신에 대한 책

100조 개의 세포 하나마다 한 권씩 들어 있다

책 DNA 전체(혹은 '게놈') – 30억 단어

장 개인 별 차이를 주는 유일한 부분('유전자형')
0.06%

페이지 장 안의 조직된 부분('염색체'). 유전자로 이루어졌다.
23쌍

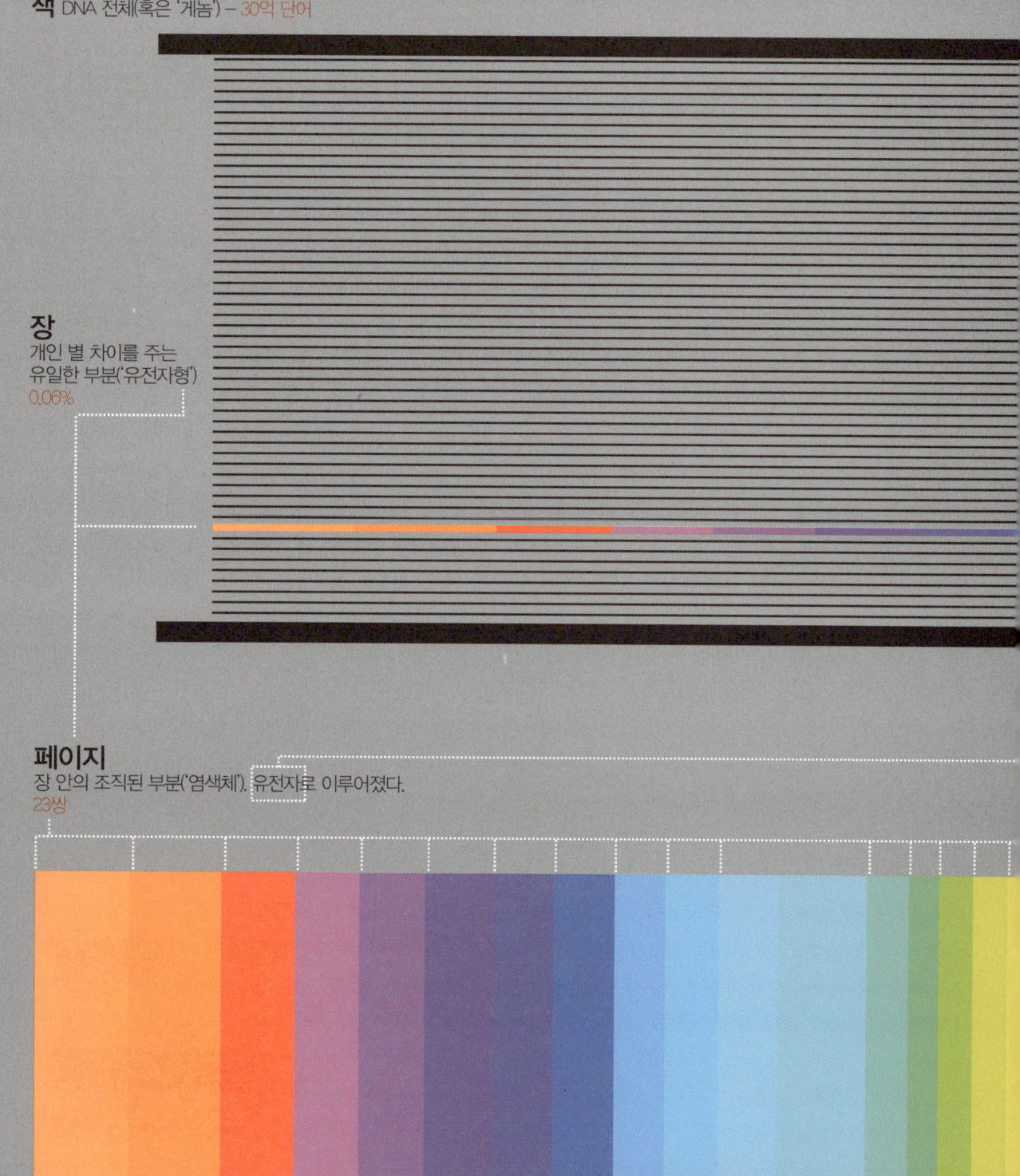

문단
유전자는 염기쌍으로 이루어진 DNA 덩어리다.
20,000~25,000

단어
각각 두 글자로 된 DNA '단어들'
200만

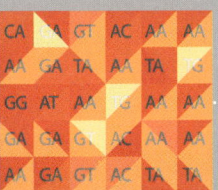

글자
아래의 분자들이 글자를 이룬다.
4

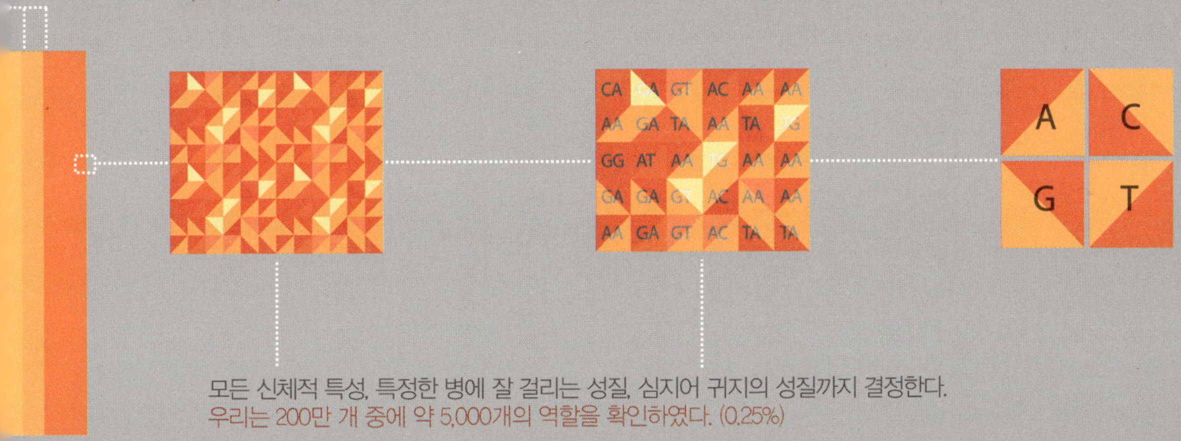

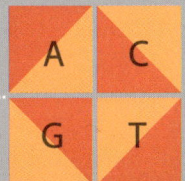

모든 신체적 특성, 특정한 병에 잘 걸리는 성질, 심지어 귀지의 성질까지 결정한다.
우리는 200만 개 중에 약 5,000개의 역할을 확인하였다. (0.25%)

출처 : Decodeme.com, Wikipedia

나에 대한 책
(2백만 개의 단어로 조합된) 내 염색체의 염기 서열

- 엽산 신진대사와 여러 암
- 하지 불안 증후군(5)
- 제1형 당뇨병(11)
- 건선(4)
- 크론병(11)
- 비만(10)
- 담석증
- 전립선암(11)
- 류머티즘성 관절염(7)
- 셀리악병(8)
- 정맥 혈전 색전증
- 심장마비(4)
- 기저세포암(3)
- 유당불내증
- 다른 염기 서열들의 일부
- 노인 황반 변성(3)
- 유방암(10)

> 일부 질환들은 여러 '글자들(DNA 염기쌍)'의 영향을 받는다. 여기에는 염기 서열상 첫 번째 글자 위에, 영향을 주는 염기쌍의 수(괄호)를 표시했다.

제2형 당뇨병(17)

다발성 경화증(4)

심방세동

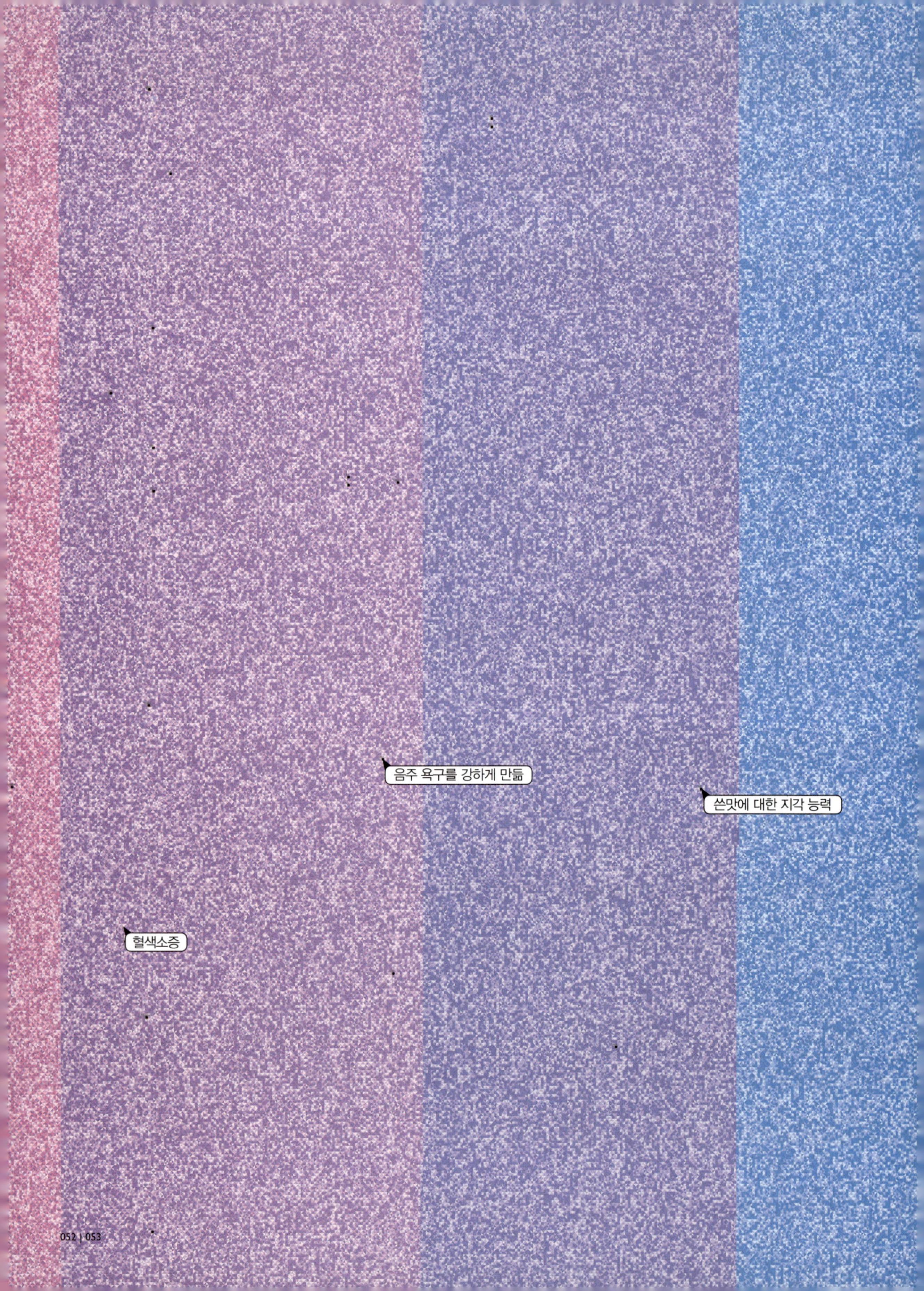

음주 욕구를 강하게 만듦

쓴맛에 대한 지각 능력

혈색소증

- 뇌동맥류
- 쾌감에 대한 반응성
- 지구력 운동
- 와파린 대사(3)
- 방광암
- 대장암(6)

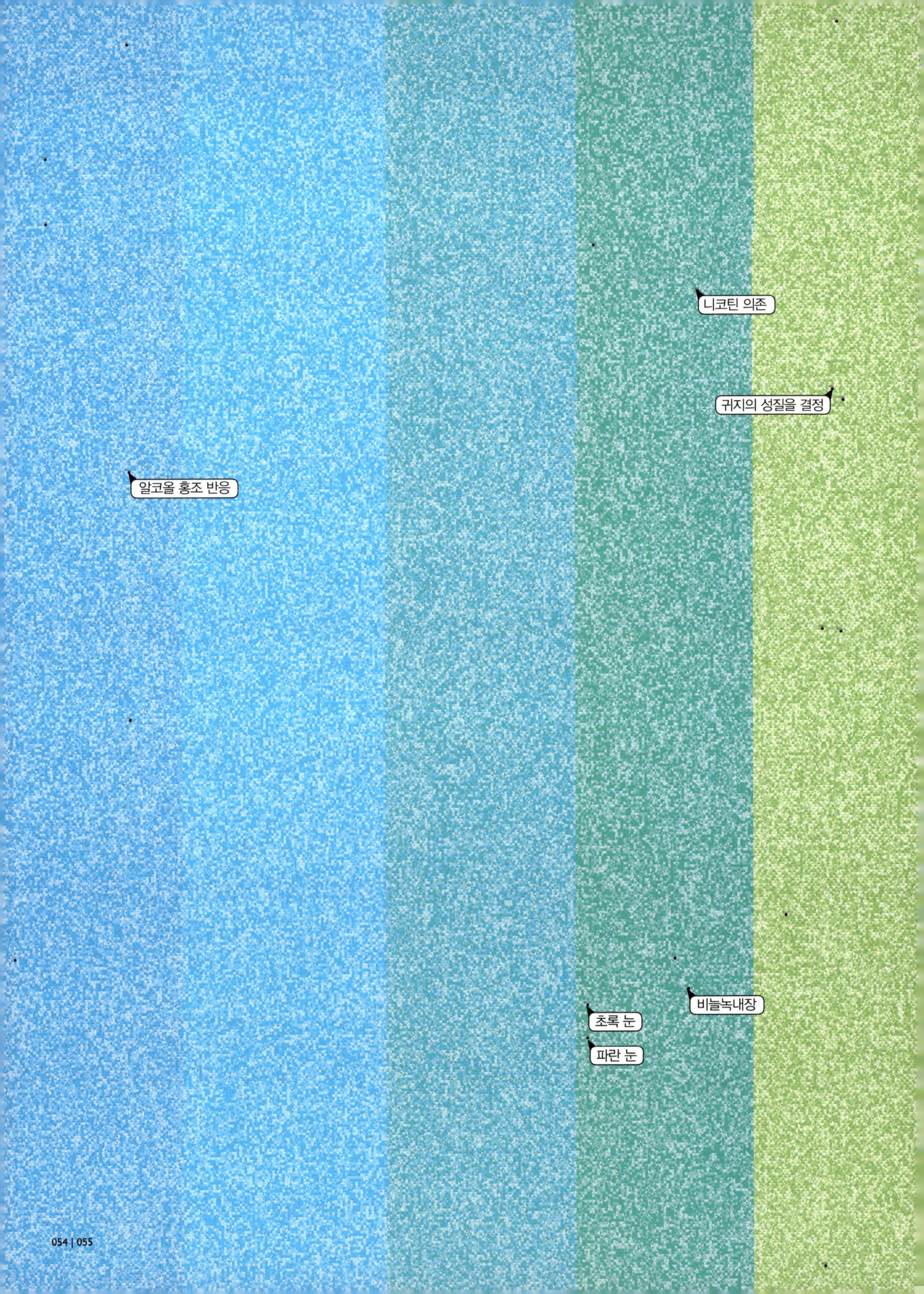

니코틴 의존

귀지의 성질을 결정

알코올 홍조 반응

비늘녹내장

초록 눈

파란 눈

천식

알츠하이머병에 걸릴 위험(3)

대머리

다양한 인지 효과

출처 : Decodeme.com // 프로그래밍 : Mattias Gunneras

록의 계보

60년대 / 70년대 / 80년대

Baroque Pop — 바로크 팝
호른, 현악기 등 클래식 악기. 특이한 형식에 추상적이고 모호한 가사.
비치 보이스, 필 스펙터

Art Rock — 아트 록
지적인 록 음악, 복잡한 형식, 많은 건반악기와 철학적 가사.
이엘오, 록시 뮤직

Prog Rock — 프로그레시브 록
색다른 형식, 묘한 사운드, 컨셉트 앨범과 자유로움.
핑크 플로이드, 킹 크림슨

Power Metal — 파워 메탈
판타지, 전쟁, 죽음 같은 테마에 최대한의 교향악적인 효과를 내기 위한 많은 건반.
핼러윈, 매노워

Glam Rock — 글램 록
여성스러운 옷차림과 부풀린 머리에 우주, 신화, 마귀 등을 노래하는 하드 록 사운드.
티렉스, 데이비드 보위

Post Punk — 포스트 펑크
전자 건반, 메아리처럼 반복되는 베이스라인, 박력 있는 디스코 드럼에 더해진 펑크!
피아이엘, 갱 오브 포

Indie Rock — 인디 록
쨍그렁거리는 기타 음, 암담한 일상을 다루는 가사와 많은 미남들.
스톤 로지스, 스미스

ROCK — 록
기타 디스토션, 긴 독주, 거대한 드럼 세트, 엄청난 사운드.
주다스 프리스트, 딥 퍼플

Speed Metal — 스피드 메탈
아주 빠른 메탈 : 스타카토 리프, 더블킥 드럼, 복잡한 솔로 연주.
베놈, 모터헤드

Glam Metal — 글램 메탈
귀를 끄는 훅, 길고 빠른 기타 독주, 스판덱스 바지와 엄청 큰 머리.
에이씨디씨, 키스

Thrash Metal — 스래시 메탈
낮은 음역, 팜뮤트 리프, 엄청나게 빠른 기타 연주, 반권위주의적 태도, 예!
슬레이어, 앤스랙스

Symphonic Prog Rock — 신포니 프로그레시브 록
클래식 음악의 노선을 따라 작곡된 대곡 위주의 록 음악. 웅장하고 복잡하며 멋진 신시사이저 사운드.
에스, 제네시스

Gothic Rock — 고딕 록
아이라인을 그려 넣은 포스트 펑크, 몽환적인 플랜저 효과를 넣은 기타, 존재의 허무에 대한 커져만 가는 집착.
수지 앤 더 밴시스, 큐어

Metal — 메탈
블루스 록과 사이키델릭에 뿌리. 기타 디스토션, 긴 독주, 거대한 드럼 세트, 엄청난 사운드.
주다스 프리스트, 딥 퍼플

Krautrock — 크라우트록
클래식과 전자음악이 자유롭게 융합된 즉흥적이고 변화무쌍한 록 음악.
탠저린 드림, 크라프트베르크

Anarcho Punk — 아나코 펑크
펑크를 최대한 좌익의 정치적 입장으로 확장하라, 옳소!
크래스, 컨플릭트

Black Metal — 블랙 메탈
격렬하고 어두운 분위기로 기성 종교의 해악과 악마의 습성에 대해 노래. 하얀 얼굴 화장.
메이헴, 다크 스론

Classical — 클래식

Punk — 펑크
노골적인 반항, 구성이 간소하며 짧고 펑키한 노래.
섹스피스톨스, 댐드

Hardcore Punk — 하드코어 펑크
노골적이고 직접적이며 정치적. 빠르고 짧고 우악스러움.
블랙 플래그, 마이너 스레트

Doom Metal — 둠 메탈
파멸적인 분위기를 극대화하기 위해 극히 느려진 메탈. 절망적인 가사도 한몫.
세인트 비투스, 페이건 올터

Industrial — 인더스트리얼
실험적인, 비인간적이고 기계적인 음악. 때때로 통처럼 악기가 아닌 물건을 사용.
아인슈튀르젠데 노이바우텐, 에스피케이

Death Metal — 데스 메탈
빠르고 복잡하고 격렬하다. 울부짖는 보컬과 맹렬한 드럼 연주, 댄스는 꿈도 꾸지 마라.
세풀투라, 카니발 콥스

Ambient Industrial — 앰비언트 인더스트리얼
징 소리, 테이프루프, '쉭쉭' 하는 소리. 불편하고 혼란스러운 구체 음악.
코일, 녹터널 이미션

80년대　　　　　90년대　　　　　2000년대

POST ROCK
포스트 록
순수한 연주곡일 경우가 많다. 음악적 질감과 톤, 분위기를 만들어 내기 위해 록 악기들을 사용.
토터스, 모과이

Mathrock
매스록
발로 박자를 맞추기 힘든 복잡난해하고 불규칙한 박자와 특이한 편곡.
배틀스, 더티 프로젝터스

Symphonic Post Rock
심포닉 포스트 록
전반적으로 앰비언트 음악적인 분위기. 오케스트라. 겹겹이 두른 소리의 벽들.
갓스피드 유! 블랙 엠퍼러, 시규어 로스

GRUNGE
그런지
하드코어 펑크와 메탈이 가진 삐딱함과 흉폭함에 고뇌스런 가사와 좀 더 편안한 선율이 더해짐.
머드허니, 너바나

Mathcore
매스코어
둠 메탈에서 파생.
딜리저 이스케이프 플랜

post grunge
포스트 그런지
기타 디스토션과 분노에 찬 가사는 여전하지만 보다 듣기 편해짐.
실버체어, 퍼들 오브 머드

INDIE POP
인디 팝
보다 팝에 가까운 사운드를 위해 60년대의 영향을 융합시킨 인디 록.
웨딩 프레전트, 오렌지 주스

britpop
브릿팝
인디 음악의 록과 팝적인 요소를 융합하여 다시 90년대 메이저 레이블의 스타가 되었다.
오아시스, 블러

RAP ROCK
랩 록
백인 스타일의 샤우팅 랩, 활기찬 힙합 스타일 비트에 하드코어한 기타.
레이지 어게인스트 더 머신, 레드 핫 칠리 페퍼스

MELODIC BLACK METAL
멜로딕 블랙 메탈
디스토션을 억제하고 멜로디적인 요소를 좀 더 추가했지만 죽음과 파괴에 대한 집착은 여전.
사티리콘, 다크 포트리스

DEATH DOOM
데스 둠
낮게 으르렁거리는, 알아듣기 힘든 보컬, 더블킥 드럼과 폭풍 같은 기타 연주.
파라다이스 로스트, 아나테마

DEATHCORE
데스코어
격렬하고 낮은 리프 연주, 불협화음, 으르렁거리는 울부짖기, 어딘가에는 멜로디 리프도 있다.
앱세스, 언신 테러즈

College Rock
컬리지 록
팝 스타일의, 하지만 신랄한 기타 위주의 록 음악. 예술적이고 통렬하면서도 요란스러운 특성.
알이엠, 데이 마이트 비 자이언츠

Symphonic Black Metal
심포닉 블랙 메탈
오케스트라 악기와 클래식 음악의 영향이 가미된 블랙 메탈.
디무 보거, 안테스토르

GOTH METAL
고스 메탈
우울한 정조와 어두운 분위기, 서사시적인 가사와 결합한 저돌적인 기타.
에반에센스, 파라다이스 로스트

Melodic Death Metal
멜로딕 데스 메탈
디스토션을 억제하고 멜로디적인 요소를 좀 더 추가했지만 죽음과 파괴에 대한 충동은 여전.
인 플레임즈, 다크 트랭퀼리티

METAL CORE
메탈 코어
메탈의 흉폭함과 하드코어 펑크의 정치적 태도.
바이오헤저드, 수어사이덜 텐던시스

Drone Doom
드론 둠
격렬하고, 격렬하고, 반복적이며, 느리다. "짙진 한가운데에서 인도의 라가 음악을 듣는 것 같다."
선 0))), 어스

Gothic Black Metal
고딕 블랙 메탈
오페라처럼 노래하는 여성 보컬, 앰비언트한 분위기로 연주되는 건반과 음속한 기타.
크레이들 오브 필스, 문스펠

Technical Death Metal
테크니컬 데스 메탈
프로그레시브 록 스타일의 템포 변화와 특이한 박자가 더해진 소음.
메슈가, 서포케이션

THRASH CORE
스래시 코어
휘몰아치는 비트와 함께 반항적인 가사를 큰 소리로 외치는 엄청나게 빠른 펑크 송.
셉틱 데스, 누클리어 어설트

GRINDCORE
그라인드코어
매우 격렬한 기타, 매우 빠른 리듬, 매우 짧은 노래(때로는 단 몇 초밖에 안 될 때도).
네이팜 데스, 카카스

Industrial Metal
인더스트리얼 메탈
많은 드럼 머신, 많은 기타, 암울한 가사. 이들에 더해진 타이트하고 강렬한 전자 음향.
미니스트리, 나인 인치 네일스

MARTIAL INDUSTRIAL
마샬 인더스트리얼
클래식 음악의 오케스트라적인 요소들과 록 음악, 행진, 군복이 융합.
라이바흐, 데스 인 준

Brutal Death Metal
브루털 데스 메탈
터무니없이 빠른 드럼에 천둥처럼 울부짖는 매우 빠른 기타.
스폰 오브 포제션, 디바우어먼트

출처 : Wikipedia

간단한 것들 I

어린이를 생각하라
빈곤하게 사는 아이들의 %

출처 : UNICEF 2007. 수치는 반올림한 것

방귀 뀌는 동물들
매년 메탄으로 배출되는 CO_2양

출처 : UN Environmental Programme[유엔환경계획], theregister.co.uk

누가 제일 많이 읽나?
인구수 대비 아마존의 도서 준비량 %

출처 : 아마존 홈페이지에서 스크랩

관용의 물결
약속한 인도네시아 쓰나미 원조금 중 실제로 지급된 %

출처 : OECD

유명 연예인과 사회 문제
각각의 이슈를 지지하는 연예인들

주로 남자 연예인

무기 감축　　
퇴역 군인　자연보호　장기 기증　마약중독
공정 무역　신체 장애　　스포츠　실업　지적 장애

유권자 교육　**재해 구호　인권**
문맹 퇴치　**환경문제　노숙자**

남여 공통

어린이　건강　에이즈
난민　**교육**　우울증 및 자살　**암**　순수예술 후원

주로 여자 연예인

여성　동물　**빈곤**　기아　실종 아동
성폭력　　　　**가정 지원**
평화　약물 남용　**학대**　동성애자 지원
입양 및 고아

아이디어 : Richard Rogers@govcom.org // 출처 : looktothestars.org

얼마나 부유할까?
미국 주들의 연간 소득을 합친 것과 비교해 본 세계 최고 부국들의 연간 소득

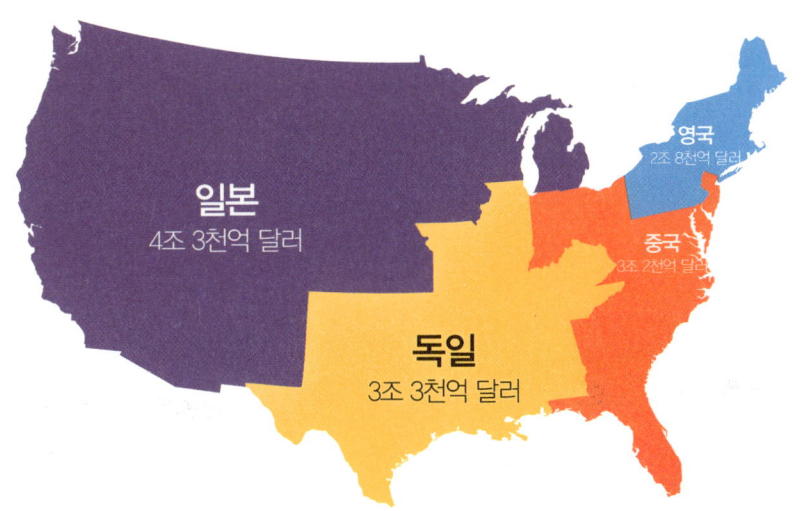

일본　4조 3천억 달러
영국　2조 8천억 달러
중국　3조 2천억 달러
독일　3조 3천억 달러

출처 : WorldBank 2007, ASecondHandConjecture.com

성교육
대학 전공별 성 경험이 없는 학생의 %

0%　　　　　　50%　　　　　　100%

- 미술
- 인류학
- 신경과학
- 미술사
- 컴퓨터과학
- 스페인어
- 영어
- 프랑스어
- 철학
- 역사학
- 경제학
- 전공 미정
- 심리학
- 국제관계론
- 생물학
- 정치학
- 생화학
- 수학

0%　　　　　　50%　　　　　　100%

출처 : MIT/Wellesley college magazine, Counterpoint 2001

신을 믿지 않는 스웨덴 사람들
무신론자, 불가지론자 및 비신앙인의 %

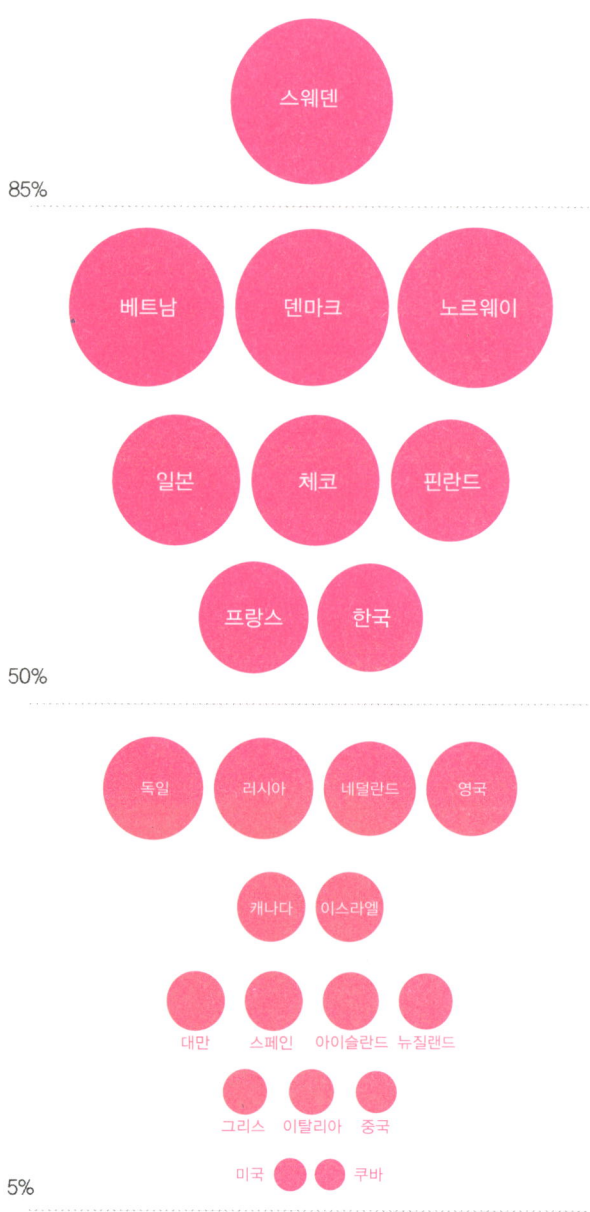

85%

스웨덴

베트남　덴마크　노르웨이

일본　체코　핀란드

프랑스　한국

50%

독일　러시아　네덜란드　영국

캐나다　이스라엘

대만　스페인　아이슬란드　뉴질랜드

그리스　이탈리아　중국

미국　쿠바

5%

출처 : Adherents.com(Swivel.com에서 재인용). 공개된 통계 중 가장 높은 수치를 사용

네트워크 증가량
인터넷 트래픽의 성장

■ 연간 전체 인터넷 1993
■ 초당 인터넷 2008

연간 인터넷, 2000
매월 유튜브, 2008

출처 : Cisco

왼손의 길
왼손잡이 남자들의 재산 증가

26%

왼손잡이 여성들은 해당되지 않는다.

출처 : Lafayette College와 Johns Hopkins University의 연구

잔을 엎자
세계 부의 분배도

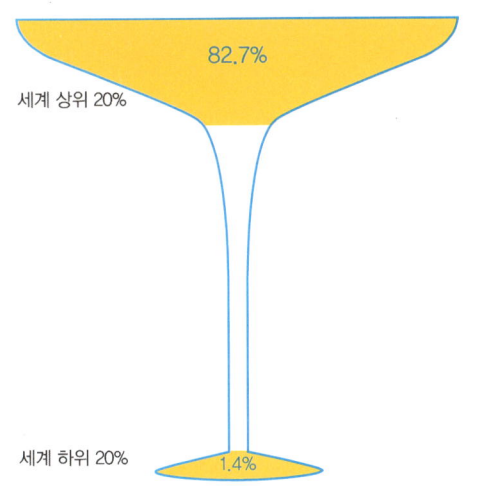

세계 상위 20%   82.7%

세계 하위 20%   1.4%

출처 : UN

확실히 잘랐다
포경수술한 남성의 에이즈 바이러스 전염 감소율

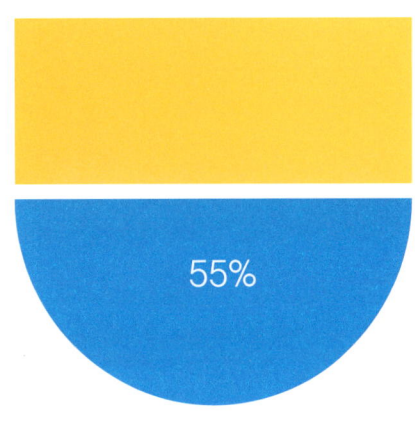

55%

출처 : University Of Melbourne, BBC News

죄송하게 됐습니다
이혼 사유

출처 : Insidedivorce.com

나라별 건강 염려 현황
가장 많이 찾아본 건강 관련 검색어

영국
좌골신경통, 대상포진, 갑상선, 요통, 과민성대장증후군, 임신, 버짐, 빈혈, 신장염, 주두, 아구창, 전염성 단핵구증, 당뇨병

출처 : NHS Direct[영국국민건강보험]

미국
뇌졸중, 천식, 독감, 주의력결핍과잉행동장애, 임신, 간염, 관절염, 두통, 암, 헤르페스, 에이즈, 사람유두종바이러스

출처 : About.com

프랑스
관절염, 편두통, 자궁내막증, 요통, 식욕부진, 치질, 암, 성병, 간염, 아구창, 고혈압

출처 : Doctissimo.fr

대구를 위하여
북대서양 대구 어획량(단위 : 10만 톤)

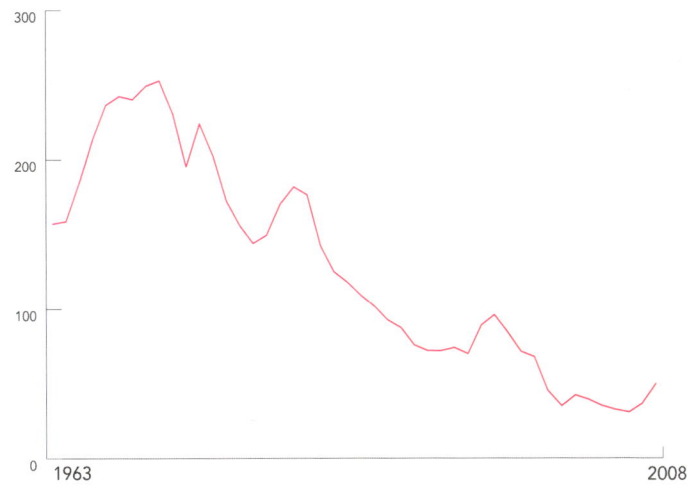

출처 : Fisheries Research Service[수산업연구소]

내려가면 올라간다
빙하와 고어의 상관관계

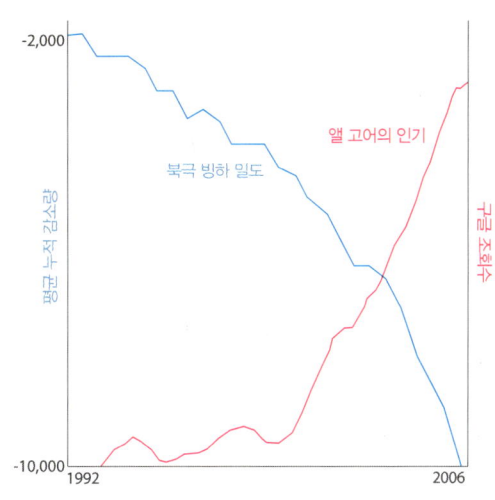

북극 방하 밀도 / 앨 고어의 인기

출처 : Google Insight

의식이란 무엇인가?
자신의 의식을 의식하라

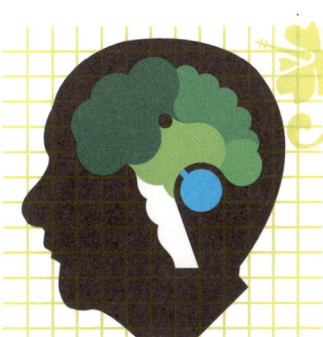

실재 세계의 외부에 나란히 존재하는, 보이지 않는 '영역'에 속하는 것이다. - 실체 이원론

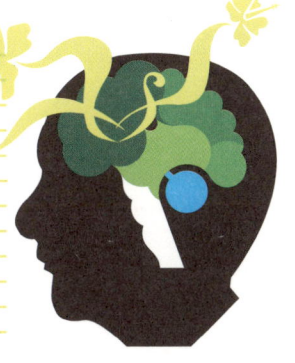

복잡한 뇌 구조 때문에 불가피하게 '생기는' 감각의 일종이다. - 창발 이원론

아직 과학자들이 발견하진 못했지만 전자기처럼 모든 물질이 갖고 있는 물리적 속성이다. - 속성 이원론

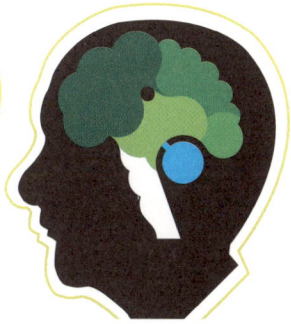

모든 물질은 정신적 부분을 가지고 있다. 의식은 우리 뇌의 정신적인 부분이다. - 범정신론

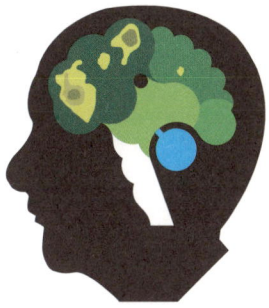

정신이란 우리가 뇌 스캔 영상으로 볼 수 있는 물리 현상에 불과하다. - 심신 일원론

의식과 의식의 상태(믿음, 욕망, 근심)는 뇌가 수행하는 기능일 뿐이다. - 기능주의

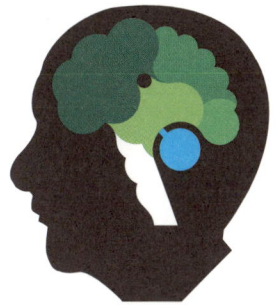

의식이란 말 그대로 행동일 뿐이다. 우리가 어떤 식으로 행동할 때, 우리는 의식한다. - 행동주의

뇌에서 일어나는 복합적인 물리적 과정에서 우연히 발생하는 부수적인 현상이다. - 부수 현상설

확실하지 않다. 하지만 고전물리학을 능가하는 양자물리학으로 의식을 더 잘 설명할 수 있다. - 양자 의식 이론

강조되고 있는 가장 중요한 생각들에 대한 감각이다. - 인지주의

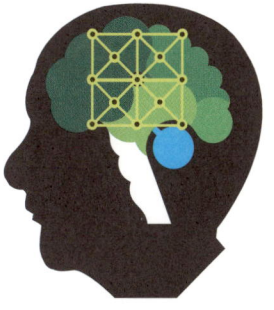

의식은 단지 더 높은 질서를 가진 생각일 뿐이다(다른 생각들에 대한 생각). - 고차이론

소용돌이처럼 사람들을 괴롭히며 끊임없이 반복되어 고립된 마음속으로 들어오는 현상들의 지속적인 흐름이다. - 불교

출처 : Wikipedia

온라인 사랑 찾기

"내 바람은……"

빛나는 갑옷을 입고 와서 내 발을 씻어 줄 나만의 기사
겉만 번지르르한 여자들에 넌더리
건강하고 탄탄한 몸매에 열정적이고 독립적인 남자
함께 빗속을 웃으며 걷고 싶다
나를 보호해 줄
특별한 남자. 난 똥똥한 남자들이 좋아
함께 맥주와 피자를 먹으며 축구를
내가 원한다면 무엇이든지 구해 주는 남자
SF와 판타지를 좋아하는 남자
나와 함께 저 해변을 산책할 사람
거친 모험에 나를 동행시켜 줄 온화한 거인
소리를 지르며 팔짝 뛰
인생계획이 아니라 동반자를 찾고 싶어, 제발
나와, 오직 나하고만 있고 싶어 하는 사람
그대의
여자를 존중할 줄 아는 시골 남자
젓궂고 자기 주장이 아주 강하지만 착한 마음을 가진 남자
나의 다아시 씨
나만큼이나 클럽에 넌더리가 난, 재미있고 정직하고 충실한 사람
나 잘은 사람
나를 잘 돌봐주는 연인, 그리고 나는 좋은 아내가 될 거야.
다정다감한 남자
나보다 키가 큰 사람
영
나를 공주처럼 떠받들어 줄 남자!
여자에게 홀리지 않는 남자를 찾아내고 싶다
우정, 정직, 유머
다정한 남자
문신, 피어싱, 음악에 나와 취향이 같은 사람
사랑
설레임, 손잡기, 계단에서 서로 잡으러 다니기
내가 무슨 짓을 하든 나를 사랑해 줄 남자
최고의 정열로 함께
키가 크고, 담배나 마약을 하지 않고, 독신이면서 자신이 가진 두뇌와 개성을 동시에 쓸 수 있는 남자
바람피울까 걱정할 필
실수에서 배우는 진정한 남자
최소한 맞춤법은 제대로 아는 남자
내가 없는 건 견딜 수 없다고 하
내 안의 공허함을 채워줄 수 있는 내 인생의 남자를 만나고 싶다
잠자리에서 나만큼 능숙한 사람
날 아주 많이 웃길 수 있는 사람
내 아이들과 함께 가도 개의치 않을 사람
날 다룰 수 있는 시골 남자. 나는 주체 못할 말괄량이
뭐라 말할 수 없이 좋은 집을 가진 신사
정착해서 교회 활동에 열심히 참여할 준비가 된 사람
재미있고 외향적이지만 친절하고 사려 깊은 사람
많은 바보 같은 짓들을 자연
잘생긴 외모에 하느님을 경외하는 남자
머리가 좋은 사람
몇 시간이고 손 잡고 키스하고 싶다
내 눈 앞의 머리카락을 쓸어 넘기며 키스해 줄 남자
아글거리는 눈과 천상의 웃음소리
격려
나를 죽도록 긴장하게 만들지만 좋은 의미에서 그렇게 하는 내 인생의 누군가!
살해당할까 무서워하는 나를 집까지
올라타고 올라타고 올라탈 남자
누군가와 대단한 것을 나누고 싶다
지루해하지 않고 내 얘기를 몇 시간이나 들어줄 수 있는 사
좋은 구두를 신은 사람
연인이자 루사
몇 시간이고 손잡고 키스하고 싶다
나와 어울리는 사람
난장판
내 페미니즘에 공감하는 사람
멋있어 보이고 멋이 뭔지 아는 사람
지적, 감성적, 육체적으로 자극을 받고 싶다
심성이 훌륭한 멋진 남자를 알고 싶다
호수에 뛰어드는 콜린 퍼스
활기차고 열정적인 애인
생각이 비슷한 남자와 함께 신중하고
게임하는 데 평생을 낭비하지 않고 나와 영화를 보러 갈 남자
가정을 이룰 순수한 사랑
멀리 떨어져 있을 때 하루에
함께 어울려 다니며 노래를 들려줄 수 있는 누군가
내게 날아갈 자유와 돌아올 이유를 주는 사람과 정착하기
별 이유 없이 함께 미친 듯이 웃을 수 있는 사람
전통적인 가치관을 가진 사
다시 살아 있다고 느끼고 싶다……
내 안의 최상의 것을 불러일으
운동을 좋아하는 날씬한 근육질 여성
이심전심으로 마음이 통하는 사람
걷기를 좋아하는 사람
그대
모든 것
성실하고 진실하며 어떤 상황에서도 즐거움을 잃지 않는 여성
우선은 우정, 사랑은 그 다음
죽이는 영계
내가 위대한 일을 할 수 있도록 격려해 줄 여자
세상에 정말 그런 사람이 존재한다면, '정상적인'
정은
내 인생을 완벽하게 해 줄 상냥하고 정직하고 정열적인 여인
내가 원하는 게 뭔지 생각나지 않게 만드는 여자
나와 지성을 겨룰 수 있는 소울 메이트 같은 여자
날씬하거나 볼륨감 있는 여자
모험가와 게으름뱅이의 중간
키 큰 여자
아주 여성스런 아가씨
저 작은 방에서 나올 준비가 된 여자
뭐든지 다 해 보고 싶어…… 덤벼 봐!
올라타서 하는 걸 좋아하는 여자
자신감 있는 섹시하고 지적인 여인을 찾고 싶다
서로 엉덩이를 붙잡고 껴안을 수 있는 사람
영화 속의 사람들이 가진 것
탐험가
더 많이 놀러다니고 싶다
현실적이며 자기 능력에 자부심이 있고, 배려심이 있는 사람을 만나고 싶다
경국지색
사랑하고 보살펴 주고픈 귀여운 전문직 여성
생활력 있는 아무진 여
충실하고 진실하며 어떤 상황도 즐길 수 있는 사람
색스와 어쩜 그 이상을 위해 여잘 망나기
뭐든지 한번 보는 걸 두려
공주처럼 대접받으면서 나를 왕자처럼 대접해줄 아가씨
섹스 같은 걸로 사람을 들볶지 않는 여자
생각나면 미소를 짓게 되는 사람
당신이 무엇을 열망하는지, 정말 진심으로 만남을 꿈꾸고 있는지 알고 싶다
로맨틱한 관계뿐 아니라 절친이 될 수 있는 사람
저녁을 만들어 줄 사람
외모만큼이나 내면이 아름답기
학력이 괜찮고 예쁜 프랑스 여자
만지고 쓰다듬으며 애지중지할 여자
그대를 웃게 하고 싶어요
나보다 몸무게가 많이 나가지 않는 사람
유머 감각이 없는 사람
짐 가방을 많이 가지고 다니지 않는 여자
함께 느긋해질 수 있는 숙녀
축구와 자동차경주와 낚시를 좋아하는 사
내 인생의 주 관심사는 중고품 판매와 벼룩시장과 예수님이다
사랑받고 싶지만 소유되고 싶진 않다
나만을 진심으로 사랑해 줄 동양 여자
나만큼 음악을 사랑하고 존중하는 사람
엄마 같음, 모성애 넘치는 사람, 나를 아기처럼 돌봐주길 좋아할 사람!
아름다운 마음
편안하게 대화를 나눌 수 있는 여자 친구를 여기 영국에서 찾고 싶다
낮 시간을 함께 지내다가 결국은 밤도 함께 보낼 사람을 찾습니다
꼭 자기에 관련된 화제가 아니라도 훌륭한 대화를 즐길 줄 아는 사람
하느님을 사랑하고 내 교회 일을 기꺼이 돕지만 재미있게 놀기도 하는 아가씨

※참고 1. 다아시 씨는 소설 〈오만과 편견〉에 나오는 무뚝뚝하지만 충실한 남자 주인공이다.
나는 매력적인 여성들에게만 관심있는 아주 얄팍한 사람이지

이제 자신이 삶에서 뭘 원하고 어떤 위치에 있는지 알아야 하는, 그래서 함부로 모든 게 싫증났다고 말하지 않을, 소년이 아닌 남자

파티를 즐기는 자신감 넘치는 남자

를 찾고 싶다

직장에 있는 내게 꽃을 가져와 놀래 줄 수 있는 로맨틱한 남자

나만의 여행 가이드

음 날 저녁엔 근사한 드레스를 입고 우아한 저녁 식사를 할 수 있는 사람

착하고 순수한 마음을 가진 사람

모든 일에서 개방적인 사고를 가지고 있는 사람

외국인과 데이트하고 싶다

긍정적이고 외향적인 사람!!!

내 오감을 모두 이해하고 작동시켜 줄 사람

함께 모험을 할 사람

페타와와에서 나와 놀 친구들

나를 아내로 만들어 줄 남자

내게 정직하고 진실한 그녀

내 전부를 몽땅 다 사랑해 줄 사람

자기가 원하는 것을 아는 여인을 찾고 싶다

나와 함께 놀아줄 친구들

자기 엄마에게 내 눈이 예쁘다고 이야기할 남자

하루에 두세 번씩 포옹하고 키스해도 꺼려하지 않는 다정한 여자 친구

남자 아니면 여자

스타일과 결단력이 있는 사람

놀 줄 알고 느긋한 성격이면서도 모험을 좋아하는 사람

또는 빠지는 걸 두려워하지 않는 사람

남자

동료 같은 관계. 신뢰할 수 있고 아무 얘기나 할 수 있는 사람, 함께 있기 편안한 사람

남자든 여자든 상관없어. 난 자리 잡고 가정을 꾸릴 준비가 돼 있어

닫힌 문 뒤에서 많은 시간 보내는 걸 즐기는 사람

하지 않는 나만의 남자

내가 3주 동안 사람들에게 말을 하지 않아도 미치지 않을 사람

인생에서 자기가 원하는 바가 무엇인지 아는 여자

다정하고 상냥한 사람

내 뒤나 앞에서가 아니라 옆에서 나란히 걷는 사람

괴상망측해지는 걸 겁내지 않는 사람!!

어떤 사람이든 외국인과 친구가 되고 싶다. 하지만 난 영어밖에 못해

너무 헌신적인 관계를 원하지 않고 그냥 서로 편리할 때 함께 있을 수 있는 여성

있는 사람

내게 밧줄을 보여주는 사람. 최소한 뭐든지 한 번은 해 봐

도움

밤새도록 사랑받고 사랑하고 싶다

내 공허감을 채워줄 수 있는 사람

힘, 보호와 마음

지배하고 싶어 하는 사람

느끼는 것

당신이 날 원하기 때문에 내 인생에 당신이 있는 것이길

내가 평범한 남자가 아니기 때문에, 보통과는 다른 관계가 되는 걸 꺼리지 않는 확고한 자신감을 가진 사람

내게 자극을 주는 사람

관심과 칭찬

사랑스럽고 섹시한 남자

냉혹하고 공격적인 타입

을 느끼는 것

영혼과 영원

호기심을 충족시키기 위해 내 판타지를 실험하고 싶다

신체 근육이 발달한 사람

래 유지되는 관계 만들기

사람들 앞에서 모욕당하는 일은 제발 사절

나와 편안히 지낼 수 있는 사람

줄 남자

진지한 마음의 남자들만, 판타지를 꿈꾸는 사람은 사절

위험할 때 나를 보호해 주고, 사랑하며, 슬프고 우울할 때 위로해 줄 사람

나를 행복하게 해 줄 사람을 찾고 싶다

내 인생의 좋은 남자

치료비, 책값, 학비, 장례식을 위한 돈

첫 경험을 묻고 싶다

은행에 있는 것만은 아닌 부유함

진짜 나쁜 사람. 당신은 나쁜 사람인가요?

정장을 차려입은 모습을 보여 주고 싶다

인간미가 있는 사람

나를 가르쳐 줄 사람

신중하고 싶고 그런 뒤 당신을 믿고 싶어

여자 팬티를 입지 않는 사내다운 남자

나에게 흥분의 다른 측면을 보여 줄 사람

주인님을 행복하게 해 드리고 싶어요

신중함, 거기에 이해심이 조금 더 추가됐으면

나를 가르쳐 줄 사람

내게 게임을 가르쳐 줄 사람

유머 감각이 있는 사람

토끼 귀를 쓰고 남자들에게 명령을 받는 내 모습을 자랑하고 싶다

내 곁에 있어 줄 아빠 타입

너무 많아

'아빠'를 찾지도, 되고 싶어 하지도 않는 사람

애인뿐 아니라 절친이 될 수 있는 남자

내 인생을 완성시켜 줄 어른스러운 사람

매우 신중한 사람. 유감스럽지만 나한테 세상 물정을 좀 가르쳐 줘야 할지도 몰라

향적인 아가씨

다른 사람을 함부로 판단하는 무례를 저지르진 않지만 서른 다섯 이상은 나이가 너무 많아

귀한 대접

느긋하게 그리고 정말 재미있게 놀고 싶다

나와 같은 기질을 가진 나만의 여인, 다정하고 배려심 많고 무엇보다 하느님을 두려워할 줄 아는 사람이어야 해

쾌활하고 섹시하고 질리지 않는 사람

시인이 자신의 슬픈 생각을 사랑하는 것처럼 나를 사랑해 줄 그대

, 투우사가 되고 싶다

키 180센티미터에 갈색 머리를 가진 돈 많은 슈퍼 모델

물을 싫어하지 않고 말과 밧줄과 총을 다룰 줄 아는 사람

고속도로 강도가 되어 물건을 뺏고 싶다

인기있는 데이트 사이트에서 "내 바람은……"으로 시작되는 문장을 검색

이성애 여성   이성애 남성   동성애 여성   동성애 남성

출처 : Match.com, Guardian Soulmates, Matchmakers.com, Outpersonals.com

바닷물이 밀려온다!

우리에게 남은 시간은 얼마일까?

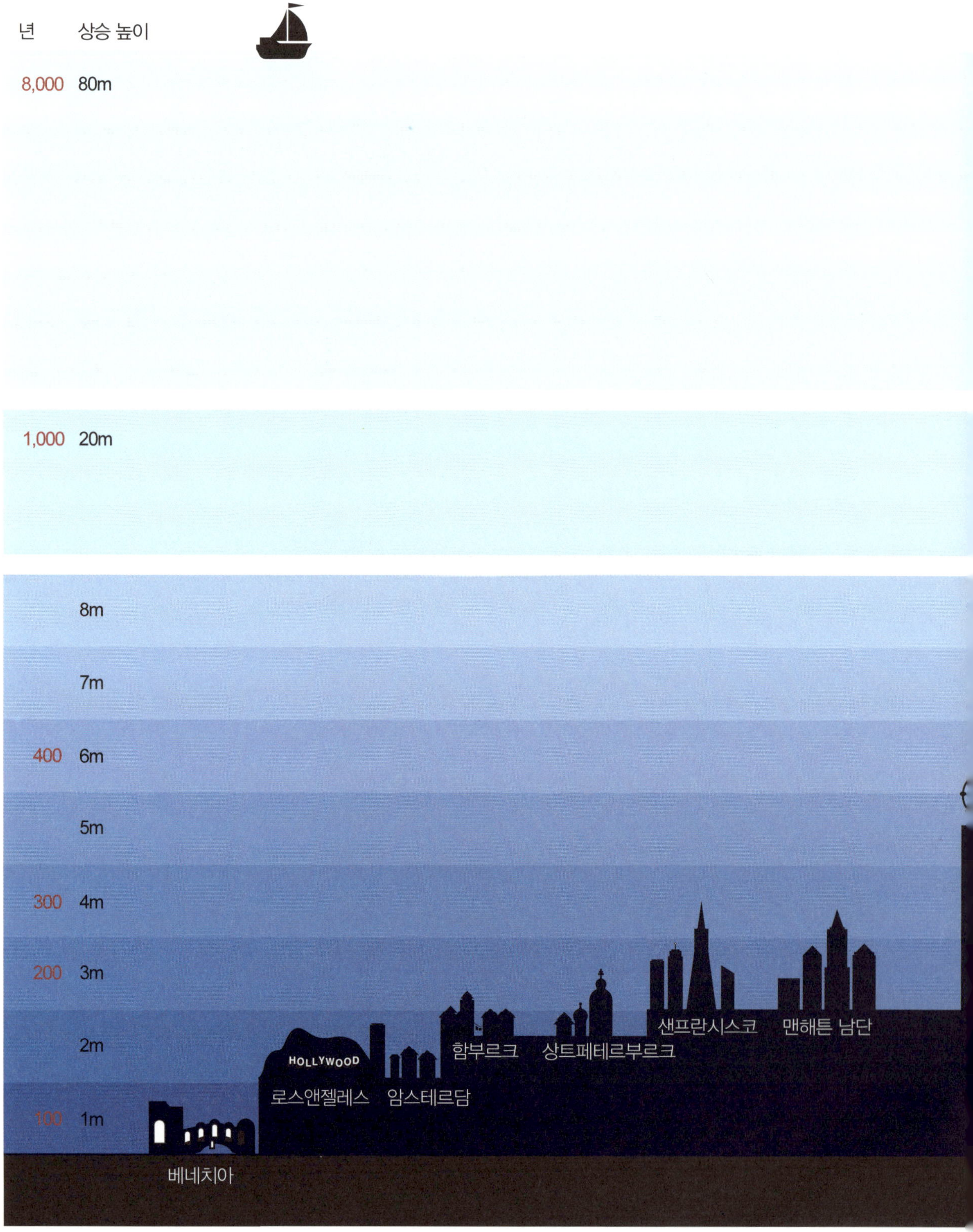

년
상승 높이
8,000 80m
1,000 20m
8m
7m
400 6m
5m
300 4m
200 3m
2m
100 1m
HOLLYWOOD
샌프란시스코
맨해튼 남단
함부르크
상트페테르부르크
로스앤젤레스
암스테르담
베네치아

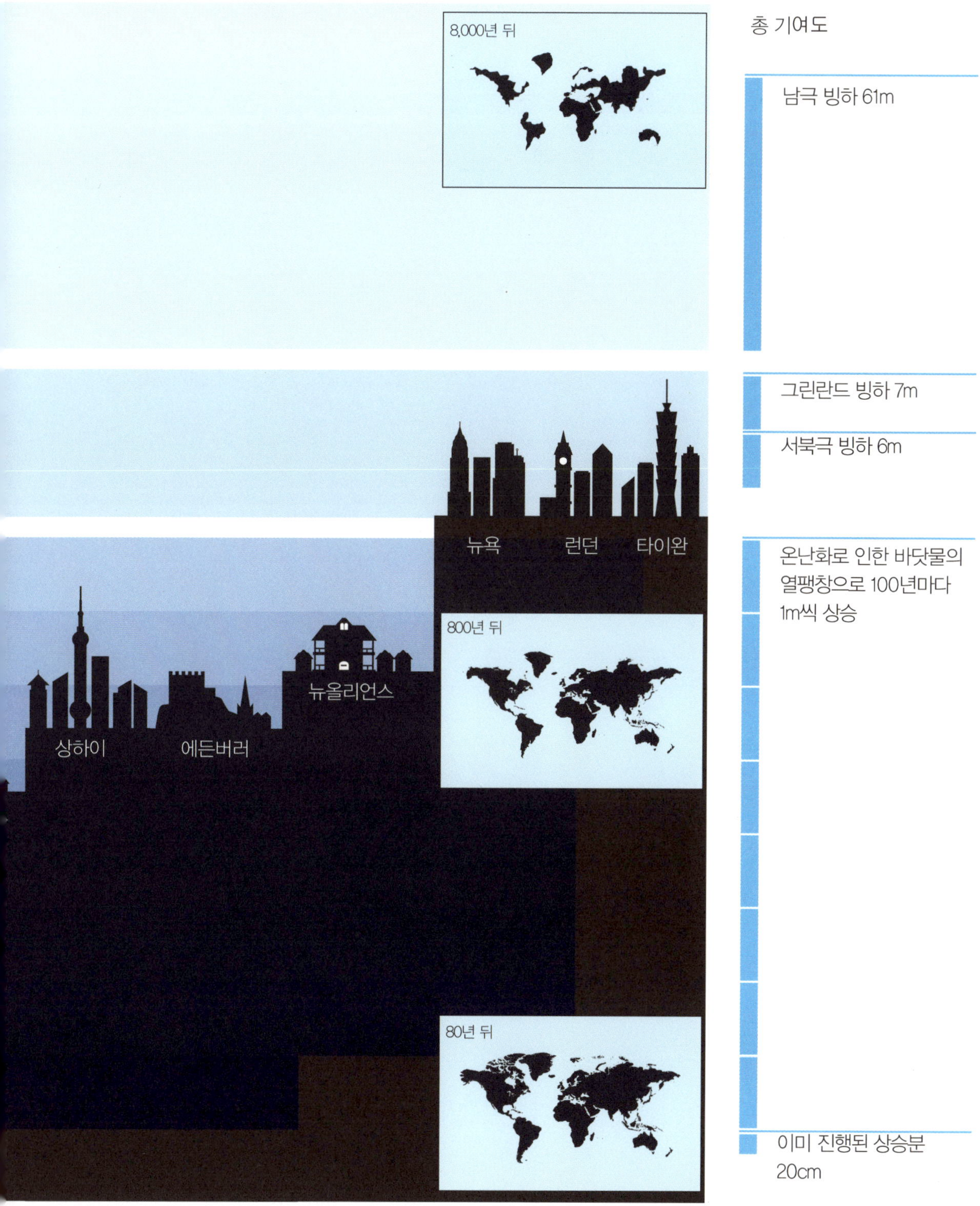

총 기여도

남극 빙하 61m

그린란드 빙하 7m

서북극 빙하 6m

온난화로 인한 바닷물의 열팽창으로 100년마다 1m씩 상승

8,000년 뒤

뉴욕　런던　타이완

800년 뒤

상하이　에든버러　뉴올리언스

80년 뒤

이미 진행된 상승분 20cm

출처 : IPCC[기후변화에 관한 정부 간 패널], UN Sea Levels Report[유엔해수면보고서], Realclimate.org, Telegraph.co.uk

당신의 단계
아이들은 단계적으로 성장한다. 성인도 그럴까? 그렇다면 어떤 단계가 있을까? 몇 가지 이론들……

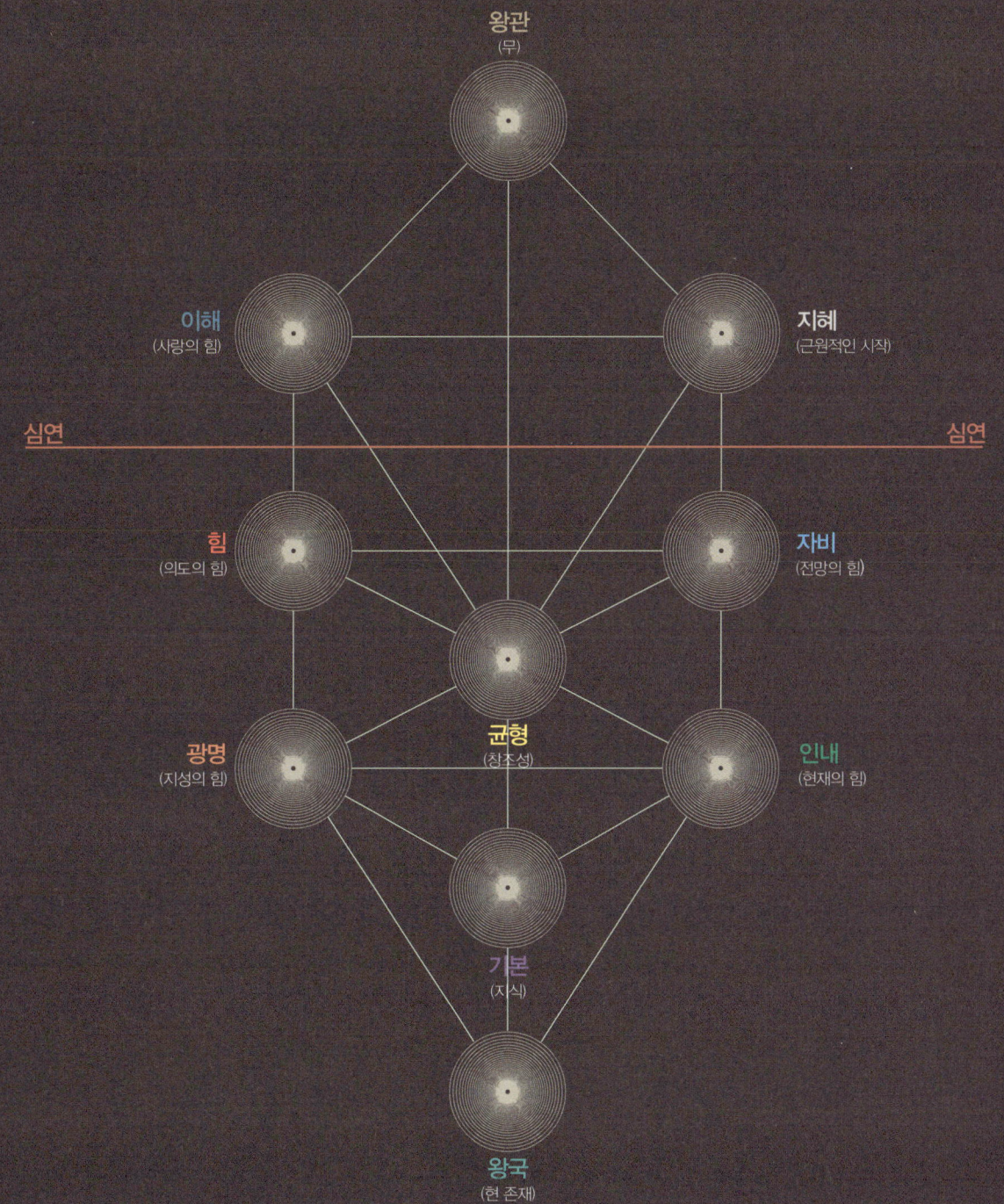

생명의 나무
유대교의 카발라에 따르면 우주는 이 열 단계를 통해 창조되었다. 이 단계들은 신이 가진 열 가지 속성이기도 하다.
성인은 성장하면서 나무를 올라가 스스로 이 속성들을 획득한다.
비판자들의 말 : "증거는?"

출처 : Wikipedia

세계 <

수피즘
이슬람 신화에서, 영혼 또는 자아(nafs)는
순수성이 증가하는 일곱 단계를
가지고 있다.

순수한 자아
자아는 완전히 초월적인 것이 된다.
에고나 분리된 자아는 아무것도
남아 있지 않다. 오직 신만이 존재한다.
개인 의식이나 개별성은 환상일 뿐이다.

신을 기쁘게 하는 자아
자아와 영혼의 내적 결합 상태. 행동의 모든 힘은 신으로부터 나온다.
혼자서는 아무것도 할 수 없다. 더 이상 어떤 것도 두려워하지 않으며
필요한 것도 없다. 순수한 내적 통일성과 완전성.

기쁨의 자아
당신은 자신의 운명에 만족한다. 삶의 난관과 시련도 신이 주신 것임을 알기에
즐겁게 받아들인다. 세상을 일반적인 방식과 아주 다르게 경험한다.
(즉, 즐거움을 추구하고 괴로움을 피하는 데 집중한다.)

만족의 자아
앞선 단계의 투쟁들은 완전히 끝났다. 자아는 평온하다. 오랜 욕망과 애착이 아직 남아
있긴 하지만 더 이상 거기에 얽매이지 않는다. 감사하고, 믿고, 경배하는 태도를 갖게
된다. 이익과 난관을 똑같은 태도로 받아들이게 된다. 이기적인 자아가
사라지기 시작하면서 신과 더욱 가까워진다.

영감을 받은 자아
영적 경험의 환희를 맛보기 시작한다. 동정심, 신앙, 도덕 때문에 시작한 기도와 명상,
여타 영적 활동에서 순수한 기쁨을 얻는다. 욕망과 이기심에서 완전히 벗어나지는
못했지만, 그 힘은 현저히 줄어들었다. 감정적 성숙이 나타나기 시작한다.

후회하는 자아
통찰력이 생기기 시작한다. 세상에 대해 자기중심적이며 관습적으로
접근했던 방식이 주는 부정적인 결과가 명백해진다. 욕구와 욕망이
여전히 지배적이지만 이제는 자신의 잘못을 볼 수 있다.
후회가 밀려오고 변화에 대한 갈망이 커진다. 더 고귀한 충동을
따르려는 노력이 나타나지만, 항상 성공적이지는 않다.

명령하는 자아
부모, 학교, 문화 등이 만들어 낸 잘못된 인격.
동정심이 억눌려지고 결핍된 이기적 성격을 띤다.
성장하기 위해서는 이 단계를
(파괴하는 것이 아니라) 인식하고
넘어서야 한다.

순수의 방향 →

비판자들의 말
"그런 일이 어딨어?"

> 자아

출처 : Laleh Bakhtair의 『Sufi』, Sufi.org, Wikipedia, Idries Shah

일곱 개의 차크라

이 동양 학설에 따르면 우리는 '차크라'라는 일종의 에너지 중심부(대개 다양한 분비선과 장기들이 집중되는 곳)를 통해 전달되는 생명 에너지를 통제함으로써 자신을 발전시킬 수 있다. 이 에너지 소용돌이들에서 불균형이 발생할 때 뭔가 막히는 듯한, 만족스럽지 못한 감정이 나타난다.

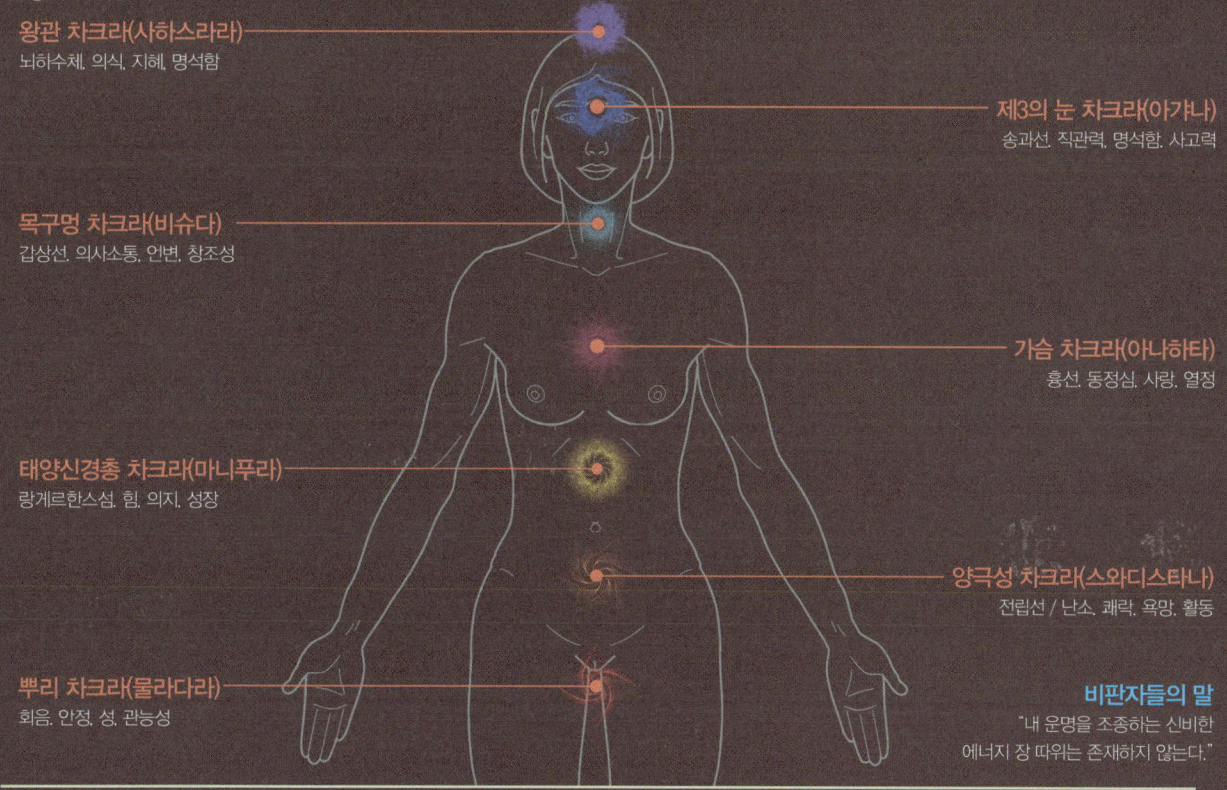

왕관 차크라(사하스라라)
뇌하수체, 의식, 지혜, 명석함

제3의 눈 차크라(아갸나)
송과선, 직관력, 명석함, 사고력

목구멍 차크라(비슈다)
갑상선, 의사소통, 언변, 창조성

가슴 차크라(아나하타)
흉선, 동정심, 사랑, 열정

태양신경총 차크라(마니푸라)
랑게르한스섬, 힘, 의지, 성장

양극성 차크라(스와디스타나)
전립선 / 난소, 쾌락, 욕망, 활동

뿌리 차크라(물라다라)
회음, 안정, 성, 관능성

비판자들의 말
"내 운명을 조종하는 신비한 에너지 장 따위는 존재하지 않는다."

매슬로우의 '욕구 계층 이론'

심리학자 에이브러햄 매슬로우는 사람이 성인으로 성장하는 7단계의 과정이 있다고 생각했다. 하지만 삶에서 일정한 욕구들이 충족된 이후에야 다음 단계로 넘어갈 수 있다.

자기 초월 — 자신의 의지로 타인 돕기
자기 결정 — 자유, 성실, 창조성
자기 존중 — 성취, 능력, 자신감, 자존
타인으로부터의 존중 — 인정, 평가, 책임, 지위, 평판
사회적 욕구 — 가족, 친구, 공동체, 사랑, 소속감, 애정, 친밀감
안전 — 안전, 안정, 일자리, 범죄에서 보호
육체적 욕구 — 음식, 주거지, 물, 온기, 건강

비판자들의 말
"증거가 없다. 인간의 기본적 욕구들은 세월이 흐른다고 변하는 게 아니며 순위를 매길 수 있는 것도 분명 아니다."

출처 : Wikipedia, Sufi.org, IdriesShah.com

나선형 역동성 이론

사람들의 사고방식을 측정한다. 각 색깔의 가치 체계를 포용하고 거부하는 정도는 사람들이 발전의 나선에서 얼마나 높은 곳에 있는지를 보여 준다.
이 이론은 사회와 문화에도 적용될 수 있다.

클레어 그레이브즈(Clare Graves) 교수, 돈 벡(Don Beck) 박사, 크리스 코완(Chris Cowan) 박사가 개발

노랑 자율
행동 양식 생태적 사고. **포용하는 것** 변화와 무질서. 자발성.
태도 큰 그림을 본다. 삶은 학습이다. **의사 결정 방식** 매우 원칙적.
지식 기반. **존경의 대상** 유능한 사람. **추구하는 것** 성실.
사랑하는 것 자연스러운 체계들, 지식, 다양성.
바라는 것 자기 이해. **숨기는 것** 애착.
장점 자유롭다. 지혜롭다. 의식이 있다.
단점 너무 똑똑하고 지나치게 회의적이고 걱정이 많다.

오렌지 성취가
행동 양식 전략적, 과학적 사고. 성공을 위해 경쟁. 의욕이 넘침. 경쟁적.
태도 목표 지향적. 승리를 목적으로 싸운다. 적자생존.
결정 결론 중심. 최선의 결과를 위해 선택지들을 시험한다.
전문가와 상의한다. **존경의 대상** 성공한 사람.
추구하는 것 부, 번영, 합리적 진리. **숨기는 것** 거짓말.
장점 대단한 의사소통 능력과 창조성. 위험을 무릅쓴다. 낙관적.
단점 일중독. 수다쟁이. 걱정이 많다.

빨강 자기 위주
행동 양식 자기중심적. **태도** 주위 고려 없이 원하는 것을 한다.
지금 이 순간을 위해 산다. 세상은 정글이다. 힘이 정의를 만든다.
의사 결정의 기초 존경을 얻는 것, 지금 좋게 느껴지는 것.
존경의 대상 힘 있는 사람. **추구하는 것** 권력, 영광, 복수.
사랑하는 것 화려함, 정복, 행동. **바라는 것** 스스로 정의내리기.
숨기는 것 수치심. **장점** 자발성, 목적의식. **압박받는 것** 지배, 비난, 공격.
단점 수동적이고 게으르며 겁이 많다.

베이지 본능
행동 양식 본능적. 물질적. 탐욕. 걱정이 많다.
태도 살기 위해 할 수 있는 것을 한다.
추구하는 것 음식, 물, 따스함, 안전.

청록 전체적인 시야
행동 양식 전체를 보는 직관적인 사고.
태도 글로벌. 조화, 균형 있는 생태계.
의사 결정 방식 흐름. 혼합. 상부와 하부를 모두 고려한다. 장기적.
존경의 대상 인생! **추구하는 것** 상호 연결.
이해할 수 없는 세계에서 평화롭게 지내는 것.
사랑하는 것 정보. 소속감. 행동.

초록 소통
행동 양식 합의를 추구함. 집단 내의 조화. 포용적. 대화.
태도 모든 사람은 평등하다.
의사 결정 방식 합의. 협력적. 모든 이의 조언을 경청한다.
존경의 대상 카리스마 있는 사람.
추구하는 것 배려하는 공동체에서의 내면의 평화.
바라는 것 자기반성. **숨기는 것** 의심.
장점 잘 듣는다. 잘 받아들인다. 통찰력. 상상력.
단점 '정치적으로 올바름'. 가식적.

파랑 절대주의
행동 양식 권위주의적. 조심성 많음. 신중함. **태도** 올바른 단 하나의 방식으로만.
의사 결정 방식 규칙과 질서를 지키는 것을 기초로 '올바른 일'을 한다.
존경의 대상 올바른 사람. **추구하는 것** 마음의 평화.
사랑하는 것 제자리에 있는 모든 것.
바라는 것 자기 인정. **숨기는 것** 슬픔.
장점 조화. 단정.
단점 가난하고 욕심과 시기심이 많으며 신랄하고 비판적이다.

보라 부족
행동 양식 충동적. '옛날 방식'을 찬양.
태도 자기만족적. **의사 결정 방식** 관습과 전통에 따름.
추구하는 것 안전, 무사. **존경의 대상** 친족. **숨기는 것** 죄의식.
장점 건강한 섹슈얼리티가 흐름.
단점 지나치게 감정적이고 강박관념에 사로잡혀 있으며 쌀쌀하고 무능하고 둔하다.

비판자들의 말
"믿을 수 없어.
매 단계들의 성격이
불명확하고 사변적이다."

출처 : spiraldynamics.net, Wikipedia

뢰빙거의 자아 발전 단계

심리학자 제인 뢰빙거가 제시한 이론은 의식의 성숙을 강조한다. 사회 규칙은 대다수 개인의 결정을 지배한다. 하지만 사회 규칙과 개인의 행동 양식 사이에 차이가 발생한다면, 갈등을 해소하기 위해 개인은 거기 적응하지 않으면 안 된다. 다시 말해 성장해야 하는 것이다.

	기회주의자	외교관	전문가
특징	속임수와 불신	집단(친족, 가족, 국가)	지식
장점	활력	믿음직함	아이디어와 대책
자기를 규정하는 방식	내가 세계의 중심	집단 속에서의 나	자주적인 인간
행동	아무렇게나	순응	실행
관심	지배, 통제	품위, 지위, 평판	효율성, 향상, 완벽성
사고방식	흑백논리적	구체적	빈틈 없음
태도	기회주의적	절제	오만함
세상에 대한 관점	적대적 관점. 위험한 곳이라고 생각	순응적, 관습적 관점	합리적, 과학적 관점
추구하는 것	보상	인정	완벽
도덕의 기준	자기 이익에 도움이 되는 것	집단이 부여하는 가치	독선적
언어 습관	좋음 / 나쁨, 재미있음 / 지루함이 극단적	과장되고 상투적이며 진부함	"좋아, 하지만……"
흔한 결점	이기성	'외부인'에 대한 적대감	이기성
두려워하는 것	힘에 눌리는 것	반대, 거절	독창성 부족
방어기제	비난, 왜곡	감정 억제, 객관화, 이상화	논리화, 까칠한 유머, 도구 탓하기
사회에 대한 태도	이중적, 적대적	조력자, 사교가	군중 속에서 눈에 띠는 인물이 되고자 노력함
관계 방식	타인에 대해 착취적이고 변덕이 심함	지위에 유익한 인간관계	유용한가, 아닌가?
반대에 부딪힐 때	버럭 화를 내고, 더 세게 보복	순순히 받아들임	논쟁적, 반대 의견을 하찮게 만들기, 독선적

성취가	개인주의자	전략가	연금술사
자주성	인습에 얽매이지 않음	강인함과 자율성	복잡, 신뢰
신념, 공정함, 열정	영감과 자발성	통찰력, 일관성, 균형 감각	카리스마를 지닌 믿음직한 지도자
사회 속에서의 나	개인으로서의 나	스스로 결정하는 인간	투명한 자아
완벽하게	그냥 즐김	통합적	즐기고, 재창조함
이성, 원인, 목적, 효율성	특별한 개인적 성취	패턴, 트렌드, 프로세스, 복잡성	언어와 의미의 문제
합리적, 회의적	전체적	공상적	직관적
도전적, 남에게 힘이 되는 태도	창조적	매우 협력적이고 자발적	자유로움
포스트모던적, 과학적 관점	세상은 모순되므로, 모든 걸 다 설명할 필요는 없다	다면적이고 모호하다고 생각	혼돈 상태라고 생각
근본 원인	특별함	진정성	진실
자신의 선택	도덕적 잣대로 판단하지 않음, 도덕관념이 거의 없음	깊은 도덕적 원칙을 지니고 있으며 그것을 위해 자신을 희생할 수 있음	도덕적 기준이 극히 높음
'왜'라는 질문을 많이 함	상충되는 아이디어들, 생기발랄한 언어	복합적이고 서정적	유려한 달변가
자기 소모, 일을 너무 키움, 자학	냉정하고, 접근하기 어려워 보일 수 있음	자신과 타인의 발전에 너무 조급함	다른 사람보다 항상 더 좋게 느낌
실패, 통제력 상실	자기기만	자신의 잠재력을 다 끌어내지 못하는 것	두려움이 없음
합리화, 자학	승화, 정신적 의의 부여	억제, 유머, 이타주의	승화, 유머
순수하게 다정함	재미!	소통의 달인	누구하고라도 이야기할 수 있음
다양하고, 진지하며, 의미 있는 인간관계	진지하고 상호 보상적인 인간관계	인간관계는 친분과 성숙을 위해 반드시 필요	깊은 공감을 주고받는 인간관계
"우리는 서로 다르다는 데 합의했다."	존중, 의견 차이를 찬양함	관대하고, 통찰력 있으며, 반대 의견에 호응	경청하고 공감함

비판자들의 말: "'자아'는 한 가지 요소에 지배되는 것이 아니라 발전하는 다양한 부분들의 복합체이다."

출처 : Susanne Cook-Greuter의 「Ego Development : Nine Levels Of Increasing Embrace」, Wikipedia

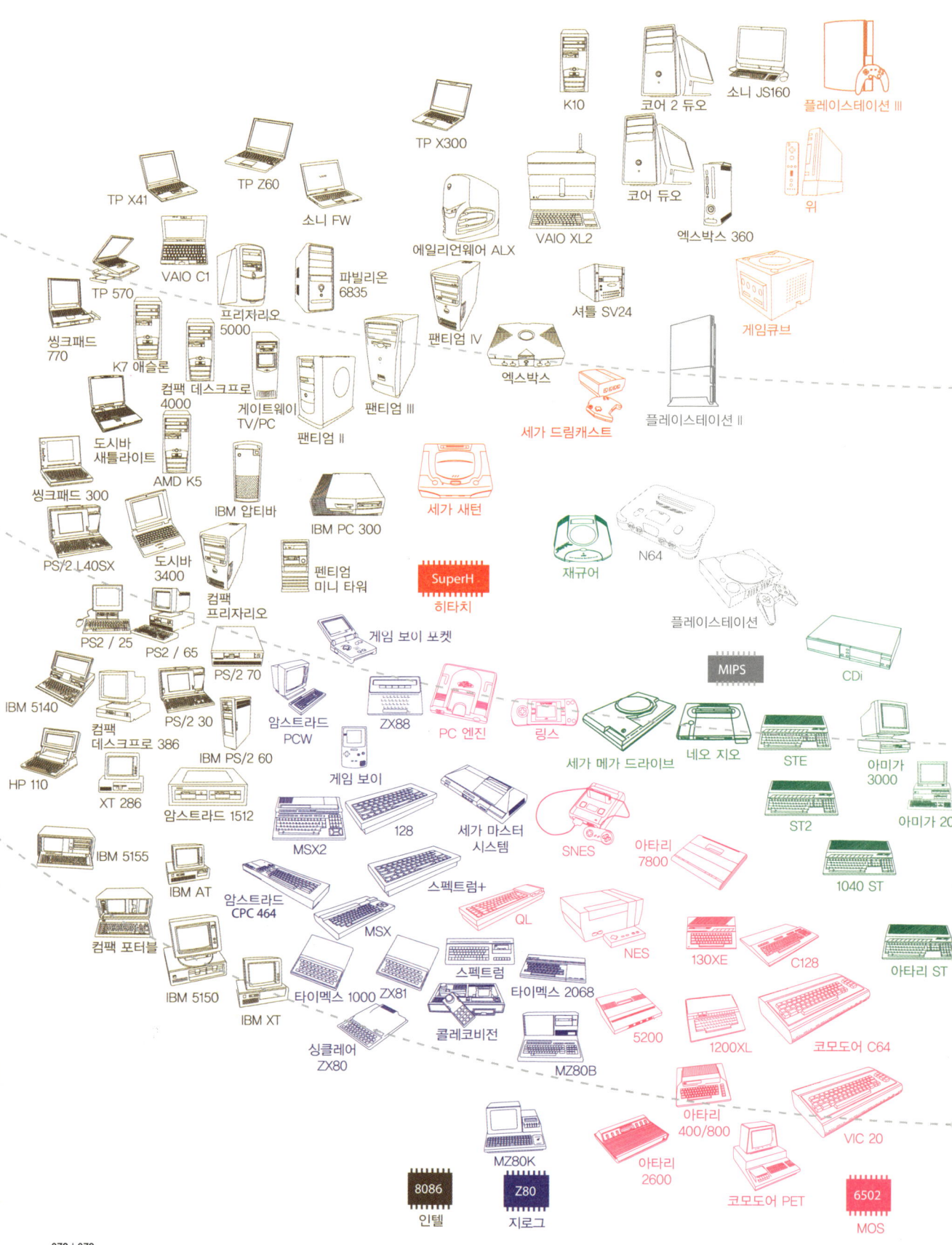

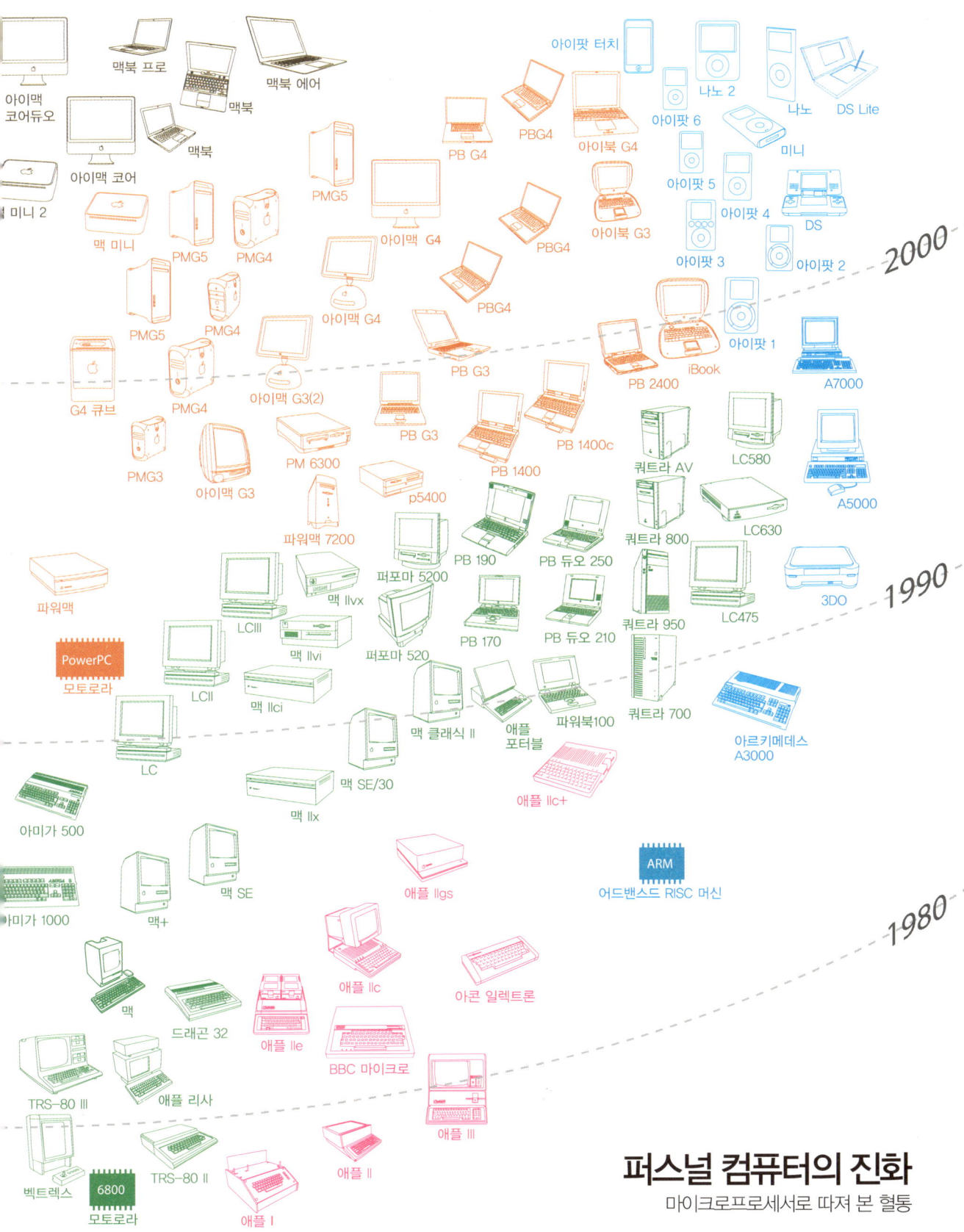

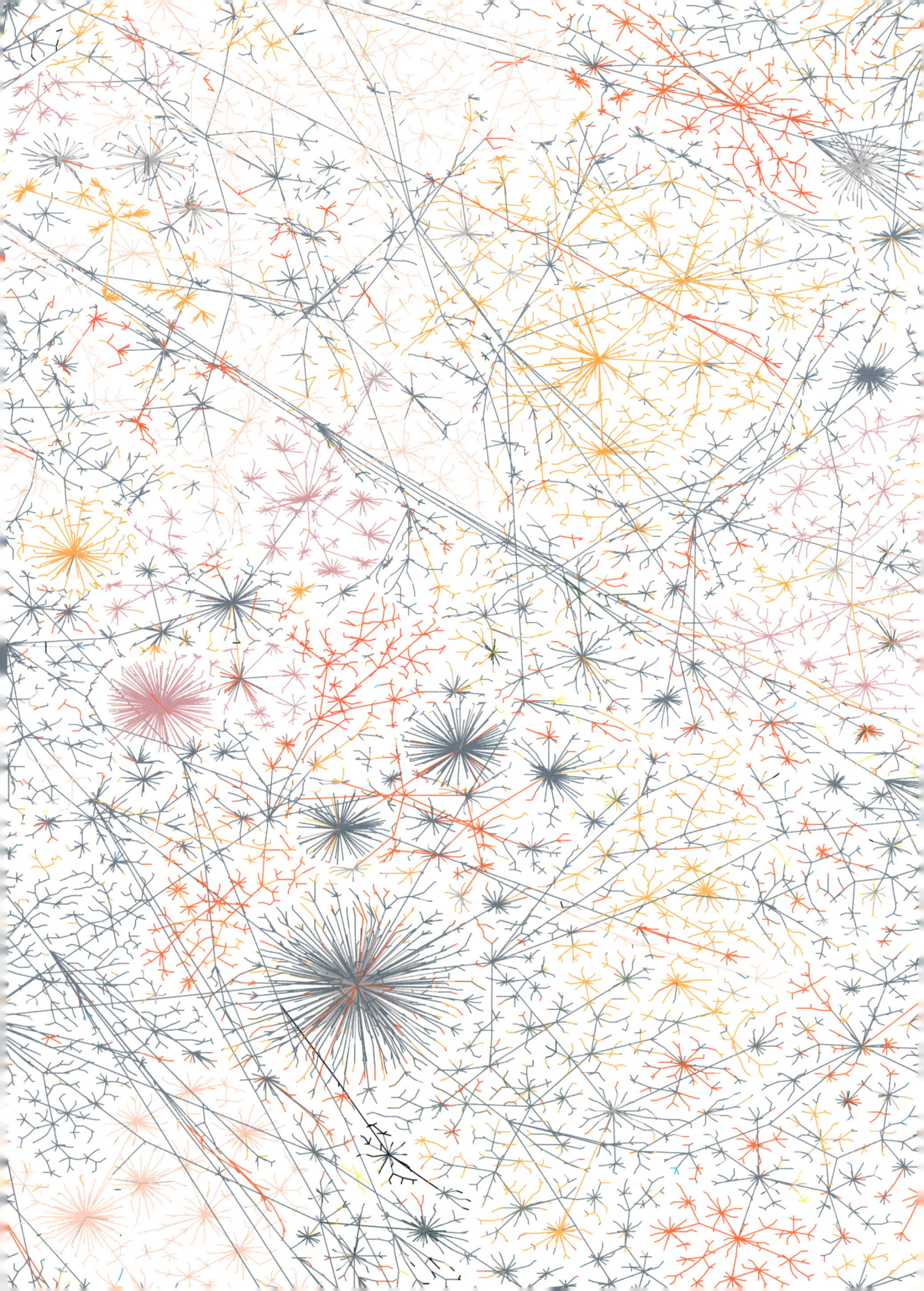

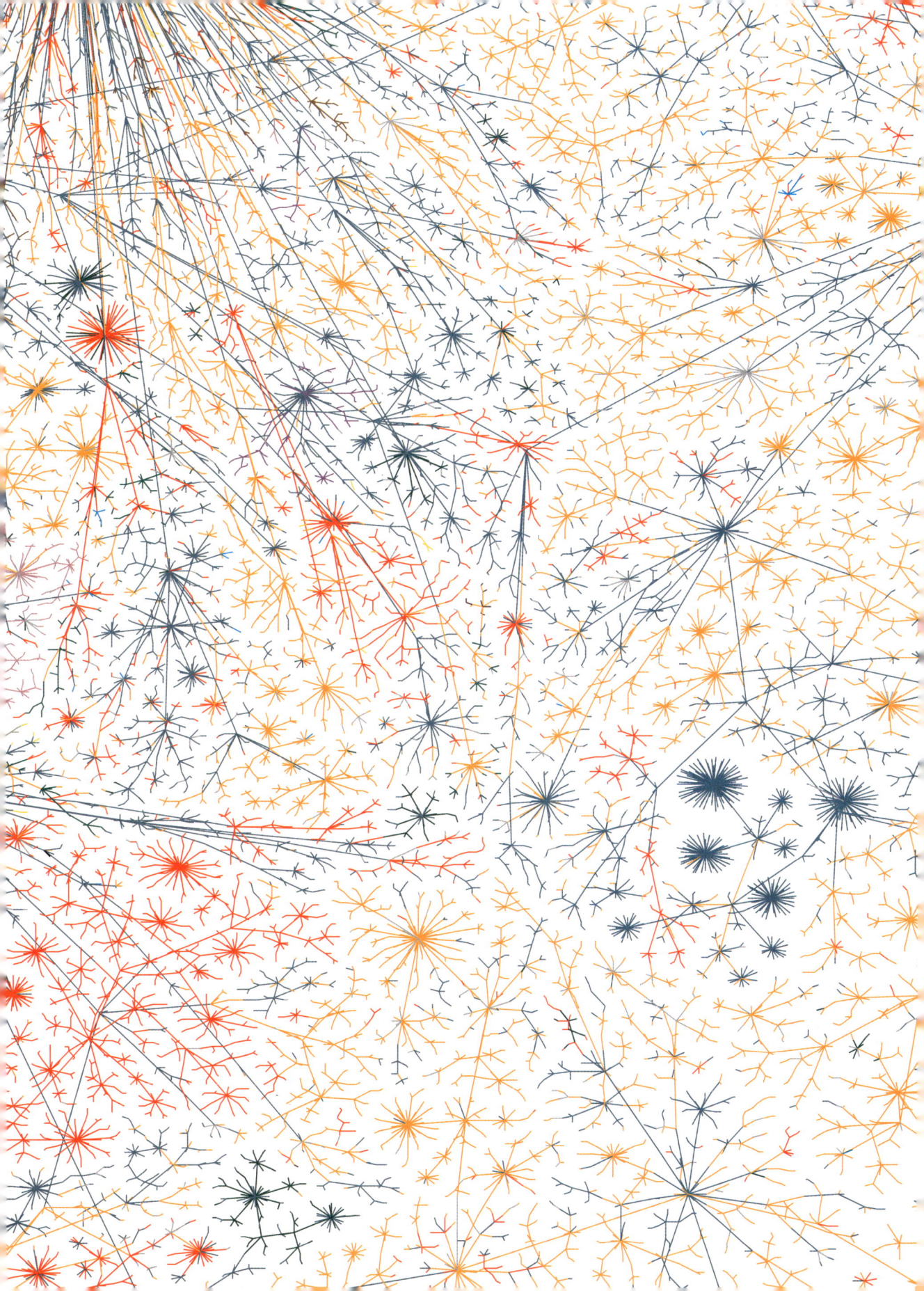

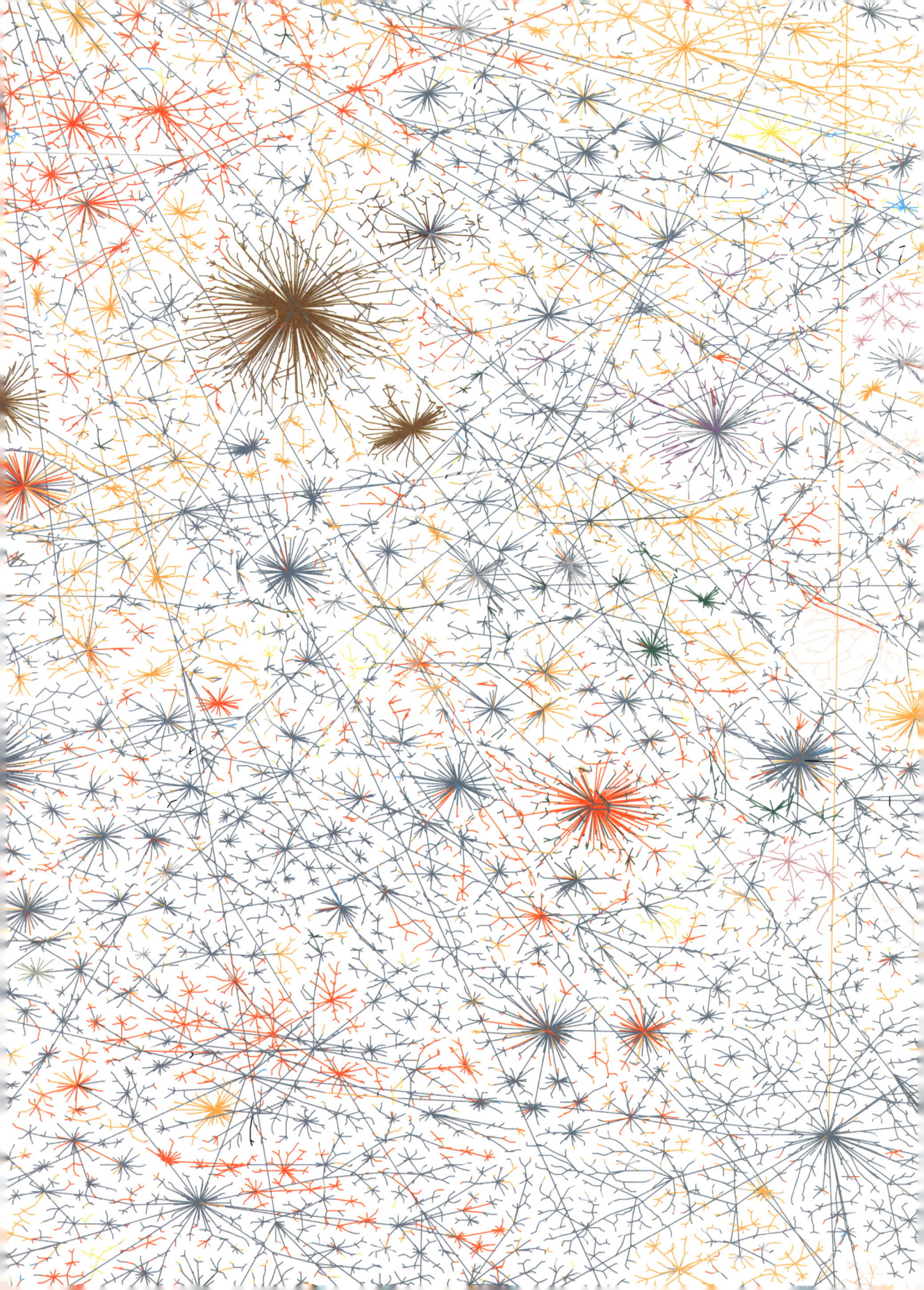

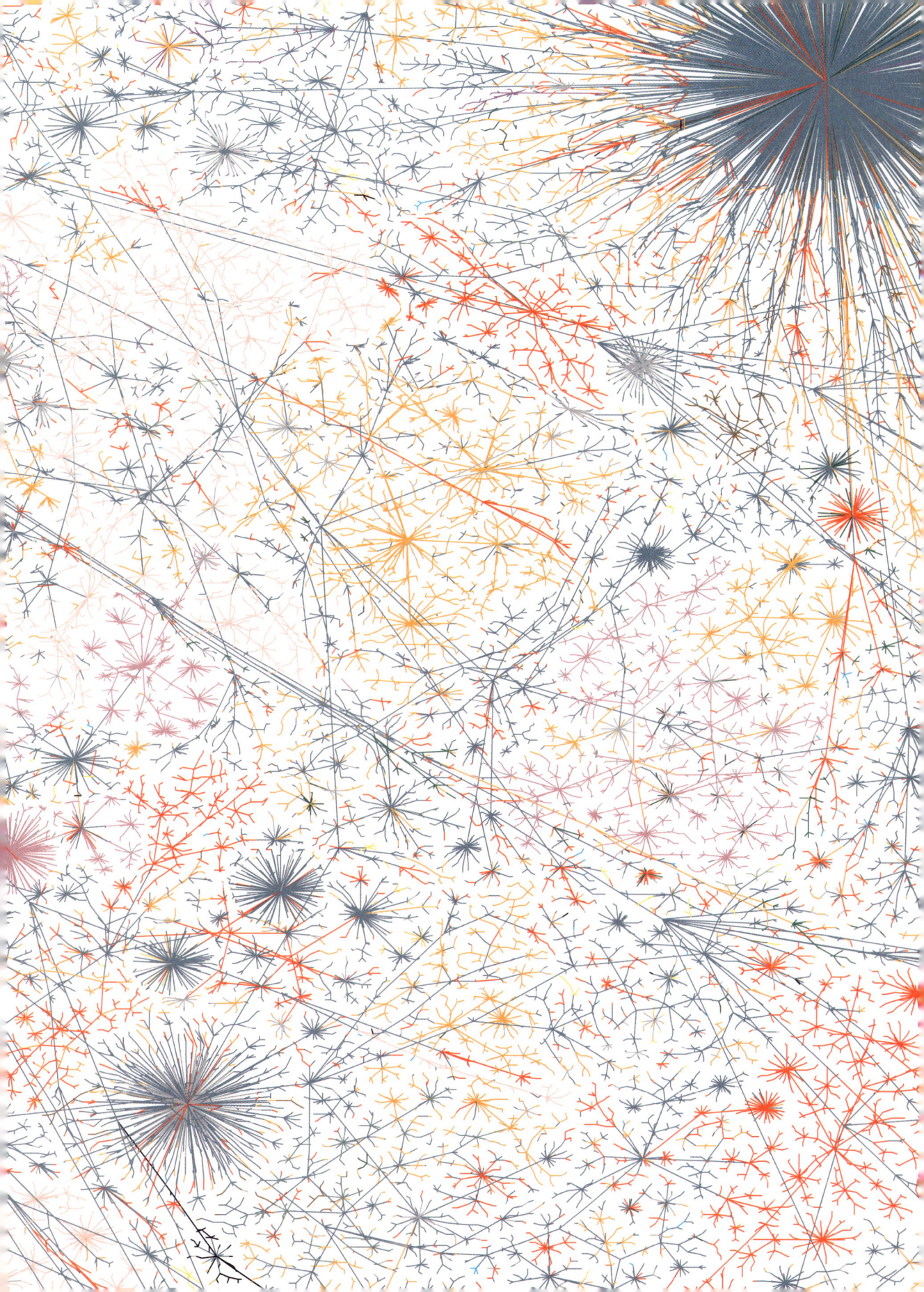

세계가 하나
인터넷 지도

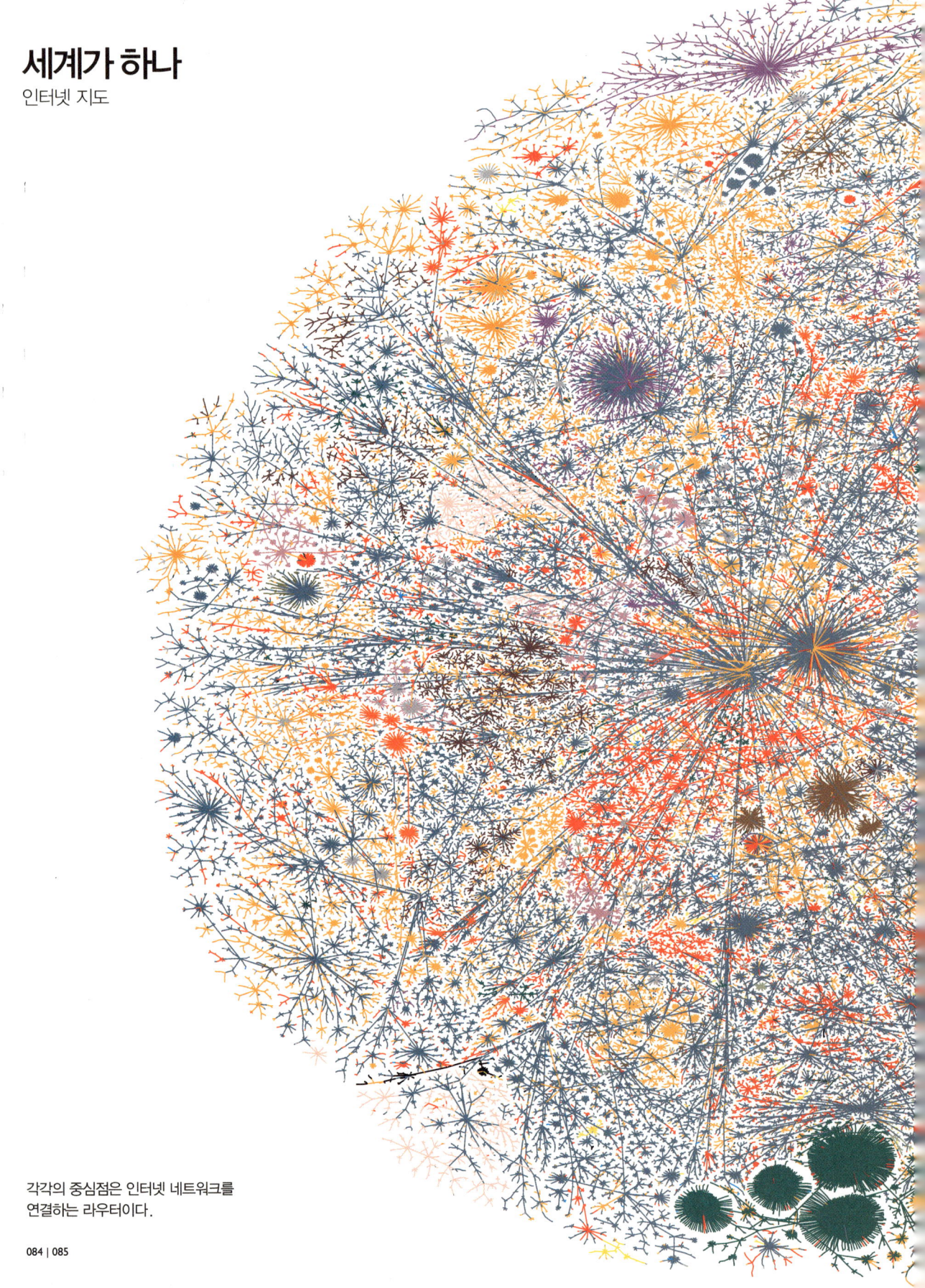

각각의 중심점은 인터넷 네트워크를
연결하는 라우터이다.

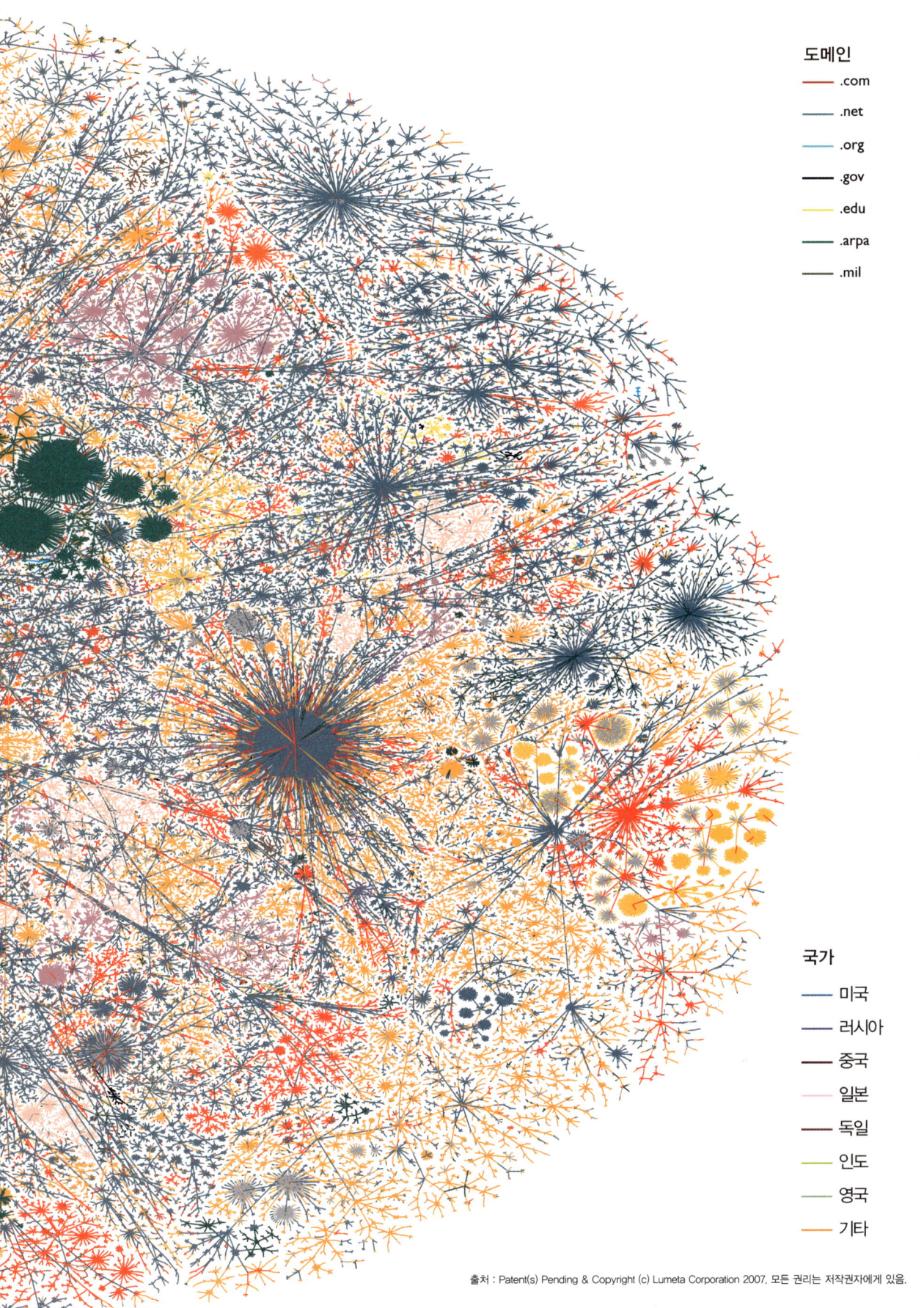

유 튜브

You Tubes. 온라인으로 당신의 개인 정보들이 빠져나간다

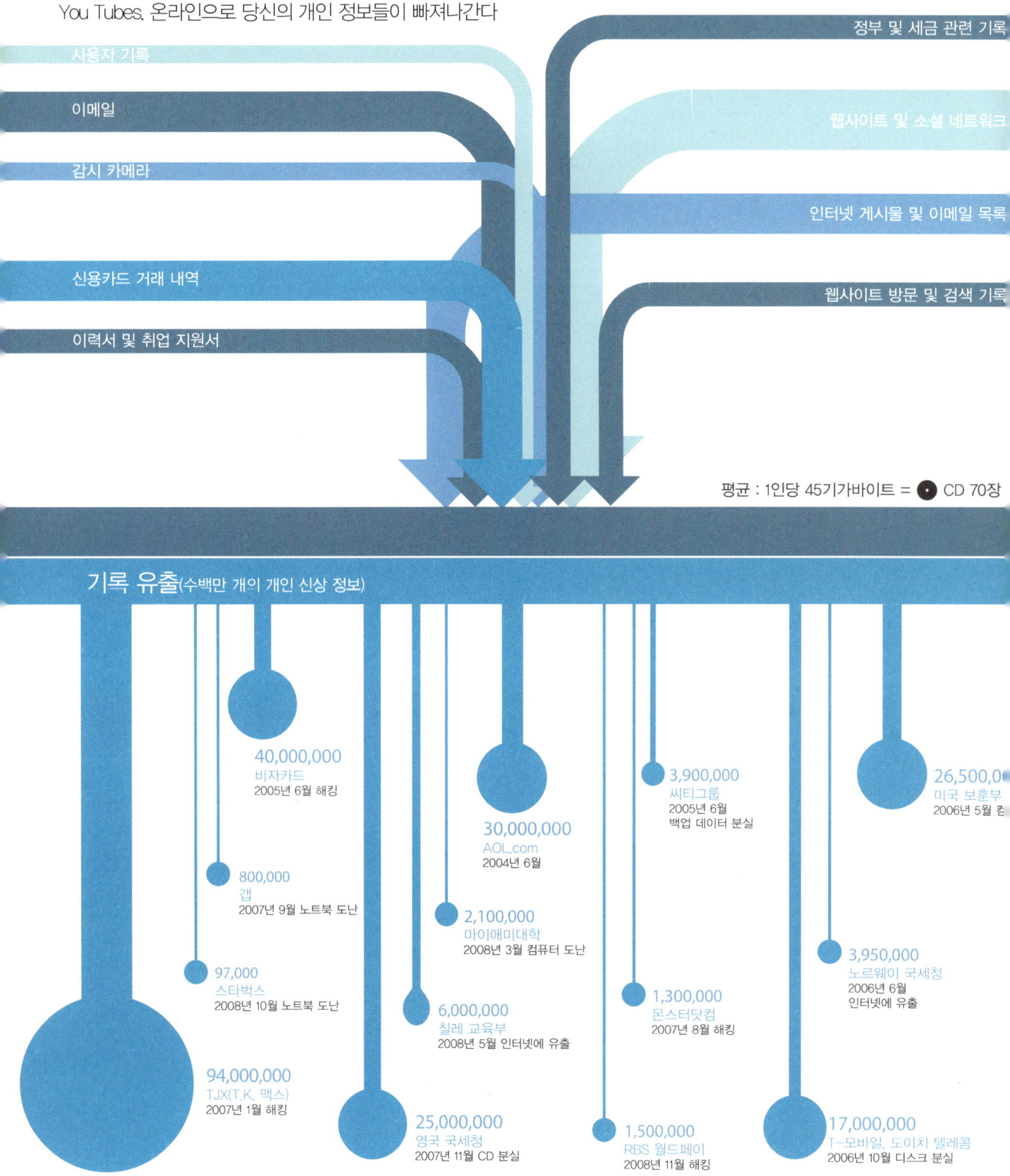

- 사용자 기록
- 이메일
- 감시 카메라
- 신용카드 거래 내역
- 이력서 및 취업 지원서

- 정부 및 세금 관련 기록
- 웹사이트 및 소셜 네트워크
- 인터넷 게시물 및 이메일 목록
- 웹사이트 방문 및 검색 기록

평균 : 1인당 45기가바이트 = ● CD 70장

기록 유출 (수백만 개의 개인 신상 정보)

40,000,000 비자카드 2005년 6월 해킹

800,000 갭 2007년 9월 노트북 도난

97,000 스타벅스 2008년 10월 노트북 도난

94,000,000 TJX(T,K, 맥스) 2007년 1월 해킹

30,000,000 AOL.com 2004년 6월

2,100,000 마이애미대학 2008년 3월 컴퓨터 도난

6,000,000 칠레 교육부 2008년 5월 인터넷에 유출

25,000,000 영국 국세청 2007년 11월 CD 분실

3,900,000 씨티그룹 2005년 6월 백업 데이터 분실

1,300,000 몬스터닷컴 2007년 8월 해킹

1,500,000 RBS 월드페이 2008년 11월 해킹

26,500,0 미국 보훈부 2006년 5월 컴

3,950,000 노르웨이 국세청 2006년 6월 인터넷에 유출

17,000,000 T-모바일, 도이치 텔레콤 2006년 10월 디스크 분실

과열지대

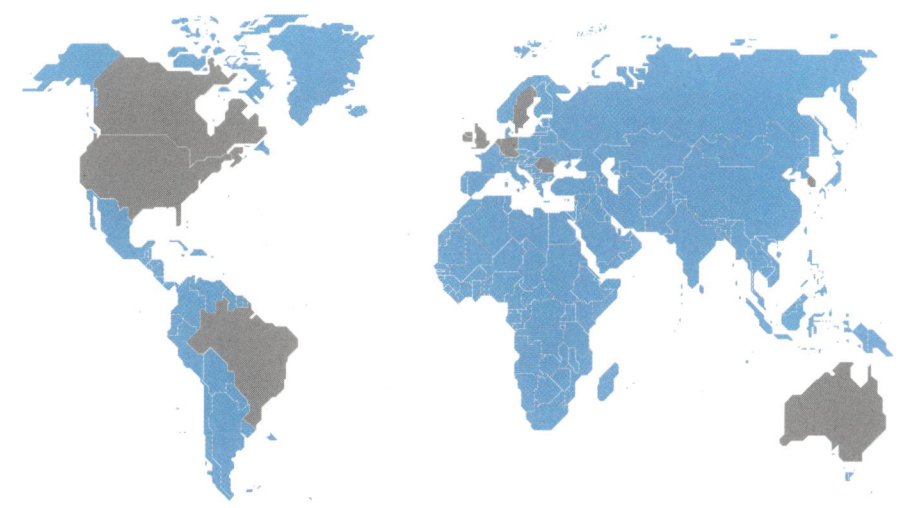

■ 요주의해야 하는 나라들

디지털 암시장 시세

- $1 — **이메일 주소**
  스팸 메일과 피싱을 위해
- $12 — **신용카드**
  CVV[CVC]번호가 없는 경우
- $25 — **신용카드**
  CVV번호가 있는 경우
- $25 — **신상 명세**
  이름, 주소, 신분증 번호, 생년월일 등
- $30 — **이메일 비밀번호**
  매우 유용함
- $250 — **은행 계좌 정보**
  모든 신상 정보와 함께

유출 경로

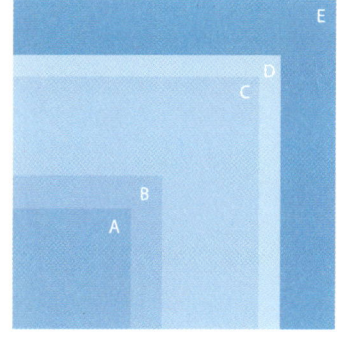

- A 직장 내부(11%)
- B CD 및 다른 매체 분실(13%)
- C 우발적인 웹 유출(23%)
- D 컴퓨터 분실 또는 도난(25%)
- E 해킹(28%)

출처 : Infowatch.com, Datalossdb.org, ITRC[신용도용범죄정보센터], Forbes[포브스], Wikipedia

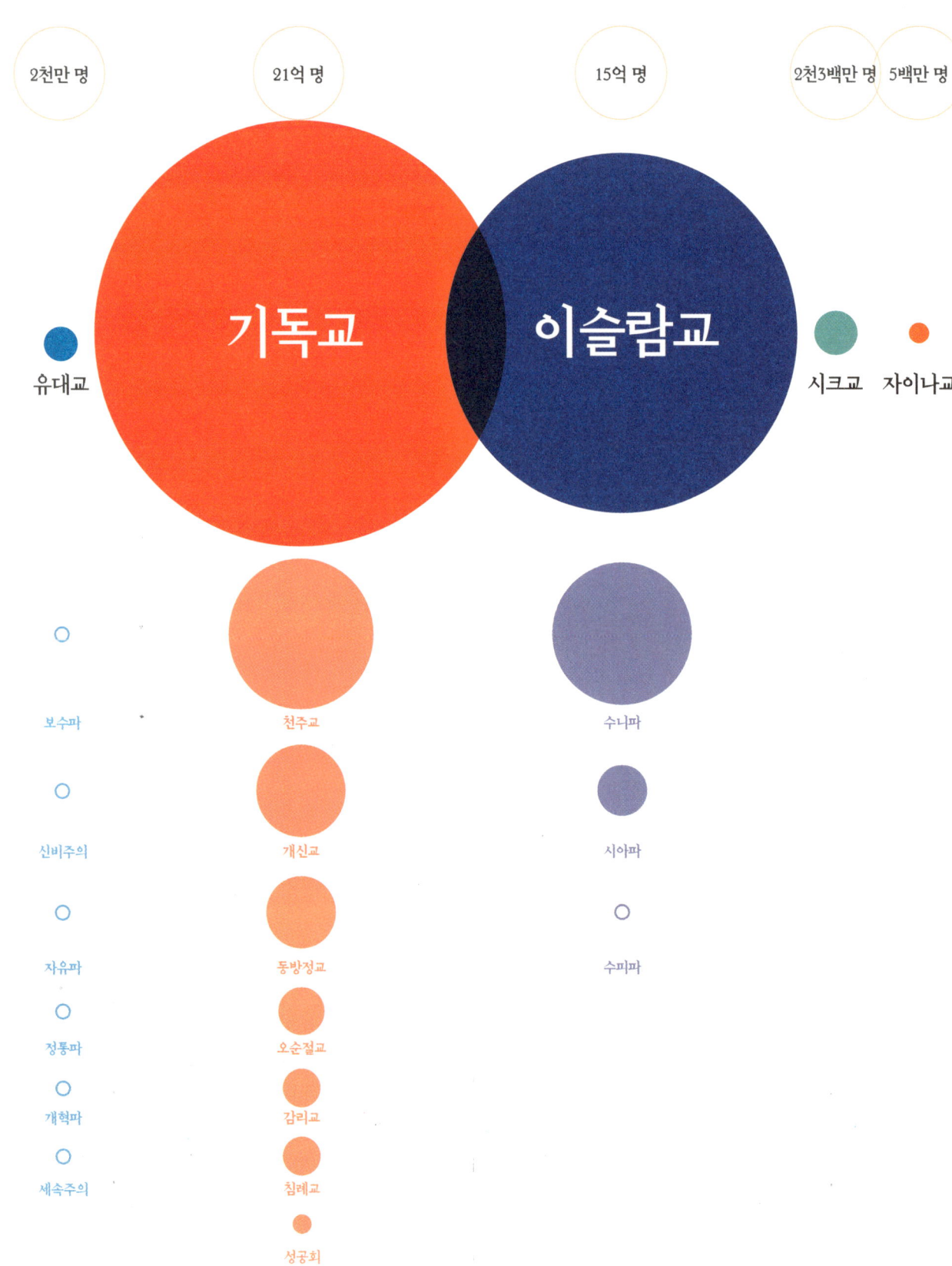

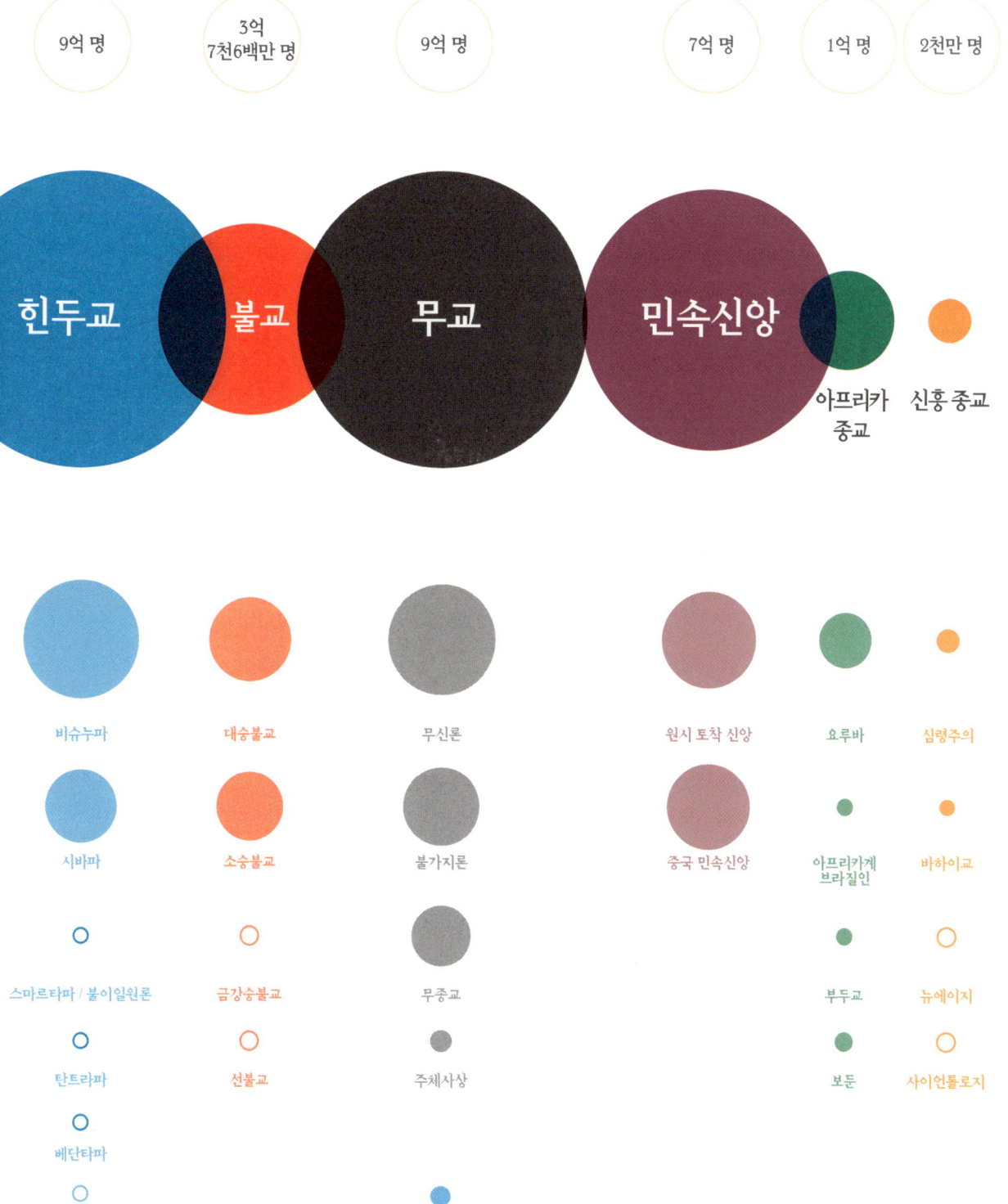

가치관의 매트릭스

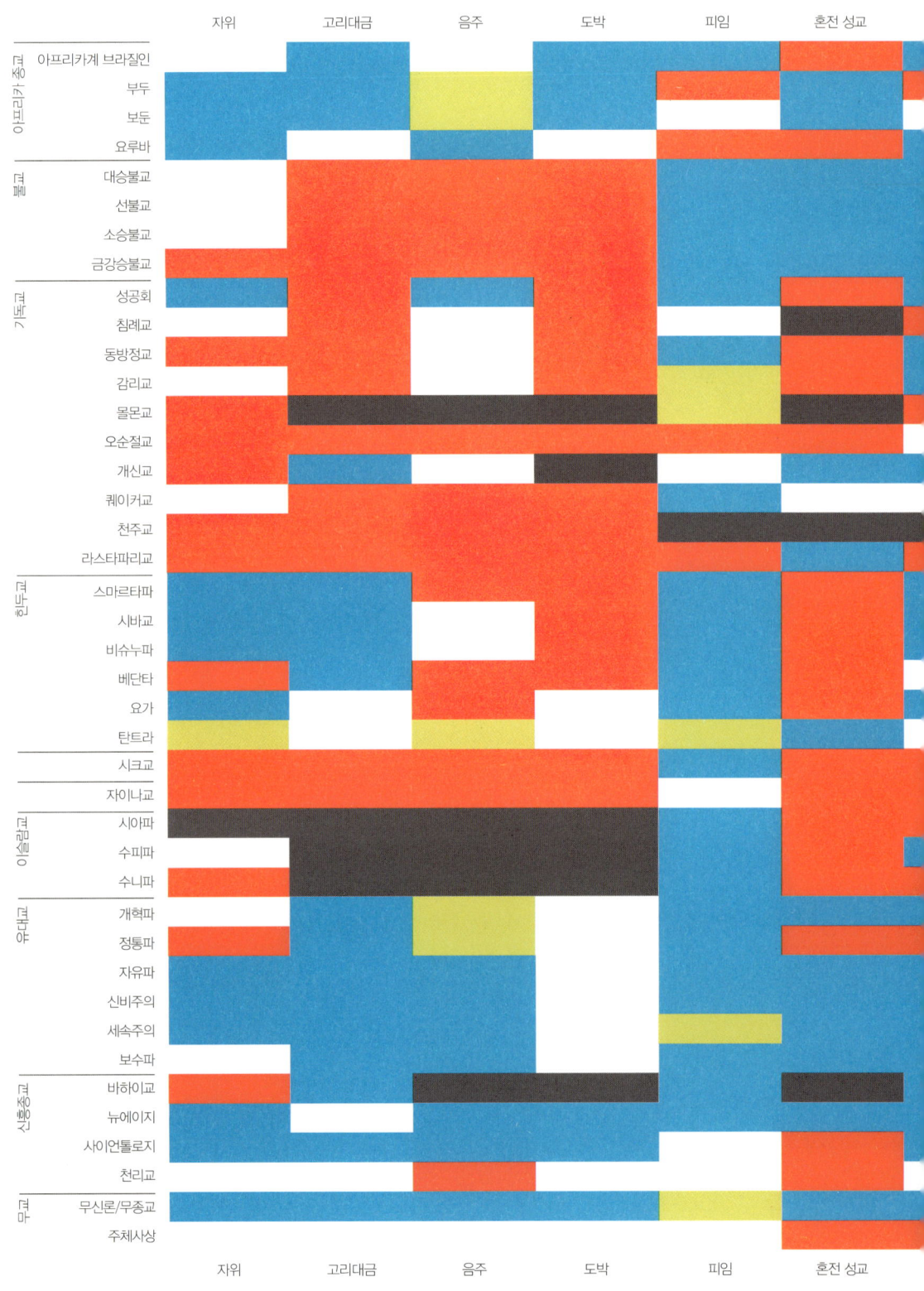

이산화탄소 순환

연간 **인공** vs. **천연** 이산화탄소 배출량. 단위는 10억 톤(g)

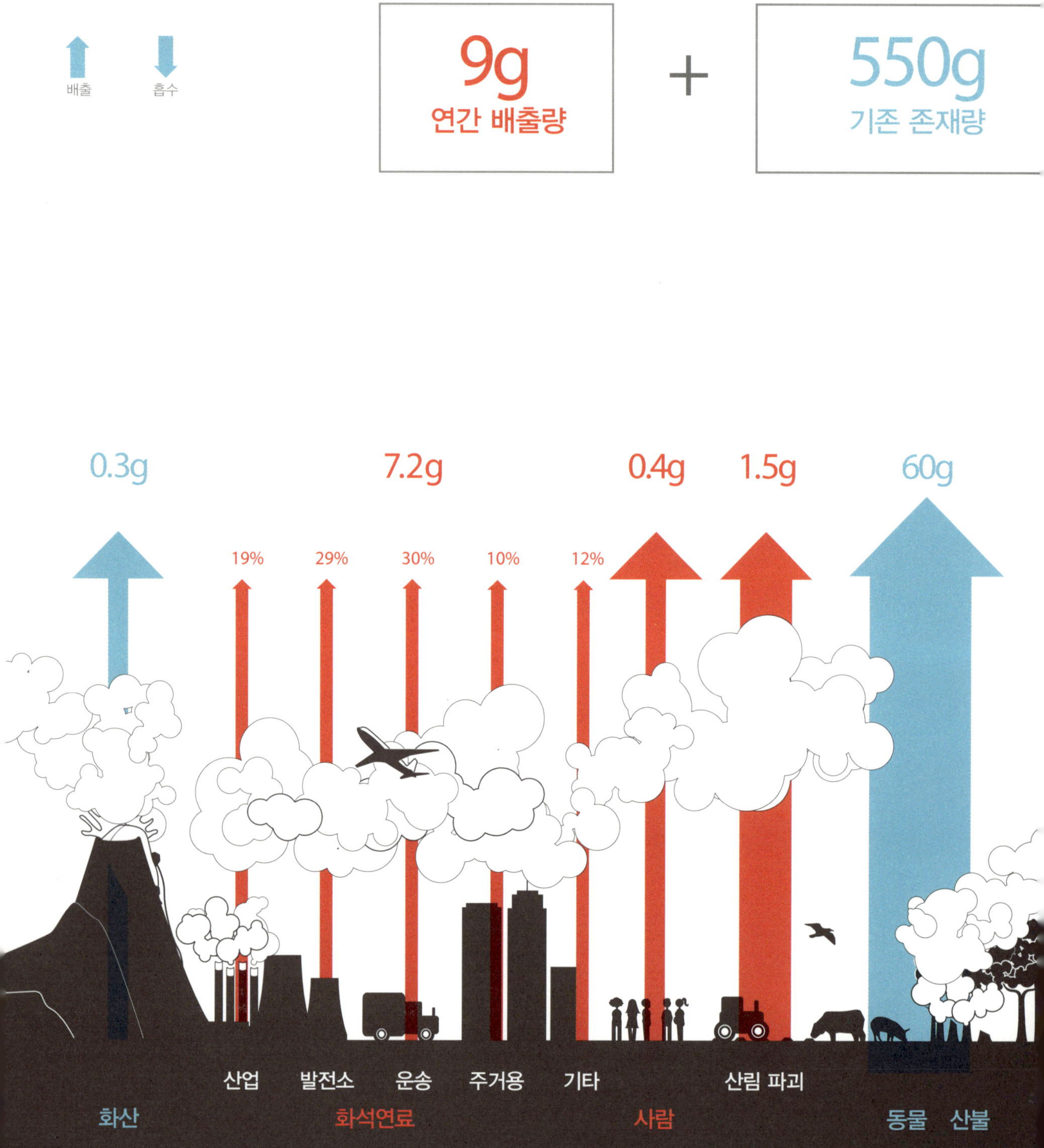

↑ 배출 ↓ 흡수

| **9g** 연간 배출량 | + | **550g** 기존 존재량 |

0.3g   7.2g   0.4g   1.5g   60g

19%   29%   30%   10%   12%

산업   발전소   운송   주거용   기타   산림 파괴

화산   화석연료   사람   동물   산불

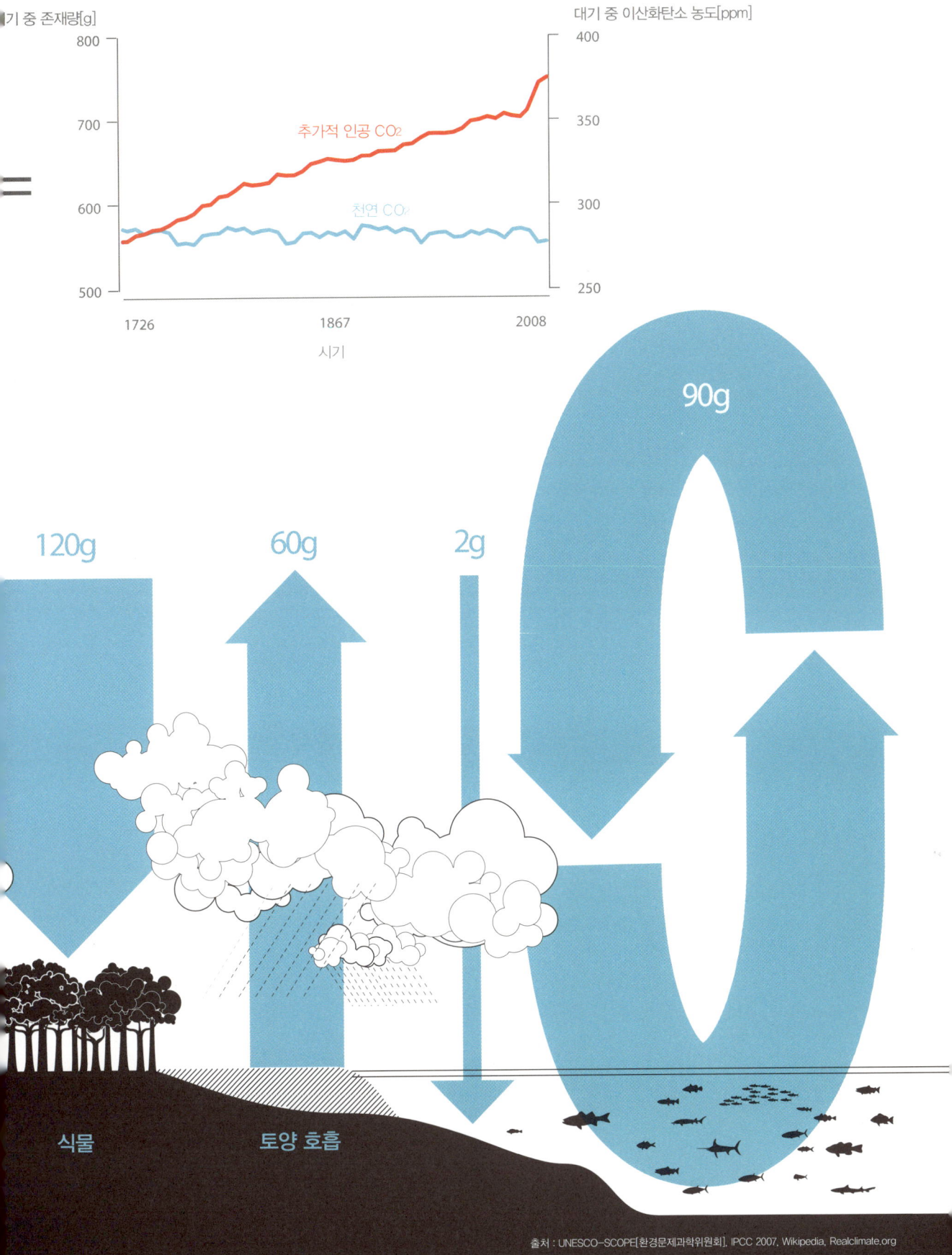

초당 1,250MB

품품

동일한 대역폭 : 컴퓨터 네트워크

초당 125M

USB

해상도
1초당 뇌에 도달하는 감각 정보의 양

미뢰, 맛의 꽃봉오리
서양 요리의 궁합

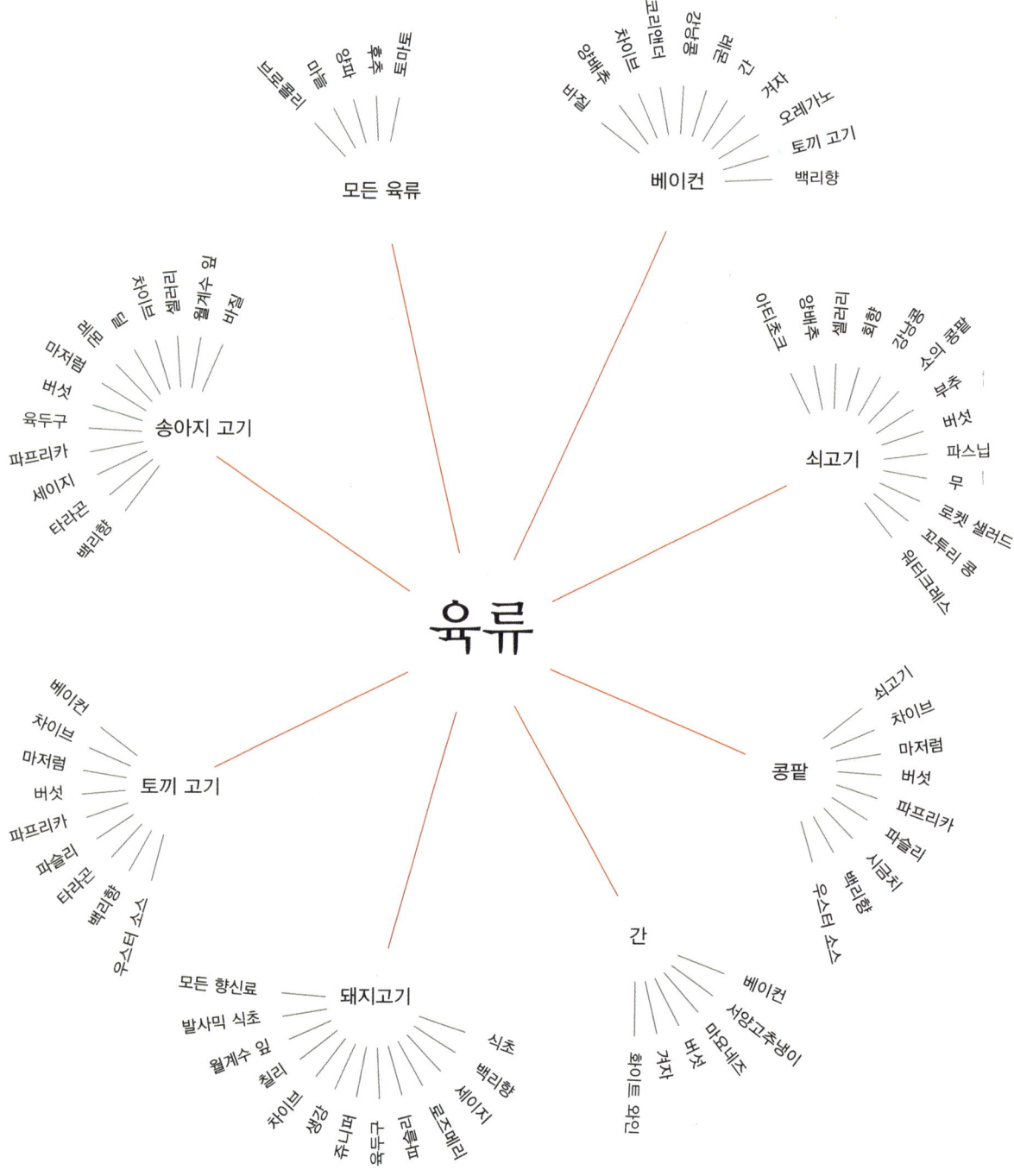

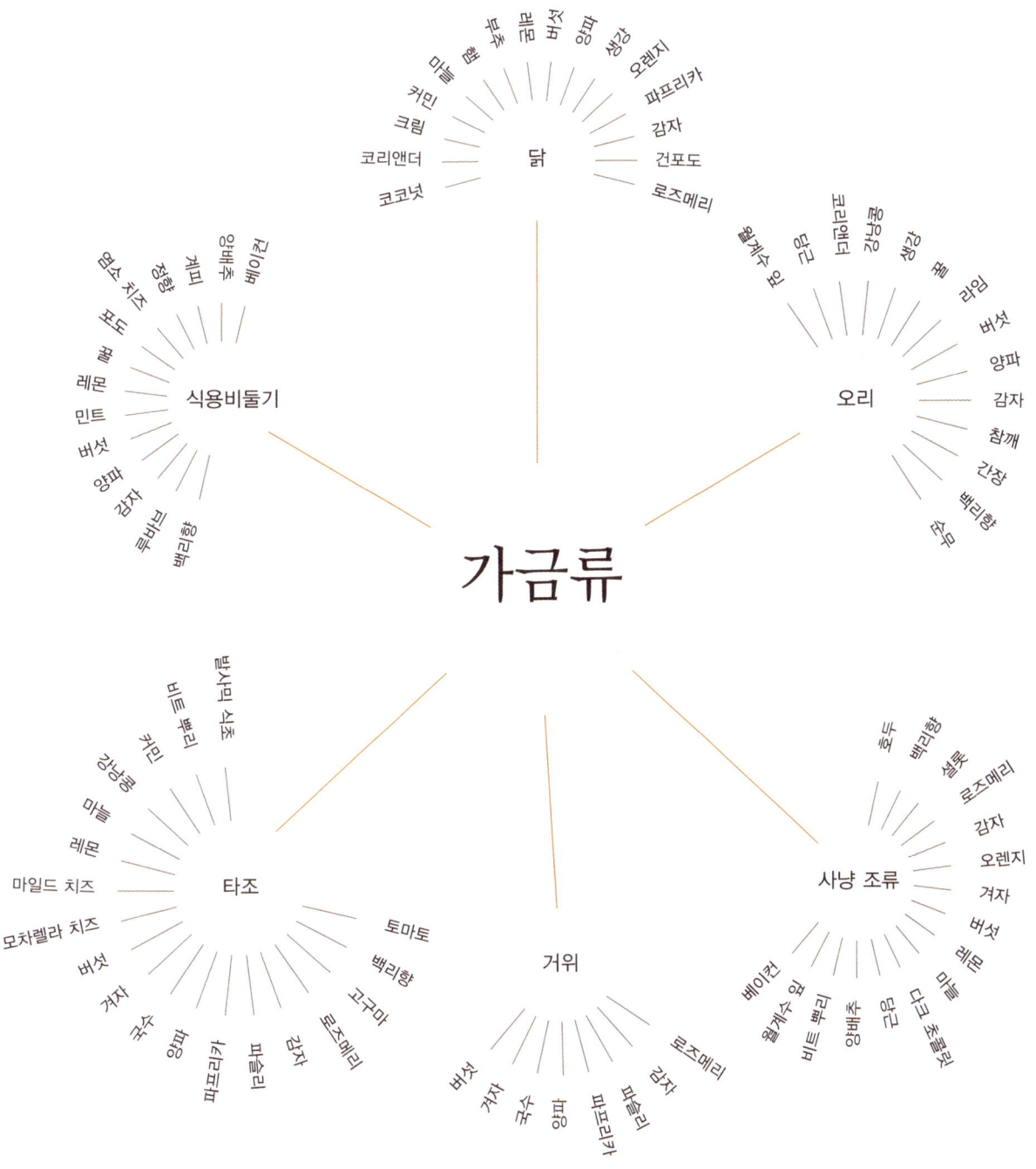

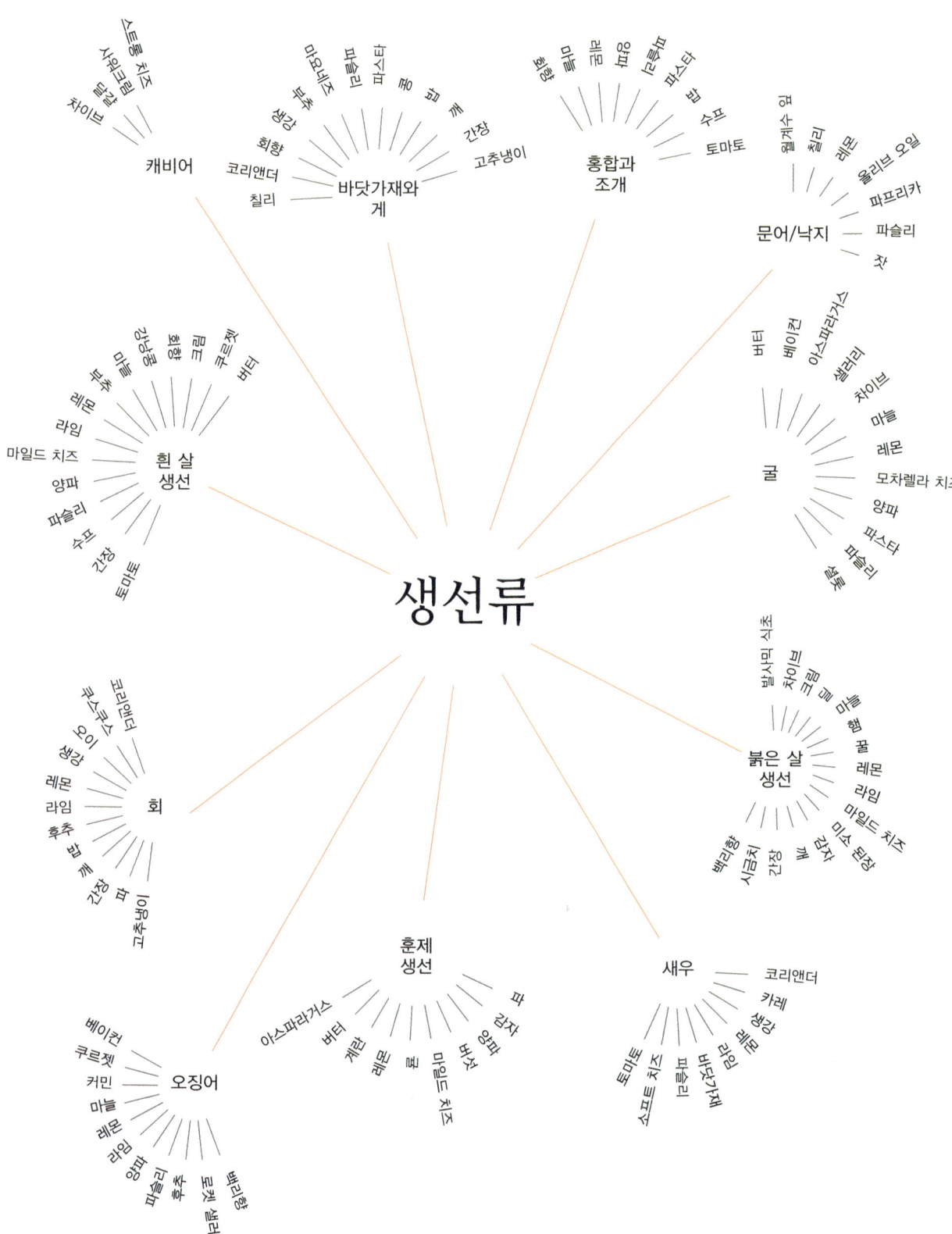

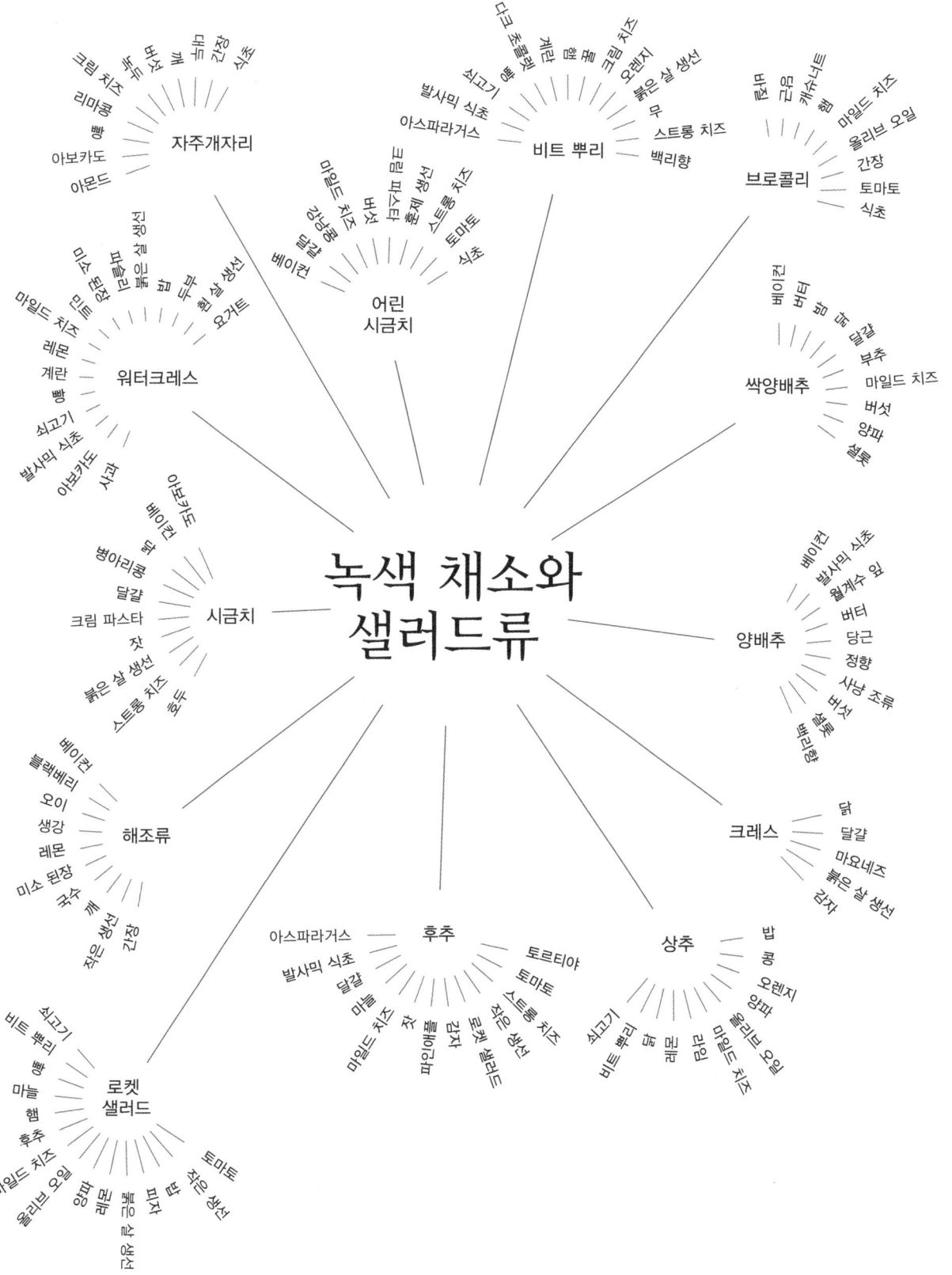

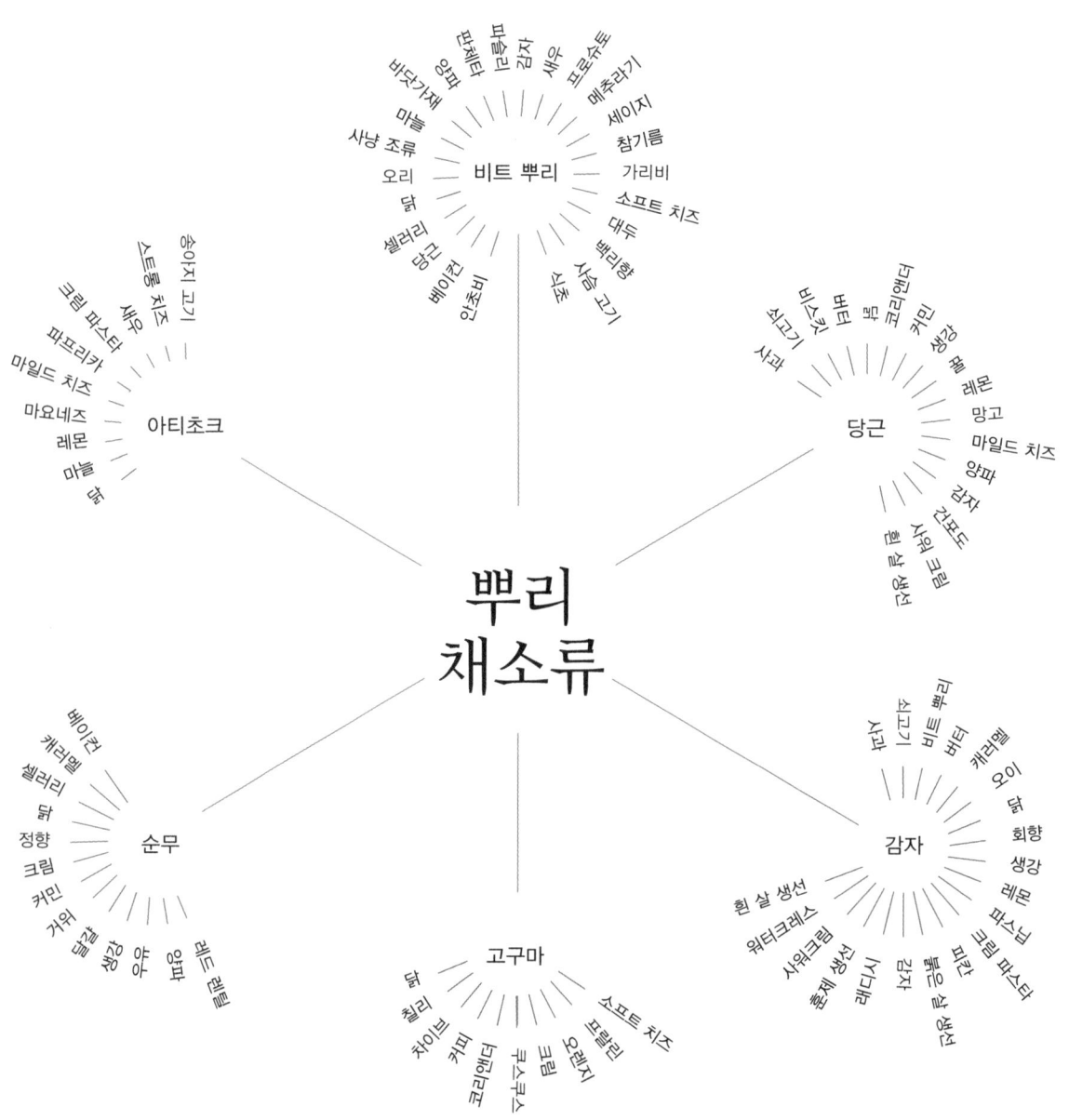

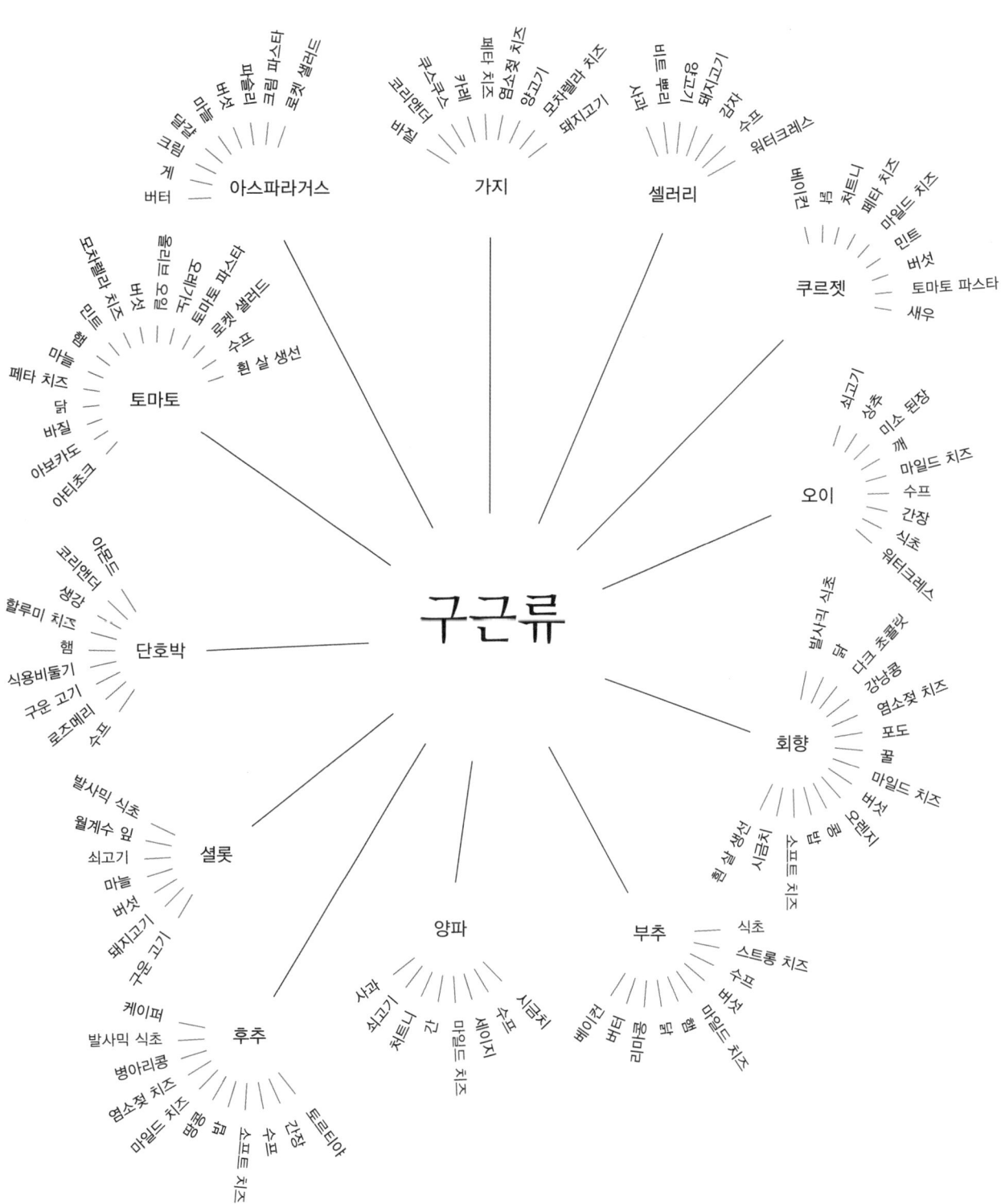

멸종
멸종 위기에 처한 동물들

척추동물

A Amur Tiger 아무르호랑이
B Black Rhino 검은코뿔소
C Cheetah 치타
D Schomvurgk's Deer 숌부르크사슴
E Asian Elephant 아시아코끼리
F Island Grey Fox 아일랜드여우
G Giant Panda 대왕판다
H Huemul 우에뮬
I Northern Gald Ibis 붉은볼따오기
J Jacamar(Three Toed) 세가락송곳부리
K Kokako 곡부리(아랫볏찌르레기)
L Black-cheeked Loverbird 검은볼모란앵무
M Marbled Murrelet 알락쇠오리
N Lesser Nothura 작은노투라

O Forest Owlet 프레스트아울릿
P Panamint Alligator Lizard 파나민트악어도마뱀
Q Queensland Snake-Lizard 퀸즐랜드뱀도마뱀
R R. Silus(Gastric Grooding Frog) 위주머니보란개구리
S Louisiana Pine Snake 루이지애나솔뱀
T Golden Toad 오렌지두꺼비
U Utila Lguana 우틸라이구아나
V Vaquita 콜리포니아돔고래
W Wide Sawfish 넓으작은이빨톱가오리
X X. Yunnanensi(Kunming Nase) 쿤밍네이즈
Y Yangtze River Dolphin 양쯔강돌고래
Z Zevra Shark 얼룩상어

척추동물 분류

▮ 포유류
▮ 조류
▮ 파충류 / 양서류
— 해양 척추동물

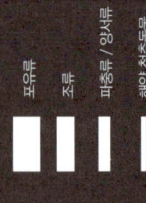

기간

51~100+

21~50

멸종 위기에 처해 있어
조치가 취해지지 않는다면
멸종에 직면할 가능성이 있음.

멸종될 가능성이 아주 높아
다음 5세대 안에 멸종될 확률이
20%임.

세계 최고
모든 나라는 각각 최고인 분야가 있기 마련이다

독배

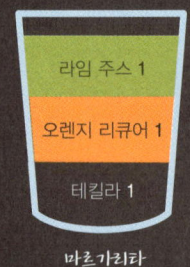
라임 주스 1
오렌지 리큐어 1
테킬라 1
마르가리타

베르무트 1
진 7
마티니

앙고스투라
스위트 베르무트 1
위스키 4
맨해튼

화이트 럼주 8
라임 주스 1
설탕 시럽 1
오렌지 리큐어 1
마이타이

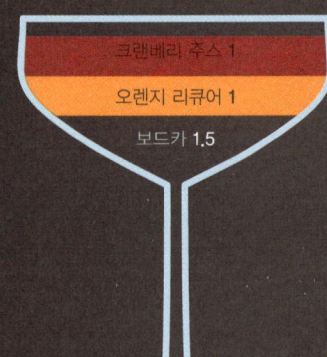
라임 주스
크랜베리 주스 1
오렌지 리큐어 1
보드카 1.5
코스모폴리턴

보드카 12
싱글 크림 8
화이트 러시안

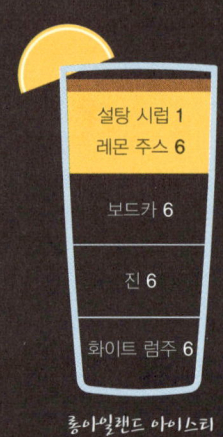
설탕 시럽 1
레몬 주스 6
보드카 6
진 6
화이트 럼주 6
롱아일랜드 아이스티

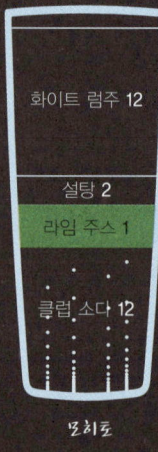
민트 잎
화이트 럼주 12
설탕 2
라임 주스 1
클럽 소다 12
모히토

갈리아노 1
보드카 2
오렌지 주스 6
하비 월뱅어

설탕 시럽 0.75
버번 1.5
레몬 주스 1.5
위스키 사워

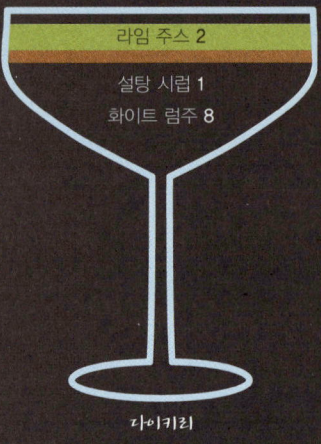
라임 주스 2
설탕 시럽 1
화이트 럼주 8
다이키리

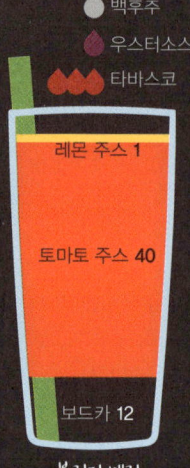
백후추
우스터소스
타바스코
레몬 주스 1
토마토 주스 40
보드카 12
블러디 메리

샐러드 드레싱
전체 비율

비네그레트

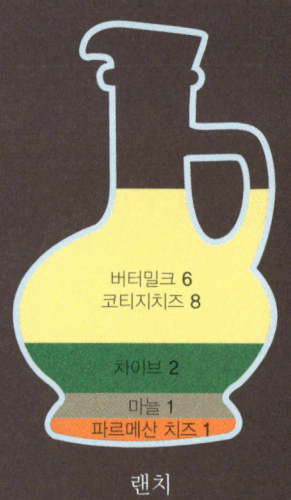
랜치

허니

크리미 허브

마늘 크림

오일, 레몬, 마늘

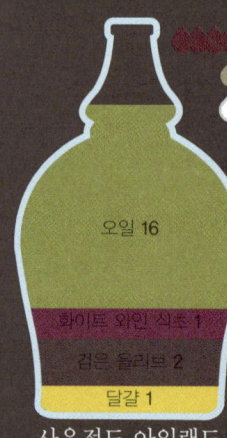
사우전드 아일랜드

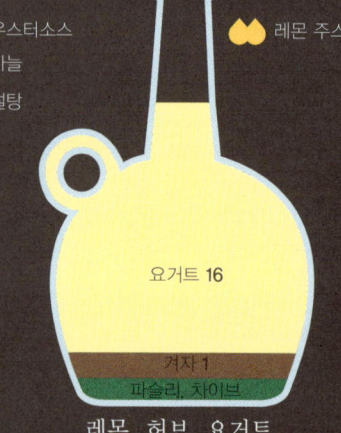
레몬, 허브, 요거트

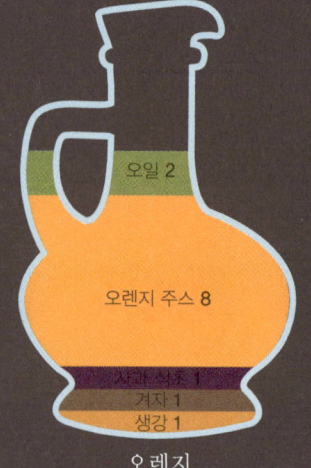
오렌지

오일, 레몬

시저

카레

출처 : Google

누가 더 똑똑할까?
몸 전체의 크기에서 뇌가 차지하는 비율

.02 0.4 0.5 .8 .9 1.5 1.8 2.7

2.8 5.8 6.8 8 9

예상치보다 이 배수만큼 더 크군

※참고
위의 숫자는 대뇌화지수(Encephalization Quotient)이며 이는 동물의 지능을 측정하기 위한 방법으로서 해당 동물의 뇌 크기와 나머지 몸과의 비례를 측정한 뒤 이를 비슷한 크기의 다른 종과 비교하는 것이다. 한 동물의 예상치는 1이 되도록 설계되어 있는데 만약 이보다 크다면 예상보다 뇌가 크다는 의미가 된다. 지능을 알아보는 데에 뇌가 몸무게에서 차지하는 비율로 측정하는 것보다 정확한 것으로 인정받고 있다. 다만 아직까지는 측정 방법에 따라 다소 수치의 차이를 보인다.

출처 : 수치는 Martin(1984), Stanyon, Consigliere, Moreschalchi(1993), 그리고 Jerison(1973)이 발표한 대뇌화지수를 사용하였다.

20세기의 죽음
무엇이 가장 많이 죽였나?

굶주림
1억 1,100만 명

음식
7,600만 명

 비만 1,100만 명
 당뇨 3,000만 명
　 심장질환 3,500만 명

질병
13억 9,000만 명

 천연두 5억 명
 홍역 2억 명
 뇌수막염 1억 9,000만 명
 결핵 1억 5,000만 명
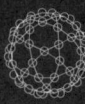 백일해 3,000만 명
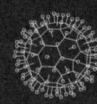 독감 3,000만 명
 에이즈 2,500만 명

이념
1,600만 명

850만 명　710만 명　10만 명

전쟁
1억 2,400만 명

혁명
950만 명

500만 명　200만 명　160만 명　100만 명

자연재해
970만 명

담배
7,100만 명

자살
7,000만 명

살인
2,000만 명

● 기술 20만 명

● 동물 400만 명　 50만 명　 90,000명　 29,000명　 5,000명　 4,000명　 100명　 100명

출처 : Wikipedia와 인터넷. 일부는 추정에 근거한 것이다

지구온난화에 대한 과학적 합의

만일 지구온난화라는 현상이 진짜 존재한다 해도 그 원인이 인류의 잘못된 행동 때문이라고 믿을 만한 확실한 물증은 아무것도 없다. 이산화탄소량과 지구 기온 상승 사이의 연관성은 단지 정황증거로 추정되고 있을 뿐이다.

지구의 기후는 금속히 온난화되고 있다. 인간의 활동으로 인해 이산화탄소가 두꺼워지고 있기 때문이다. 그것은 대기 속에 열을 가둠으로써 지구를 데우는 '온실효과'를 만들어 낸다. 지구 기온이 3~9도 상승한다면 재앙이 벌어질 것이다.

지구온난화에 대한 회의론

이산화탄소 증가가 반드시 기온 상승을 낳진 않는다

극한의 날씨 때문에 북극의 기온은 흔히 지구의 기온변화를 극적으로 보여 주는 지표가 되곤 한다. 하지만 북극의 기온과 인간의 이산화탄소 배출량은 그다지 잘 맞아떨어지지 않는다.

작은 지역 한 곳의 기온 변화 그래프만으로는 증거가 충분하지 않다

작은 지역을 관찰하는 것만으로 행성 전체가 온난화되고 있다는 결론을 내릴 수 없다. 그것은 시대와 배를 비교하는 일과 비슷하다. 1930년대에 북극의 기온이 급상승한 적이 있었는데 무엇이었든지 밝히는 것은 불가능하며 현재의 지구온난화를 일으키고 있는 것과 동일한 메커니즘인지 이야기하는 것도 불가능한 일이다.

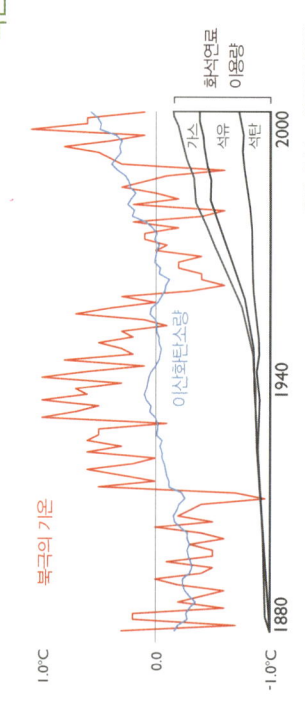

북극의 기온

출처 : Polakov 외 2002, NASA

지금까지 이산화탄소량의 상승은 기온 상승이 일어난 뒤에 발생했다

이 사실은 (불편한 진실)이라는 영화를 보고 알아차렸는지? 이 영화에서 엘 고어가 지난 40만 년 동안 기온과 이산화탄소의 연관성을 명확히 보여 주었다는 것은 유명한 일이다. 하지만 자세히 들여다보면 ......

...... 이산화탄소의 양이 기온 상승이 일어난 이후 800년 뒤에야 증가하기 시작했다는 사실을 알 수 있다. 이 커다란 시간차는 이산화탄소가 지구온난화의 원인일 수 없다는 사실을 보여 준다.

이산화탄소가 기온 상승의 직접적인 원인이라고 주장하지 않는다

우리는 이산화탄소가 온실효과를 일으켜 지구적인 기온 상승을 더욱 심화시킨다고 주장한다. 문제는 훨씬 더 심각하다.

역사적으로 지구의 기온 상승은 5,000년 정도 지속되었다. 800년이라는 이산화탄소 기온 상승이 일어난 초기 18%의 원인이 아니라는 사실을 보여 줄 뿐이다. 그 뒤 4,200년은 이산화탄소에 의해 온실효과가 일어나게 된다.

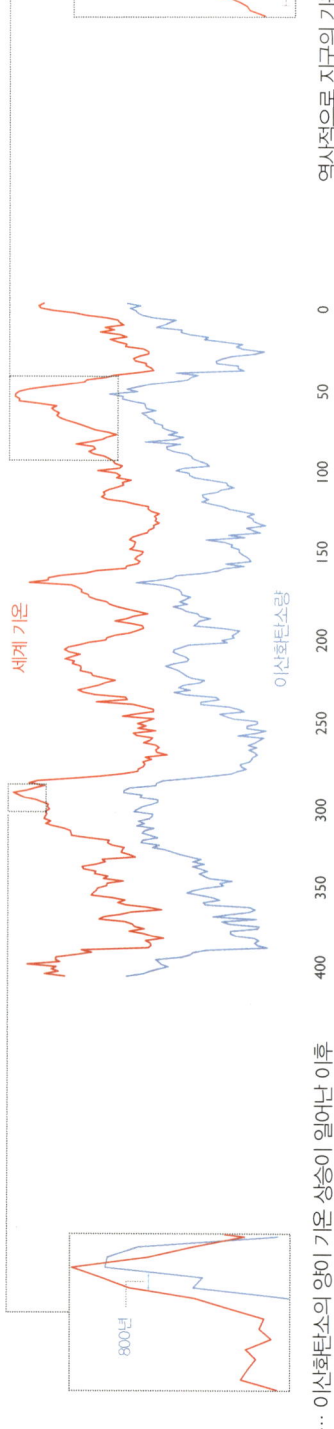

세계 기온

이산화탄소량

단위 : 1,000년

출처 : 보스토크 빙하 시추, Petit 외 2002

기온 관측 기록은 정확하다

기온 관측 기록이 왜곡되는 것은 매우 드문 일인 데다가 기후학자들도 이미 잘 알고 있는 현상이다. 극적한 정도로 육지에 있는 기상관측소 주변의 공기를 데워 놓는다. 이를 열섬 현상이라고 하는데, 이 때문에 기온 관측 기록을 믿을 수 없는 것이다.

기온 관측 기록은 정확하지 않다

세계 기상관측소의 90%는 육지에 있다. 지표의 70%는 바다이다. 도시와 마을도 실제 기온 기록을 왜곡할 정도로 육지에 있는 기상관측소 주변의 공기를 데워 놓는다. 이를 열섬 현상이라고 하는데, 이 때문에 기온 관측 기록을 믿을 수 없는 것이다.

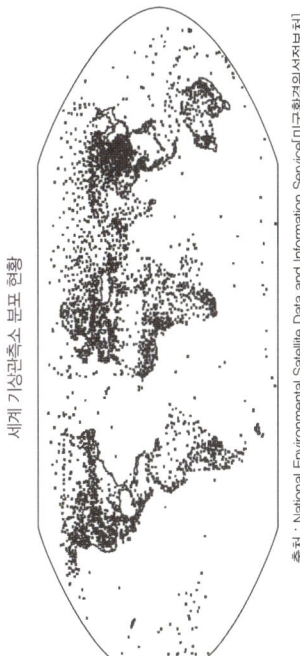

세계 기상관측소 분포 현황

출처 : National Environmental Satellite Data and Information Service(미국환경위성정보처)

세계의 일부 지역에서는 더 더웠지만 다른 지역에서는 그렇지 않았다

그것은 오늘날과 같은 지구온난화라기보다 유럽에 국한된 현상이었을 가능성이 높다. 발하 시추는 그 당시 추웠던 시기와 따뜻했던 시기가 둘 다 있었다는 사실을 보여 준다. 그것이 남반구에 영향을 끼쳤다는 증거는 전혀 없다. 기록은 또 오늘날보다 '중세 온난기'에 지구가 조금 더(0.03도) 추웠을지도 모른다는 사실을 보여 준다.

실제로는 오늘날보다 중세 시대가 더 더웠다

서기 800년대에서 1300년 사이에 기온이 매우 높았던 중세 온난기라 불리는 시대가 있었다. 영국인 모두가 지렸고, 바이킹은 그린란드에 식민지를 건설했다. 이런 일들은 우리가 대기에 이산화탄소 배출을 시작하기 몇 세기 전에 벌어진 사건들이다. 이산화탄소와 기온이 연관이 없다는 증거는 더 많다. 이 때문에, 그리고 20세기의 온난화 현상을 특수한 것으로 보이기 위해, UN의 과학자들은 중세 시대를 무시한다.

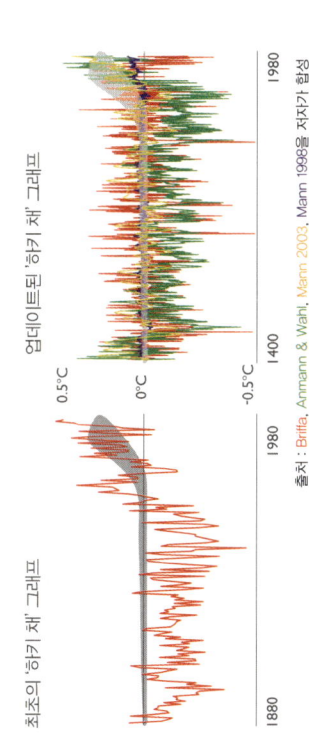

세계 기온

출처 : NESDIS(미국환경위성정보처)(단순화시킨 데이터)

새로 보강된 그래프 역시 '하키 채'이다

하키 채 그래프는 8년 전에 만들어진 것이다. 그동안 새롭고도 더욱 자세한 기온 기록이 열 개 이상 등장했다. 각기 다른 방식과 데이터를 사용했기 때문에 차이가 있긴 하지만, 모두 다음과 같이 유사한 결과를 보여 준다. 20세기가 역사상 가장 따뜻한 시대라는 것. 그리고 온난화 현상은 1920년 이후(산업 활동이 대기에 본격적으로 이산화탄소를 배출하기 시작한 시기)에 가장 극적으로 나타난다는 것

유명한 '하키 채' 기온 그래프는 신빙성이 없다

열 고아에 의해 유명해진 '하키 채' 그래프는 20세기 들어 기온이 급작스럽게 상승했다는 사실을 나타낸다. 하지만 '하키 채' 그래프는 사용된 통계 방식에 따라 나타나기도 하고 사라지기도 한다. 너무 신뢰하기 어렵기 때문에 'UN의 기후변화에 관한 국제회의(IPCC)'는 2007년 보고서에서 '하키 채' 그래프를 삭제했다.

초초의 '하키 채' 그래프

업데이트된 '하키 채' 그래프

출처 : Britta, Ammann & Wahl, Mann 2003, Mann 1998을 저자가 합성

지구온난화에 대한 회의론 지구온난화에 대한 과학적 합의

빙하 시추 자료는 믿을 수 없다

우리가 가진 기온 기록들 중 다수가 빙하 속에 갇혀 있던 기체들을 측정해서 얻은 것이다. 이것들은 수십만 년 동안 얼려진 빙하 깊은 곳에 들어 있었다. 갇힌 공기는 고대 공기의 '사진' 역할을 한다.

하지만 빙하 시추는 고대의 공기를 완벽하게 보존하는 '밀폐된 체계'가 아니다. 공기는 들어왔다 나갔다 할 수 있다. 물 역시 기체를 뽑아들여 결과를 바꿀 수 있다. 빙하 깊은 곳은 거대한 압력을 받고 있어 기체를 쥐어짜기 충분하다. 이 모든 것에 비추어 볼 때 빙하 시추는 믿을 수 없다.

빙하 기록은 신뢰할 만하다

빙하 시추 자료는 오류를 줄이기 위해 매우 많은 샘플에서 채취된다. 또, 다른 증거들(기온 연속 기록, 나이테 등)도 이런 기록들을 뒷받침한다. 이래 등도 모든 결과를 종합하기 때문에 자료는 매우 믿을 만한 것이다.

미래 지구온난화의 예측은 빙하 시추에 의존하지 않는다. 하지만 빙하 시추는 기후가 주기적으로 변화하며 이산화탄소가 그 변화에 강력한 영향을 끼친다는 사실을 보여 준다.

무엇보다 서로 다른 빙하 시추에서도 이산화탄소량은 상당히 비슷하게 나타나고 있다.

선택된 빙하 시추 자료

빈센트 (780년)
캠프 센추리 (13,000년)
누스그림 (123,000년)
보스토크 (420,000년)
에피카 (800,000년)

증가가 들어맞지 않으면 과학자들은 증가를 조작한다

북극의 사이플에서 채취한 빙하 시추 자료는 1890년대 대기 중 이산화탄소의 농도가 328ppm 이었다는 것을 보여준다. 그러나 과학자들의 의견에 따르면 그 정도도 양은 1973년에야 도달할 수 있는 것이었다. 이산화탄소량이 상승이 83년이나 일찍 일어난 셈이다.

이를 수정하기 위해 과학자들은 그래프를 오른쪽으로 83년 이동시켰다.

과학자들은 새로운 증가가 나타나면 결과를 바로잡는다

사이플의 것을 제외한 세계의 다른 모든 빙하 시추 자료는 지난 65만 년 동안 이산화탄소 농도가 290ppm 이하였음을 보여 준다. 하루날 한 해 정도는 사이플과 같은 경우가 나올 수도 있다. 하지만 지속적으로 그럴 수는 없다.

빙하의 어떤 지역은 다른 곳보다 기울이 많다. 사이플에서 비교적 최근에 얼음 얼음 쪽 밭하는 상당히 기울이 많다. 그래서 새로운 공기가 꽤 아래쪽까지 통할 수 있었다.

우리는 이를 찾아내서 보완했다. 그것이 데이터가 변화된 이유이다.

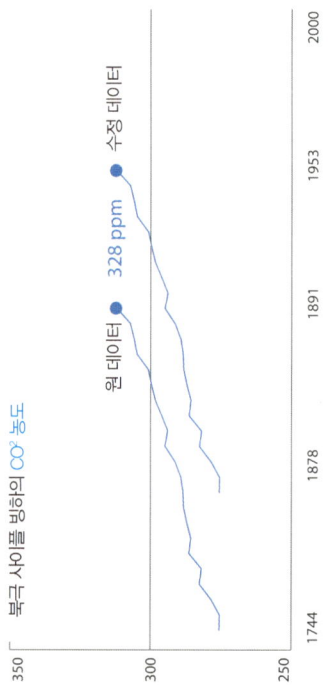

북극 사이플 빙하의 CO_2 농도

원 데이터 · 328 ppm · 수정 데이터

1744 1878 1891 1953 2000

출처 : Neftel 1985, Friedli 1986

이산화탄소는 UN 과학자들이 언급한 50~200년이 아니라 5년에서 10년 동안만 대기 중에 머문다

바다는 이산화탄소를 흡수한다. 그래서 대기 중의 이산화탄소가 위험한 수준까지 축적되는 것을 막기 등하다. 실제로 바다는 무척 넓기 때문에 대기보다 이산화탄소를 50배나 더 흡수할 수 있다. 이것은 지구상의 모든 화석연료를 다 합친 것보다 많다.

결론 : 인간은 대기에 과잉 이산화탄소를 전부 설명할 수 있을 정도로 빠르게 이산화탄소를 배출할 수 없다.

회의론의 결론

인간이 만든 이산화탄소는 기후변화를 일으킬 수 없다

지구의 기온에 영향을 미치고 지구온난화를 일으키는 것이 무엇이든 적어도 이산화탄소는 아니다. 원인은 모르지만 사태는 다음과 같이 진행된다. 어떤 원인이 기후 평형에 영향을 가친다. 이에 따라 기온이 변화한다. 그 뒤 바다가 수십 년, 수 세기에 걸쳐서 이를 바로잡고 마침내 대기 중에 있는 이산화탄소의 균형이 맞춰진다.

그러므로 '지구온난화를 일으키는 이산화탄소'라는 세계적인 공포는 근거가 없으며 두려움만 퍼뜨리고 있다. 이 문제에 대한 UN 보고서는 한쪽으로 치우쳐 있으며, 비과학적이고, 필요 없이 사람을 불안하게 만든다.

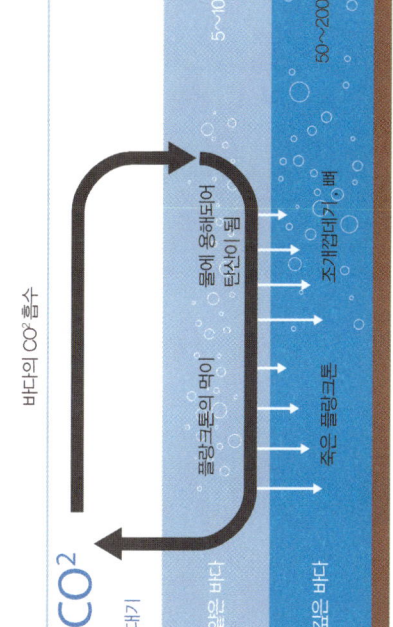

목합적인 해양-기후변화 시스템 전체를 고려한다면 50~200년이 더 정확한 수치다

이산화탄소는 얕은 바다에서 5년에서 10년 이내에 흡수된다. 하지만 깊은 바다에서는 그렇지 않다. 이산화탄소가 깊은 바다 속까지 섞여 들어가는 데는 50~200년이 걸린다. 반면 얕은 바다에서 이산화탄소는 대기로 돌아가는 경향이 있다. 그래서 바다에 흡수된 이산화탄소는 중종 바로 다시 배출된다.

바다가 더 많은 탄소를 흡수할수록, 흡수할 수 있는 잔여량은 더 적아지고 결국 포화 상태가 될 것이다. 이는 매우 복잡한 과정이다. 그러나 전체 해양-기후변화 시스템을 고려한다면, 대기의 이산화탄소를 안정히 흡수하는 데 약 5만 년 정도 걸릴 것이다.

과학적으로 합의된 결론

인간이 만든 이산화탄소가 우리 시대의 기후변화를 일으키고 있다

우리는 온실가스가 방하기와 온난기의 주원인이라고 주장하지 않는다. 기후 변화의 원인은 수천 년을 가치며 나타나는 지구 공전궤도의 변화라고 오랫동안 얻어 왔다.

정상적인 온난기에 태양이 지구를 덥히고 바다의 수온이 높아지면 대량의 이산화탄소가 배출된다. 이는 온난화를 활씬 활씬 더 강하게 만드는 온실효과를 일으킨다.

인간에 의한 이산화탄소 배출이 매우 위험한 이유가 여기에 있다. 우리는 지금 자연의 주기를 벗어나 있다. 아직 우리는 바다의 수온이 올라가는 단계에 도달하지도 못했다.

위인들의 뒤에는……
독재자의 아내들

	나데즈다 알릴루예바	에바 브라운	양카이후이	이멜다 마르코스	미리아나(미라) 마르코비치
아내					
남편	스탈린	히틀러	마오쩌둥	마르코스	밀로세비치
전직	서기	사진사 보조, 모델	공산주의자!	미인 대회 우승자	사회학 교수
만남	1911년 시베리아 유형지에서 탈출한 스탈린을 아버지가 숨겨 줌	히틀러 개인 사진사의 보조로 일함	아버지가 마오쩌둥의 스승	'성주간[부활절 전의 일주일]' 동안 폭풍 같은 구애	학창 시절 『안티고네』를 빌리기 위해 밀로세비치의 대출증을 빌렸다고. 오오?
결혼 기간	13년	약 40분	8년	35년	32년
자녀	2	0	3	4	2
결혼 생활에 대한 소문	긴장되고 폭력적	변화무쌍	갈등이 많았다	좋음	매우 좋음
정치권력 등급	없음	1	없음	4	5
주요 직책	없음	없음	공산당의 뛰어난 여성 당원	마닐라 시장, 전권 대사	배후 조종자, '유고좌파연합' 당수
스타일 등급	없음	4	3	5	5
별명	없음	롤라이플렉스[유명한 독일제 카메라] 걸	없음	강철 나비	붉은 마녀
특기	아둔한 여자는 아니었다	사진. 운동	매우 똑똑	없음	정치
특징/기행	왼손잡이	누드 일광욕	여성주의자	과시욕이 강하고 화려함	관리들 앞에서 남편을 자주 야단치고 검은색 베르사체 옷만 입었다
강박증과 병적인 행동	자살	짙은 화장	훌륭한 공산주의자는 물질적인 것을 탐하지 않는다.	구두. 옷. 그림	미디어 제품, 성형수술, 부유한 친구
가장 지독한 루머	사실은 스탈린의 딸이다	사망 당시 임신 중이었다. 또는 히틀러와 같은 방에서 자지 않았다	아이가 없었다면 마오쩌둥과 이혼했을 때 자살했을 거라고 말했다	자신의 해변 휴양지를 위해 흰 모래를 가져오려고 호주에 비행기를 보냈다	남편의 정적 이반 스탐볼리치의 암살을 지시하고 자기 의견에 동의하지 않았다고 최소한 네 명의 관리를 살해. 또한 자신을 비판한 언론인을 사라지게 만들었다
사인	공식적으로는 '맹장염' — 실제로는 권총 자살	청산가리 캡슐을 깨물어 자살	국민당에 공개 처형 당함	생존	생존

그레이스 마루푸	키우 포나리	장칭	카르멘 폴로	사지다 탈파	허즈쩐
무가베	폴 포트	마오쩌둥	프랑코	후세인	마오쩌둥
비서	교사	영화배우	없음	교사	공산주의자!
비서로 일하다 정부가 됨	대학에서 만남. 키우 포나리는 특권층 출신이었으나 폴 포트는 그렇지 않았다	중국 공산당 사무실에서 만남. 그녀는 '혁명에 동참했다'	가족의 친분	정혼한 사이(사지다의 아버지가 후세인의 숙부)	오빠의 동급생이 소개함
15년	23년	39년	52년	43년	7년
좋음	처음에는 좋았으나 키우의 정신 질환 발병 뒤 끔찍해짐	나쁨	좋음	질풍노도 – 많은 집안싸움	나쁨
없음	캄푸치아 민주여성연맹 의장	정치국, 그리고 악명 높은 '4인방'의 핵심	핵심 조언자이자 언론 검열관	없음	없음
망신거리[Dis Grace]	노처녀	마오 부인	라 세뇨라	없음	없음
쇼핑(파리에서 한 번의 흥청망청 쇼핑을 위해 75,000 파운드를 쓴 적이 있음)	젊은 공산주의자들을 고무시키기	사진, 유혹	매력적으로 보이기	망상	뛰어난 여사수
과소비	편집증	섹시와 세련미로 가십난을 장식	언제 어디든 남편과 함께 다녔음	없음	없음
언론인에 대한 증오	공산주의 이념, 편집증	건강염려증, 불면증, 과민증, 편집증	노년에 완전히 고립 생활을 했음	편집증	신경쇠약, 불면증
짐바브웨 연방은행을 개인 계좌처럼 사용하고 있다. 말레이시아에 호화 주택을 짓기 위해 천만 달러를 썼고 엄청난 자금을 보냈다	폴 포트가 병든 아내를 보는 것조차 참을 수 없어서 이리저리 피해 다녔다	자기 감옥의 죄수들에게 저녁 식사(그리고 침실) 친구가 되어 즐겁게 해 주었다	300만 페세타 상당의 금, 보석, 메달을 밀반입했다	없음	없음
생존	자연사	목을 매 자살한 것으로 추정	고령	아무도 그녀가 어디 있는지 모른다	고령

출처 : Wikipedia

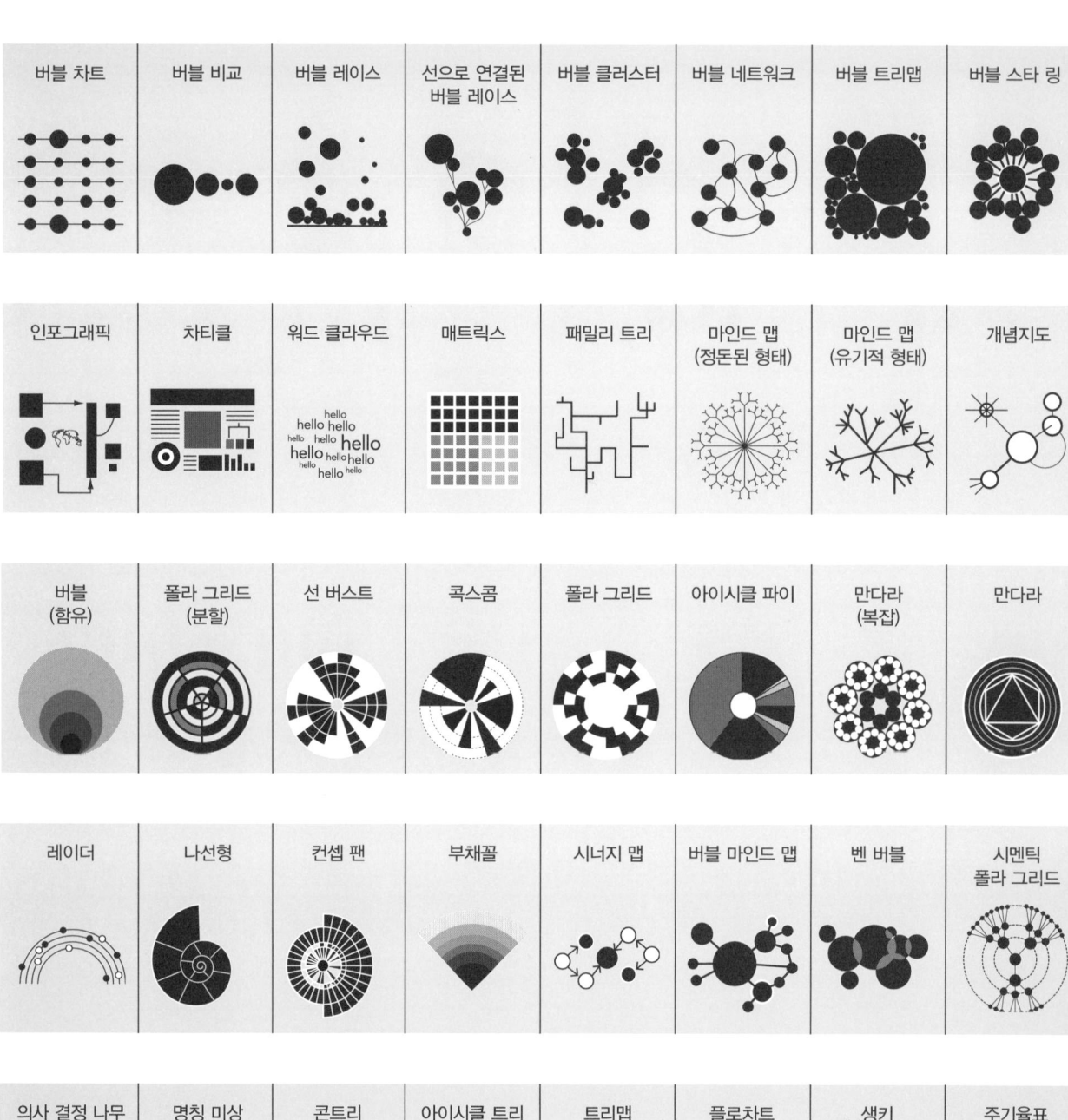

정보 시각화의 유형

출처 : Edward Tufte, visual-literacy.org

소스 좀 주세요

음식 소스 부패 주기표

1 Tz 치자키 2일																2 Sa 쌈장 2일	3 Gu 과카몰리 2일
4 Ps 땅콩/새타이 소스 2일													5 Be 쉬코기 엑스 3일	6 L 레몬 주스 3일	7 Sc 사워크림 3일
8 Ss 스위트 앤 사워 소스 3일	9 Ra 라이타 5일	10 Mg 미트 그레이비 5일	11 Hu 호무스 5일	12 Ma¹ 집에서 만든 마요네즈 1주	13 Wc 휘핑크림 1주	14 Og 양배그레이비 1주	15 O 굴 소스 2주	16 Cu 커스터드 3주	17 Lc 라임 처트니 3주	18 Pa 파마산 치즈 3주	19 B 버터 3주	20 M 마가린 3주
21 Gs 그레뷰당 3주	22 J 잼 1개월	23 Tr 트리클 1개월	24 Mg 망고 처트니 1개월	25 T 토마토 처트니 1개월	26 Vg 채소 그레이비 1개월	27 Bq BBQ 소스 1개월	28 Ch 칠리소스 1개월	29 Pl 자두 소스 1개월	30 Hs 해선장 소스 1개월	31 Fd 프렌치드레싱 1개월	32 Dm 다종 머스타드 1개월	33 Lc 레몬 커드 6주
34 Bs 브라운 소스 6주	35 H 사양고추냉이 6주	36 K 케첩 6주	37 Mi 민트 소스 6주	38 Ta 타르타르소스 6주	39 Pk 피클 6주	40 Pi 피칼릴리 6주	41 Sp 스위트 피클 6주	42 Id 이탈리안 드레싱 6주	43 Td 사우전아일랜드 드레싱 6주	44 Ma 마요네즈 2개월	45 Sc 샐러드 크림 2개월	46 Fs 아마씨유 2개월
47 Ca 카엔페퍼 3개월	48 Ch 칠리 파우더 3개월	49 Bm 브라운 머스타드 3개월	50 Wa 고추냉이 3개월	51 Ma 마멀레이드 6개월	52 Pb 땅콩버터 6개월	53 Y 이스트 잼 6개월	54 Ta 타히니 6개월	55 Ms 메이플 시럽 1년	56 Pa 아자유 1년	57 P 땅콩 오일 1년	58 So 콩기름 1년	59 Sf 해바라기유 1년
60 C 코코아 1년	61 Bb 후추 1년	62 Ym 옐로우 머스타드 18개월	63 Wv 화이트 와인 식초 2년	64 Cv 사과 식초 2년	65 W 우스타소스 2년	66 Sy 간장 3년	67 Ol 올리브유 4년	68 Bv 발사믹 식초 5년	69 Mv 맥아 식초 무기한	70 H 꿀 무기한	71 Sa 소금 무기한	72 Su 설탕 무기한

아이디어 : 출처 불륨의 인터넷 // 출처 : Google

타고나는 것이냐 VS. 키워지는 것이냐

유전자가 모든 것을 결정한다.
머리카락 색깔, 행동, 지능, 개성 등등.
환경의 영향이 있긴 하지만 우세한 것은 뒤 우세한 것은 유전자다.

우리는 우리가 하는 모든 일에서 많은 것을 배운다.
서고 걷기에서 말하기와 사회생활까지.
우리 자신을 만드는 것은 자연과 선택의 결과다.

대부분의 행동 양식은 유전에 의한 거야. 말하기, 공감, 심지어 이타심을 위한 유전자까지도. 우리가 까마득한 옛날 아프리카 초원에서 수렵, 채취 생활을 할 때 발달한 것이지.

원시시대 생활양식에 대한 증거는 순전히 추측일 뿐이야.

증거는 뇌 속에 있어. 바로 인간의 모든 능력을 관장하는 부위들로 진화되었어. 종교적 경험까지!

아니, 그 누구도 단지 뇌에 인기에 해서의 투사된 것에 불과함을 수도 있어 행동양식이 유전적으로 발전한 것이 아니야. 우리는 그걸 배우는 거야.

그래? 동물을 키우는 사람들은 몇 세대만 적 짓기를 조절하면 개의 성격을 사냥개로 순하게 만들 수 있다는 걸 알아.

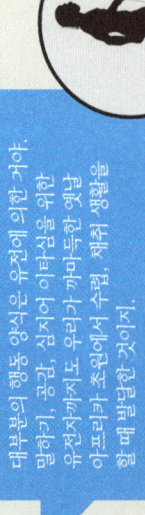

개도 그렇지도 모르지. 하지만 인간의 음식적 느림이나 음악 부분에 대한 인간의 행동양식은? 이봐. 그런 건 배운 거라고. 하슴이 뇌의 물리적 구조를 변화시킨다는 사실을 이제는 다 알고 있잖아! 유전자 얘기 좀 그만해.

유전자로 뇌를 변화시켜, 내가 말하는 소위 선택이 깨어들기 전에 더 근본적인 차원에서 말이야. 유전자 발현을 증시시키려고 결심해 보라고. 그렇게 못할걸! 하!

성격에서 행동양식까지 대부분의 유전자 발현은 한경에 의해 촉발되는 거야. 교와이 먼저라고.

좋아, 그럼 우울증, 정신병, 자폐증 같은 병들은 어때? 그런 병들은 모두 유전될 확률이 높거든.

그래, 그렇다고 만하는 게 유해이긴 하지. 하지만 오랜 연구에도 불구하고 연구자들은 정신병이나 우울증을 일으키는 단일 유전자를 찾지 못했어. 이러한 병들은 훨씬 복잡한 것이며 일차적으로는 환경이 원인이야.

자폐증은 그렇지도 모르지. 그렇다고 그게 모두 태양앙식에 작용도진 않아. 더구나 지능은 환성이 아니야, 지적인 부모는 자기 아이들을 독특하게 가르치거든.

이런, 이런, 이런. 하지만 자폐증 같은 행동장애는 유전적 확률이 높아. 일란성 쌍둥이의 경우, 한쪽이 자폐증을 앓을 경우 다른 쪽도 자폐증이 있을 확률이 60%가 돼. 이란성 쌍둥이의 경우에는 확률이 겨우 5%에 불과하지. 그건 지능도 마찬가지야.

그래, 하지만 모든 것이 유전자 때문이라면 일란성쌍둥이는 100% 똑같아야 해. (그는 비슷하게 나타날 수도 있지. 하지만 개성처럼 어느 성질에는 잘 들어맞지 않아.

하지만 치능이 높은 부모 역시 높은 IQ의 유전자를 제공하지 않겠어? 태어나자마자 떨어져서 지낸 쌍둥이들은 IQ와 성격이 비슷한 경우가 많아. 한 번도 만난 적이 없는 경우에도 말이야. 이건 모든 것이 유전의 영향이 존재한다는 걸 증명하지. 음악 취향까지도 그래.

음, 쌍둥이에 대한 많은 연구들은 결점도 많고 평향돼 있어. 보통 태어나자마자 따로 떨여져서 키워진 일란성쌍둥이들은 비교도 할. 그런 여구들은 쌍둥이들과 동일한 배경을 가졌으로 서로 영향 관계가 아닌 사람들의 "대조 표준"(나이, 성, 민족, 문화 환경이 개성에 영향을 끼치지 않고 있다는 사실을 확인할 수 있는)을 이용하지 않아, 편견이 될 뿐이지.

하지만 따로 떨어져서 성장하면서도 일반쌍둥이들은 한 번도 만난 적이 없어도 아주 비슷하게 성장하거든. 그건 유전자가 우리의 개성을 형성하는 틀림없다는 사실을 의미하는 거야.

오ㅇㅇㅇ윽!

후ㅇㅇㅇ우.

결론
50-50

본성과 교육은 (그 비율은 논란의 대상이겠지만) 모두 우리의 인격 형성에 기여한다. 그것들은 또 '보통점'이 있다. 그것들 아이들은 둘 다 두뇌의 구조를 변화시킨다. 다시 말해 아이들은 둘 다 역동적이고 창조적인 생물이다. 한마디로 인간은 행동양식에 영향을 주고 학습과 경험은 행동양식에 대한 유전자의 영향을 강화시킨다.

포스트모더니즘

포스트모더니즘은 근래 들어 부쩍 자주 듣는 말이다. 뭐든지 다 이 말로 설명할 수 있는 것 같다. 건축 디자인, 음반 샘플링, 책의 레이아웃, 시대 풍조, 문화적 정치적 파편화, 블로그와 집단 지성의 등장, '메타'라는 말이 붙은 모든 것들 등등. 그런데 대체 무슨 뜻일까?

예술 분야-이 모든 일이 시작된-에서 포스트모더니즘은 하나의 양식을 의미한다.

포스트모더니즘 예술은 아이러니와 패러디를 적극적으로 사용하는 매우 유희적이고 지적인 양식이다. 그것은 역사와 문화뿐 아니라 종종 작품 속에서 자기 자신을 그대로 드러내기도 한다. 포스트모더니즘 예술과 오락물은 흔히 자기 의식적이다. 그것들은 하나의 예술품, 또는 생산물, 또는 만들어진 것으로서 그 자체에 대한 관심을 요구한다. 예를 들어 소설의 등장인물이 스스로 소설 속의 인물이라는 것을 알고 있거나, 작가가 직접 자신의 책에 등장하기도 한다.(이 글을 쓰고 있는 나, 데이비드처럼. 안녕!)

무엇보다 포스트모더니즘 예술은 순수예술과 대중문화, '고급' 문화와 '저급' 문화 사이에 차이가 없다고 말한다. 포스트모더니즘은 장르와 위계를 거부하고, 대신 복잡성, 모순, 모호성, 다양성, 상호 연결성과 상호 참조성을 포용한다.

포스트모더니즘의 기본 정신은 "예술이 어떤 의미를 만들거나 의미가 있는 척하지 말자. 그냥 아무 의미 없이 유희하자."라는 것이다.

이 모든 것은 진리에 대한 새로운 관점으로부터 튀어나왔다. 포스트모던적인 관점에서 진리는 '저기'에 존재해서 우리가 발견할 수 있는 단일한 것이 아니다. 진리는 만들어지는 것이다. 때로 진리는, 과학자들이 모은 다양한 연구 결과들처럼, 많은 다른 구성 요소들로부터 눈에 보이는 방식으로 만들어진다. 하지만 진리는 개인의 눈으로는 쉽게 볼 수 없는 사회 문화적 메커니즘 등을 통해 눈에 보이지 않는 방식으로 발생하기도 한다.

그래서 누군가 "진리를 말한다."라고 할 때 그들이 이야기하고 있는 것은 실은 자신의 학파, 자신들의 문화적 배경, 그들이 자신들의 환경으로부터 흡수한 사상과 견해들의 집합이다. 어떻게 보면 그들의 문화가 그들을 통해서 이야기하고 있다고 할 수 있는 것이다.

이 때문에, 포스트모던 시대에는 진리를 독자적으로 결정한다는 것보다 다른 사람들의 도움을 받아 진리를 만들어낸다고 하는 것이 더 정확하고 안전하게 되었다.

이에 대한 명확한 실례로는 과학적 방법을 들 수 있다. 과학자는 누구나 세계에 대한 실험과 발견을 할 수 있다. 하지만 다른 과학자 집단들은 그것을 안전하게 수용하기 전에 그 진리를 증명하거나 '동료 검토' 해야만 한다. 진리는 여기서 많은 사람들의 조력으로 만들어지는 것이다.

하지만 언제나, 이러한 궁극적인 '진리'조차 단지 잠정적이거나 편의를 위해 만들어진, 나중에 변화되거나 폐기되는 작업가설일 뿐이라는 이해가 존재한다.(그렇다, 그렇게 되어야 한다. 과학적 발견들도 도그마로 굳어지는 경향이 있으니.)

만약 이러한 핵심적이고도 포스트모던한 통찰을 받아들인다면 곧바로 어느 개인이 남보다 우월한 신념을 가지는 것은 불가능한 일이 될 것이다. '절대적 진리' 따위는 존재하지 않는다. 누구도 진리를 '안다'거나 자신이 다른 사람보다 더 나은 진리를 가진다고 말할 수 없다. 만약 한 개인이나 집단, 조직, 정부가 자신들이 진리를 안다고 주장하고 그것을 진리로 선언한다면, 그들은 아마도 당신을 억누르거나 통제하려 하고 있는 것이리라.

혼란스럽지만, 진리를 주장하는 이러한 종류의 존재들은 '모더니스트'로 불린다. 모더니티에서는 질서와 합리성이 가장 중요하다. 모더니스트들은 사회에 질서가 있을수록 사회가 더욱 잘 기능한다고 생각한다. 만약에 '질서'가 우월한 것이라면, '무질서'를 증가시키는 것은 잘못된 것이다. 극단적으로 말해, 규범-관념, 신앙, 민족-과 다른 것은 배제되거나 파괴되어야 한다. 서구 문화의 역사에서 이는 보통 비백인, 비남성, 비이성애와 비합리적인 사람을 의미해 왔다.

이것이 '절대 진리'(교회가 말하는)의 담지자와 포스트모던한 세속 사회 사이에서 여전히 긴장이 발발하는 이유 중 하나이다. 혹은 대중을 통제하고자 하는 비민주적 정부 같은 실체와 진정하게 포스트모던적인 테크놀로지에 속하는 인터넷 사이에 긴장이 벌어지기도 한다. 이는 포스트모더니티가 매우 쉽고 빠르게 '구식의' 절대 진리에 기초한 모더니즘 구조를 부식시킬 수 있는 강력한 무기를 가지고 있기 때문이다. 이 무기는 바로 '해체'다.

모든 진리가 구축되는 것이라면 해체는 유용한 것이 된다. 정말 유용하다. 만일 무언가를 해체한다면, 그 의미, 의도, 의제 들이 하나씩 분리되어 매우 빠르게 표면에 떠오른다. 모든 것이 빠르게 풀린다.

소설을 예로 들어 보자. 우리는 텍스트의 구조와 등장인물의 개성을 해체할 수 있다. 그럼 당신은 작가의 생애와 그 심리적 배경과 문화를 해체하고 그것이 어떻게 텍스트에 영향을 끼치는지 이해할 수 있을 것이다. 만약 계속해 간다면, 당신은 인간 언어와 사고의 구조를 다루기 시작할 것이다. 그것을 넘어 인간 상징의 광범위한 층까지도. 또 그것을 넘어…… 글쎄, 당신은 그저 그렇게 계속해 나갈 수 것이다…….

신념 체계와 모더니즘적 구조들은 '거대 서사들'을 가지고 해체 같은 위협에서 자신을 보호한다. 이것들은 어떤 신념 체계가 존재하는 이유를 설명하고 정당화하는 강력한 이야기이다. 거대 서사는 자연과 인간 생활에 내재한 모순, 불안정성, 일반적 '두려움'을 무마하고 은폐하기 위해 노력한다.

노동 해방. 지구 평화. 유일신의 존재. 할리우드는 커다랗고 행복한 한 가족이다. 역사는 진보한다. 언젠가 우리는 모든 것을 알게 된다. 이 모든 것들이 거대 서사이다.

모든 현대사회는-심지어 과학에 기초한 것이라 해도- 이런 신화에 기초해 있다. 포스트모더니즘은 원칙적으로 그것들을 거부한다. 대신 사소한 국지적인 사건들을 설명하는 '미시 서사'를 시도한다. 아무리 작더라도 모든 상황이 어느 정도 전 지구적인 상황의 패턴을 반영한다는 것을 의식하기.

전 세계적으로 생각하고 국지적으로 행동하라.

그래서 거대 서사로 윤색되지 않은 포스트모던 사회는 그 핵심적인 가치로 포스트모더니티의 가치를 포용해야 한다. 그것은 복잡성, 다양성, 모순, 모호성, 상호 연결성이 중심적이 된다는 것을 뜻한다. 사회적으로는 명확한 서열이 없고(모든 것이 동등한 권리를 가진다는), 다양성을 포괄하며(다문화주의), 그리고 모든 목소리를 들어야 한다는(합의) 것을 의미한다. 상호 연결성은 우리의 과학 기술과 커뮤니케이션에 반영된다. 21세기에 컴퓨터로 저장될 수 없는 것은 지식이기를 중단한다.

어쨌든 목표는 그것이다. 하지만 함정이 있다. 탈주하는 포스트모더니즘은 아무 의미 없는 잿빛 덩어리를 창조한다. 무한한 합의는 마비 상태를 만든다. 과도한 연결은 포화를 낳고 너무 많은 다양성은 단절을 낳는다. 복잡성은 혼란을 낳는다.

그래서 거대 서사가 사라진 이 모든 혼란과 소란과 다양성의 한가운데 존재하는 것은 누구인가? 포스트모던적인 개인의 가치는 도덕적인 것이 아니라 참여, 자기 표현, 창조성이라는 가치들이다. 정신적인 것의 초점은 절대적으로 주어진 진리의 안정성 대신 혼돈의 세계에서 의의에 대한 탐구로 이동한다. 안정적이거나 영구적인 무언가가 존재한다는 생각은 사라졌다. 바닥은 무너졌다. 당신은 무의미한 것과 유희하면서 거기에 남겨져 있다.

출처 : Wikipedia, Mary Klages[University of Colorado]의 에세이, Wisegeek.com 들에서 참조

죽음의 확률
하나를 꼭 선택해야 한다면, 어느 걸로?

암
7분의 1

심장 질환
3분의 1

어떤 이유로든 죽는다
1분의 1

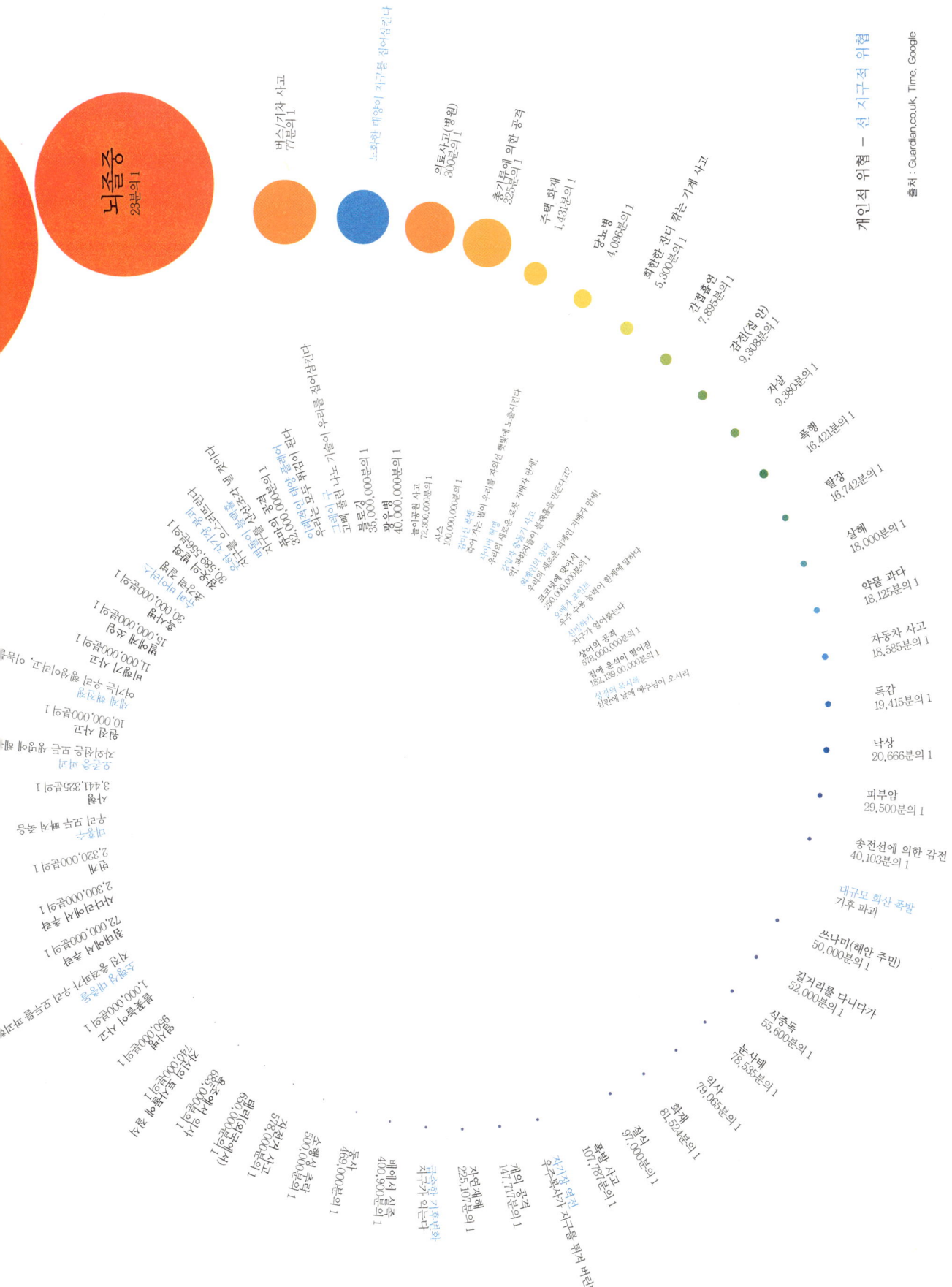

Google 검색 통계

특정 단어들의 검색 빈도수 비교

한국편

소주 vs. 맥주 vs. 와인 vs. 막걸리

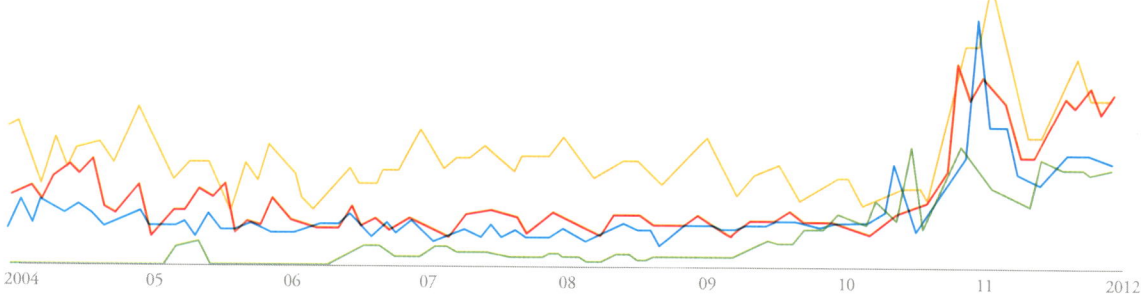

위기 vs. 립스틱 vs. 미니스커트

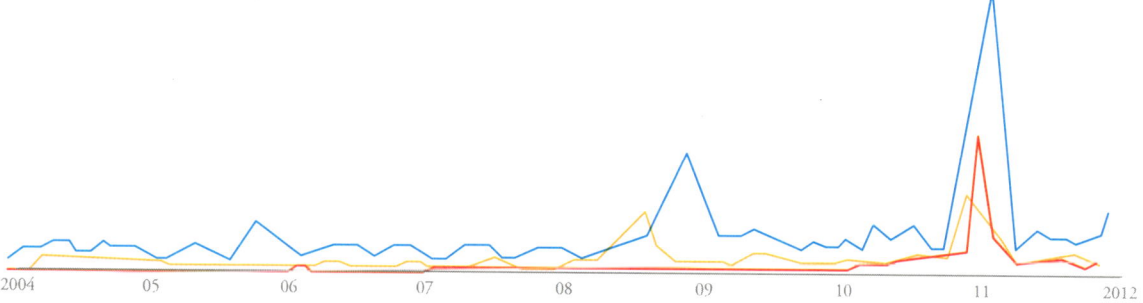

세종 vs. 이순신 vs. 정조

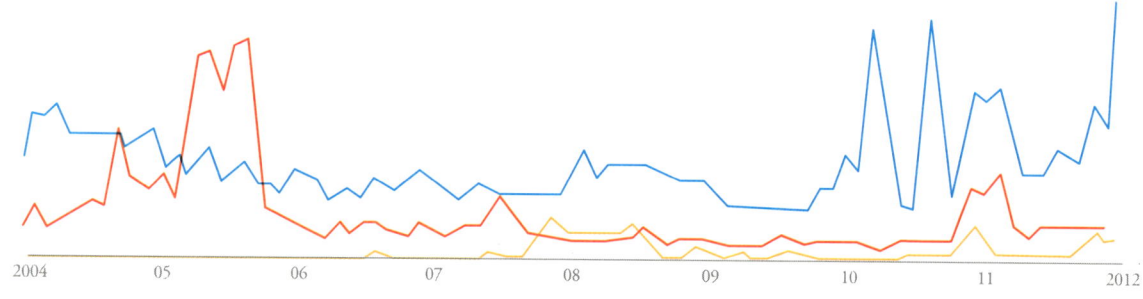

페이스북 vs. 트위터 vs. 블로그

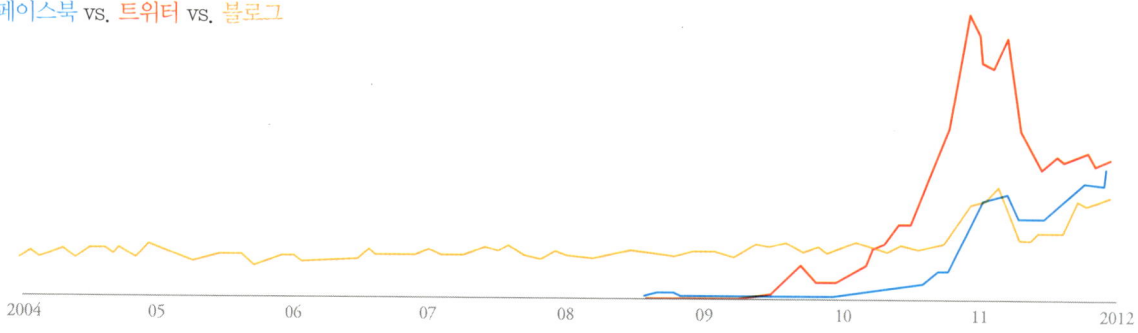

Sex보다 높은 것은?
뒷면까지 보시길……

세계편

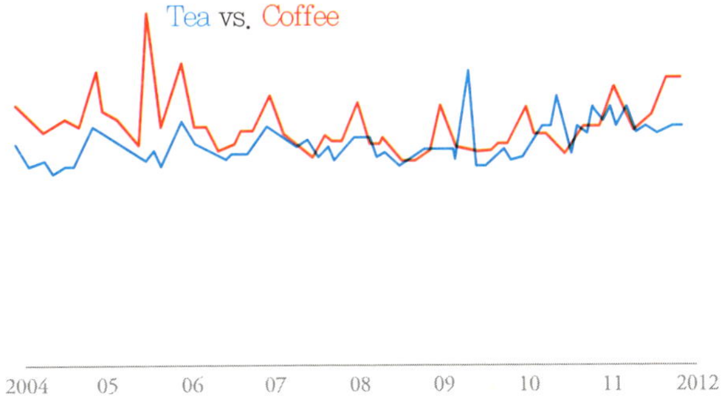

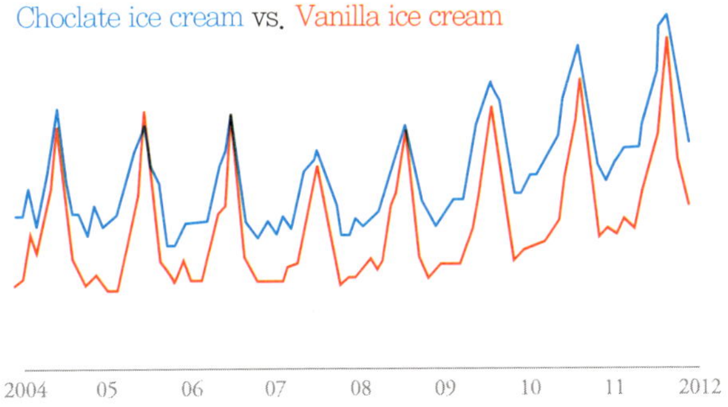

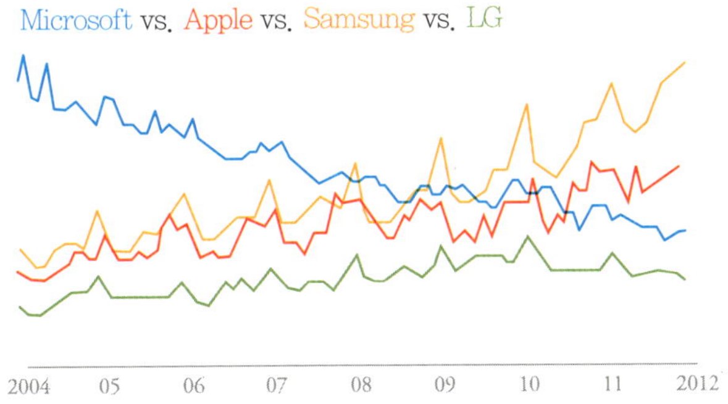

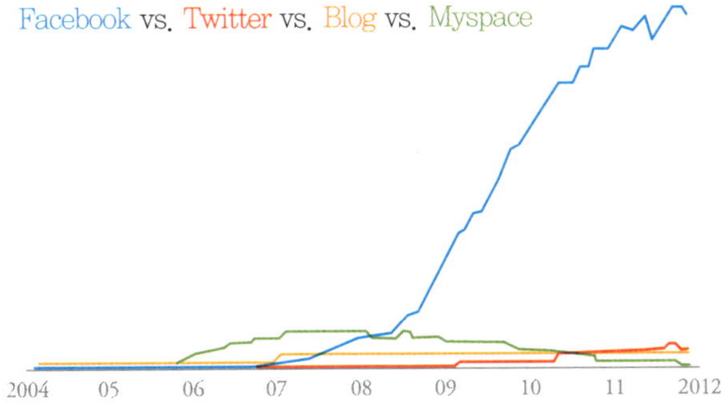

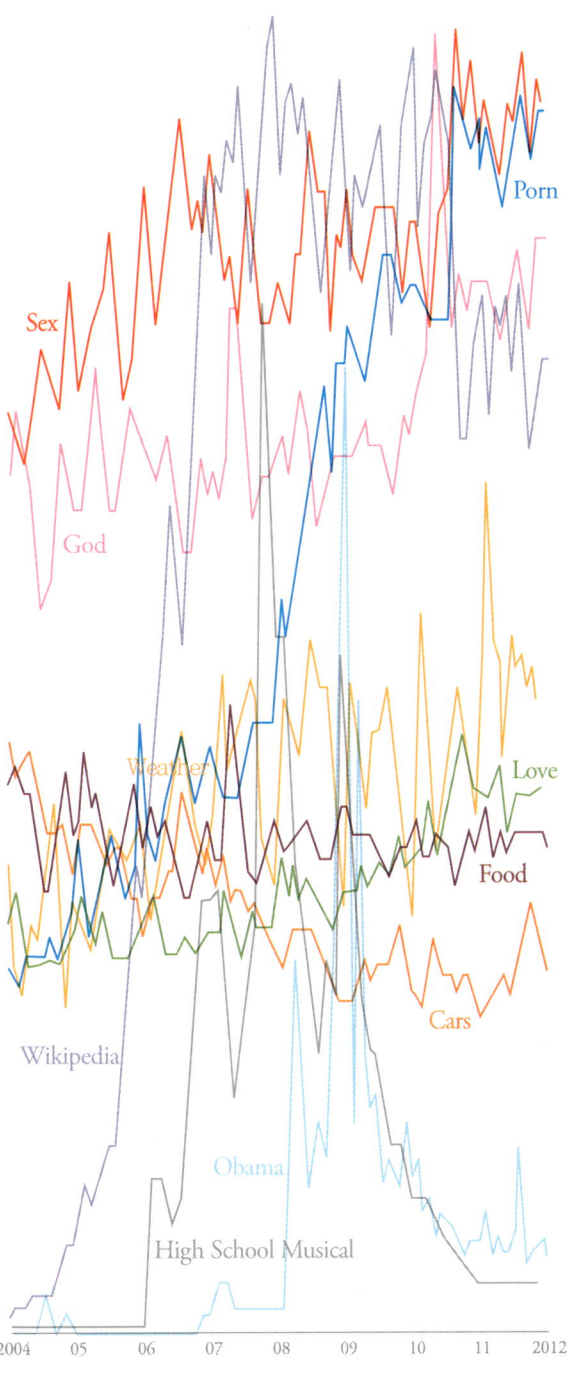

출처 : Google Insights

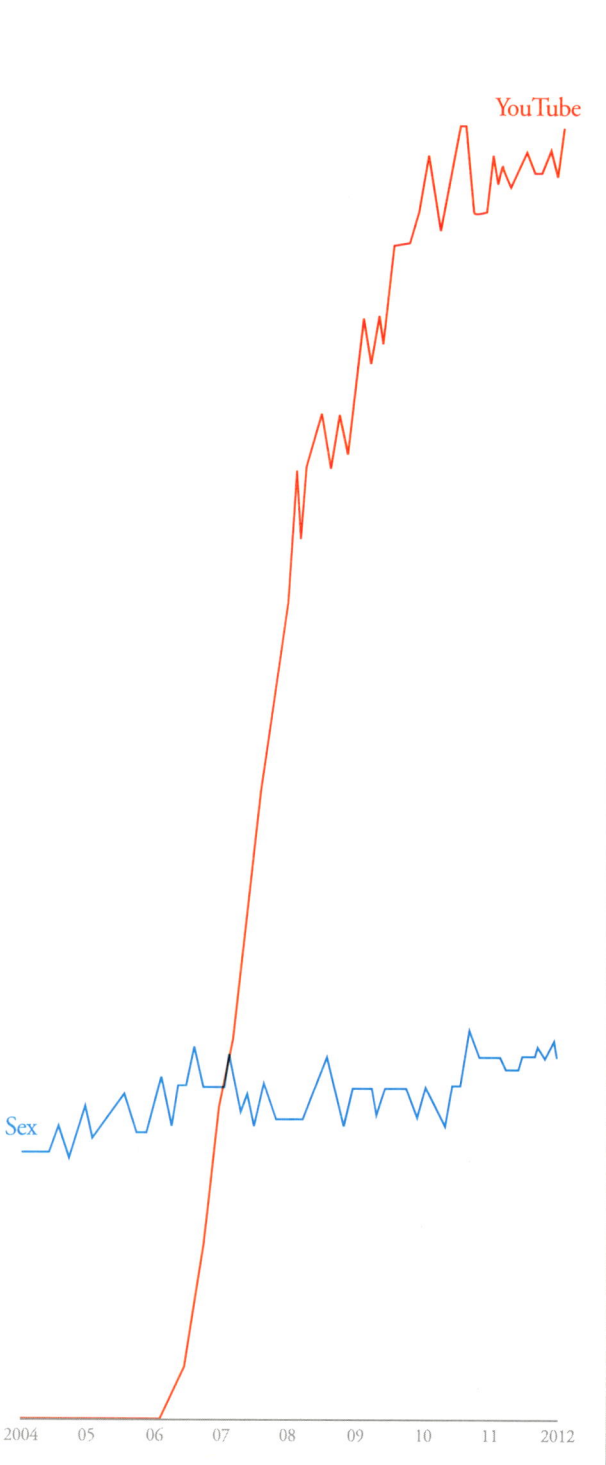

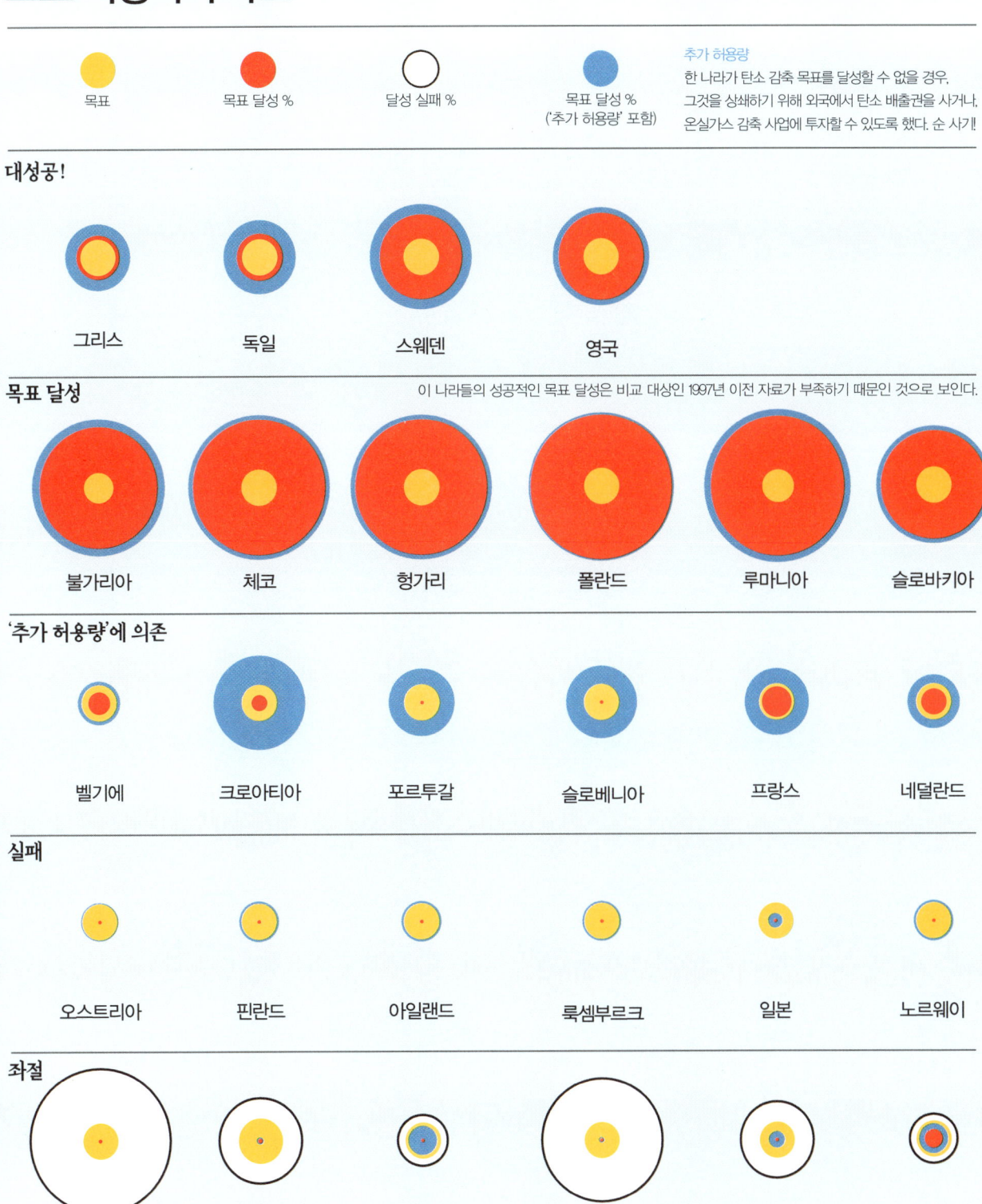

다양한 형태의 연애

- **비일부일처제**
  - **독신주의**
    - 비자발적 — 육체적 또는 감정적 이유
    - 자발적 — 긍정적이고 개인적인 이유
    - 종교적 이유 — 종교적 신념
      - 승화 — 성적 에너지를 다른 방면으로 전환
      - 금욕주의 — 성적, 세속적 쾌락 금지
      - 성직자 — 사제, 수도자, 수녀
      - 순결 — 혼전 섹스 금지
      - 신에게 귀의 — 신에게 헌신하겠다는 신과의 서약
  - **일부일처제**
    - 독점적 관계 — 합의된 일부일처제
    - 친밀한 우정 — 신체 접촉 금지
    - 상호 의존 — 인생의 동반자로 서로에게 충실하나 연애 감정이 없고 섹스는 특별한 기념일에만
    - 연속 일부일처 — 충실한 결혼 관계가 차례대로 연속됨
      - 결혼 → 이혼 → 결혼 → 이혼 → 결혼 → 이혼
    - 무의미한 관계 — 쓸쓸한 인생을 위한 한 명의 동반자
    - 공통점 — 평생 한 명의 동반자만
  - **비독점적 다자 연애** — 합의된 비일부일처제
    - 난혼 — 어떤 상대든지 꺼리지 않고 가볍게 섹스를 즐김
    - 간통 — 합의되지 않은 비일부일처제
    - **다중 연애** — 자유롭게 다른 사람들과 친밀한 관계를 가짐
      - 개방 연애 — 다른 사람들과 가볍게 부담없이 사귐
        - 스와핑 — 다른 커플들과 가볍게 섹스를 즐김
        - 개방 결혼 — 결혼은 했으나 자유롭게 다른 상대를 사귐
      - 집단 연애 — 한 번에 두 명 이상을 사귐
        - 폴리피델리티 — 집단으로 모여 공동으로 사랑을 나눔
        - 집단 결혼 — 동시에 두 명 이상의 상대와 결혼
        - 포썸
        - 쓰리썸
      - 중혼 — 일부다처 혹은 일처다부

결혼

130 | 131

서양 결혼의 진화

궁정 연애
~17세기

결혼

열정적 사랑

집안끼리 협의된 경제적, 정치적 계약으로서의 결혼. 신성한 광기인 사랑은 항상 결혼 생활 밖에 존재한다.

정혼
17세기~19세기

결혼

연애

사랑

미리 정해진 결혼이긴 하나 결혼 이후에 연애, 그리고 궁극적으로 사랑으로 이어진다.

낭만주의
19세기

연애

결혼

사랑

불꽃 같은 연애 감정은 처음에는 결혼으로, 그다음에는 지속적인 사랑으로 이어진다.

성의 혁명
1960년대 이후

섹스

연애

사랑

결혼

성적 만족과 쾌락이 연애를 위해 필요하며 이것이 결과적으로 사랑과 결혼으로 이어지기도 한다.

출처 : Wikipedia

30년 사이에 II

차드 호수

아랄 해

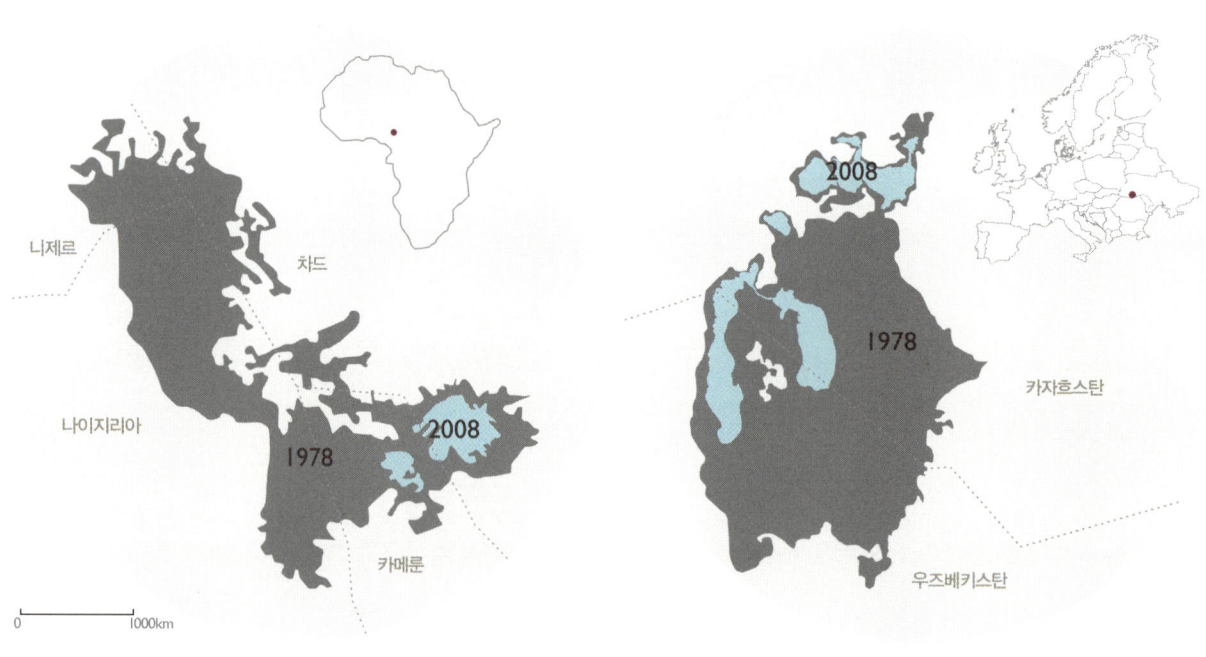

오존 구멍

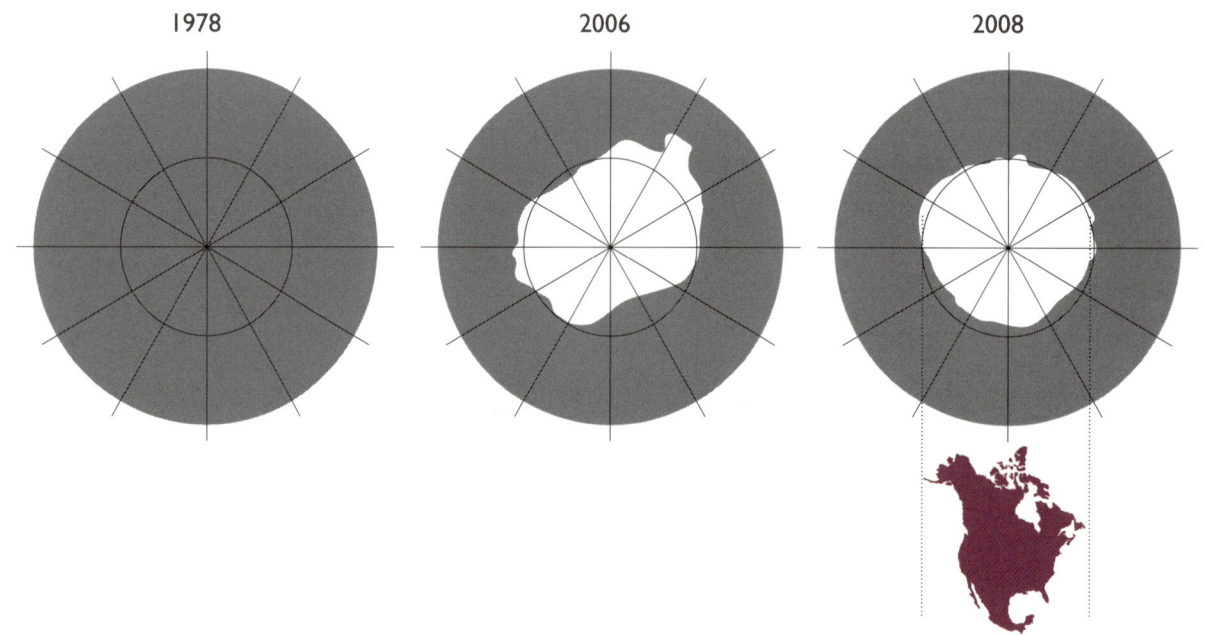

북극 빙하

출처 : NASA

베이컨보다 낫네
할리우드 우주의 진정한 중심

Oracleofbacon.org에서 백만 편 이상의 영화와 배우들에 대해 연구한 결과 '케빈 베이컨의 6단계 게임'에서 베이컨보다 연결성이 더 좋은 배우들이 많은 것으로 나타났다.

- 존 길구드
- 숀 코네리 13위
- 로버트 미첨 16위
- 브라이언 제임스
- 제임스 칸
- 커크 더글러스
- 로버트 드니로
- 잭 레먼
- 진 핵크만 12위
- 도널드 서덜랜드 4위
- 마틴 랜도
- 오마 샤리프
- 맬컴 맥도웰
- 미키 루니
- 앤서니 퀸 19위
- 버트 레이놀즈
- 존 허트
- 엘리 웰라치
- 클린트 이스트우드
- 마이클 케인 8위
- 어니스트 보그나인 20위
- 캐런 블랙 21위
- 로버트 와그너
- 토니 커티스
- 피터 유스티노프
- 셸리 윈터스
- 찰턴 헤스턴 11위
- 버네사 레드그레이브
- 제임스 얼 존스
- 피터 포크
- 제임스 코번 10위
- 도널드 플레젠스 6위
- 윌리엄 스미스
- 잭 팰런스
- 조지 시걸
- 찰스 브론슨
- 로버트 듀발
- 막스 폰 시도 7위
- 마틴 쉰 9위
- 제임스 메이슨
- 페이 더너웨이
- 존 캐러딘
- 크리스토퍼 월켄
- 로디 맥다월
- 버제스 메러디스
- M. 에밋 월시
- 하비 케이틀 19위
- 오슨 웰스 15위
- 제라르 드빠르디유
- F. 머리 에이브러햄
- 해리슨 포드
- 테리 가
- 셜리 매클레인
- 로버트 본
- 재클린 비셋
- 제프 골드브럼
- 로드 스타이거 1위
- 버트 랭카스터
- 폴 뉴먼
- 데니스 호퍼 3위
- 크리스토퍼 리 2위
- 립 톤
- 케빈 베이컨 1,094위

출처 : OracleOfBacon.org

불멸

오래 살았던 유명 인사들의 생애로 알아보는 장수의 열쇠

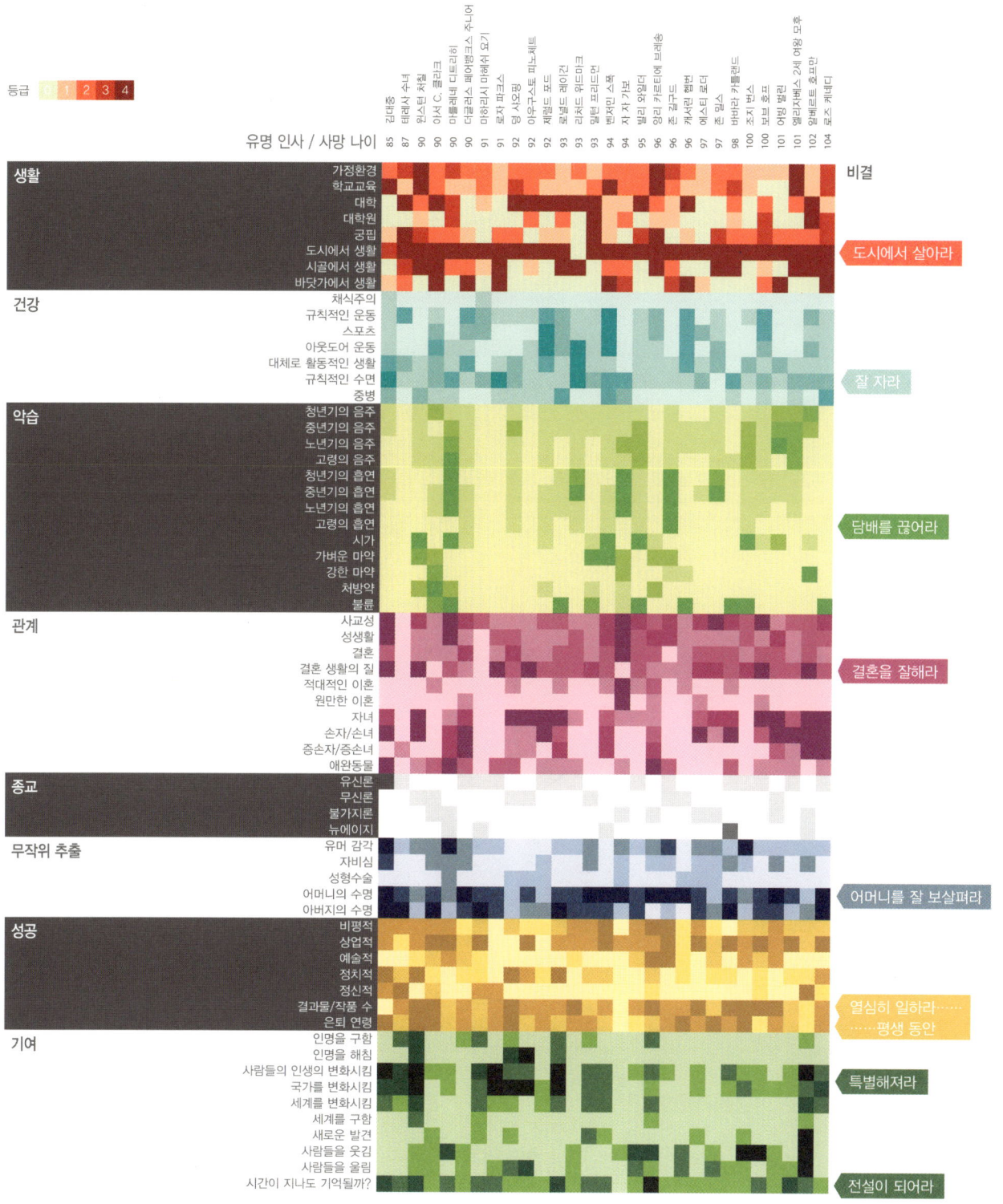

출처 : Wikipedia, 김대중 부분은 『김대중 자서전』 및 지인들의 증언을 참고

불가항력

특정 질병을 일으킬 가능성이 높은 유전형질과 생활 습관

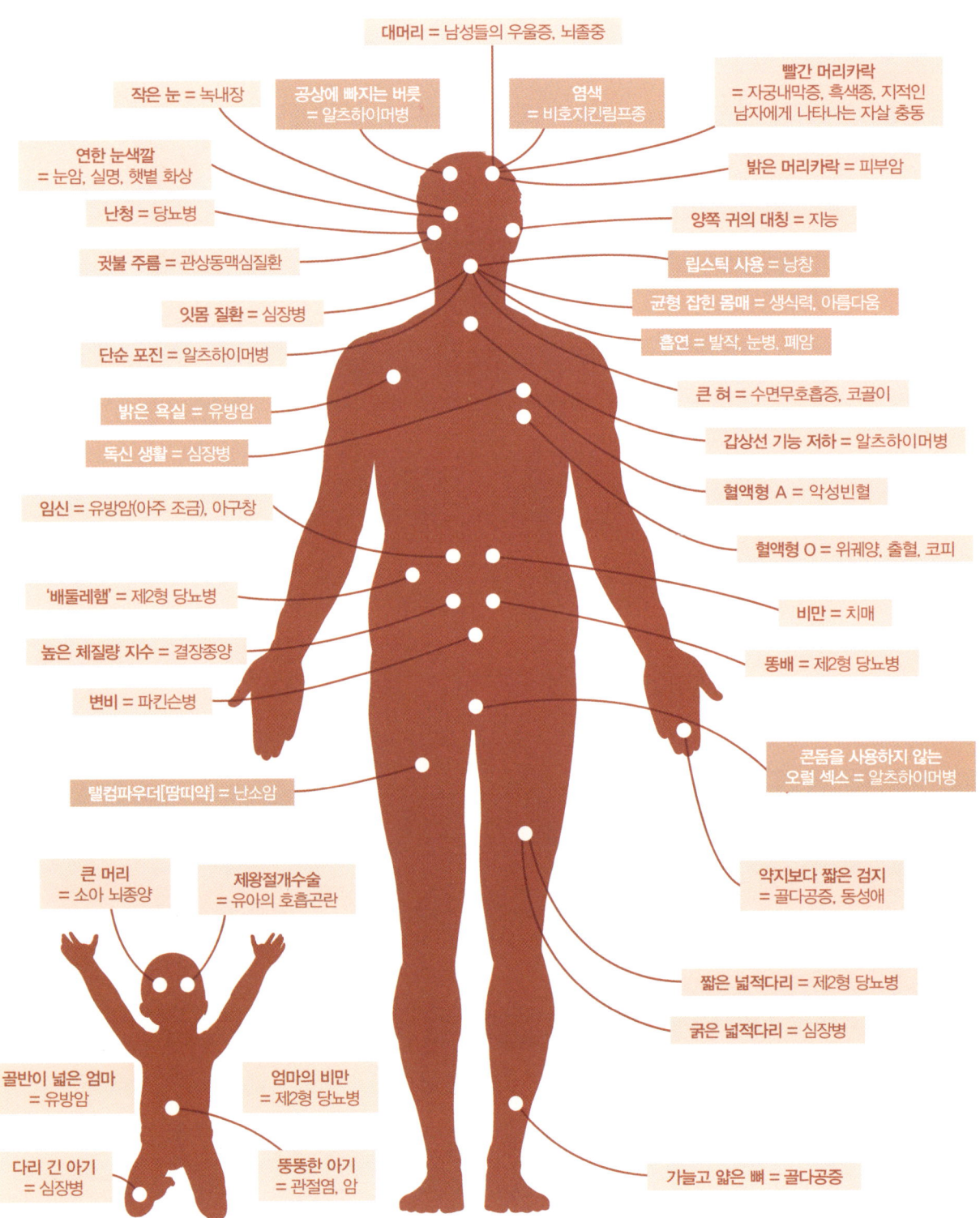

136 | 137

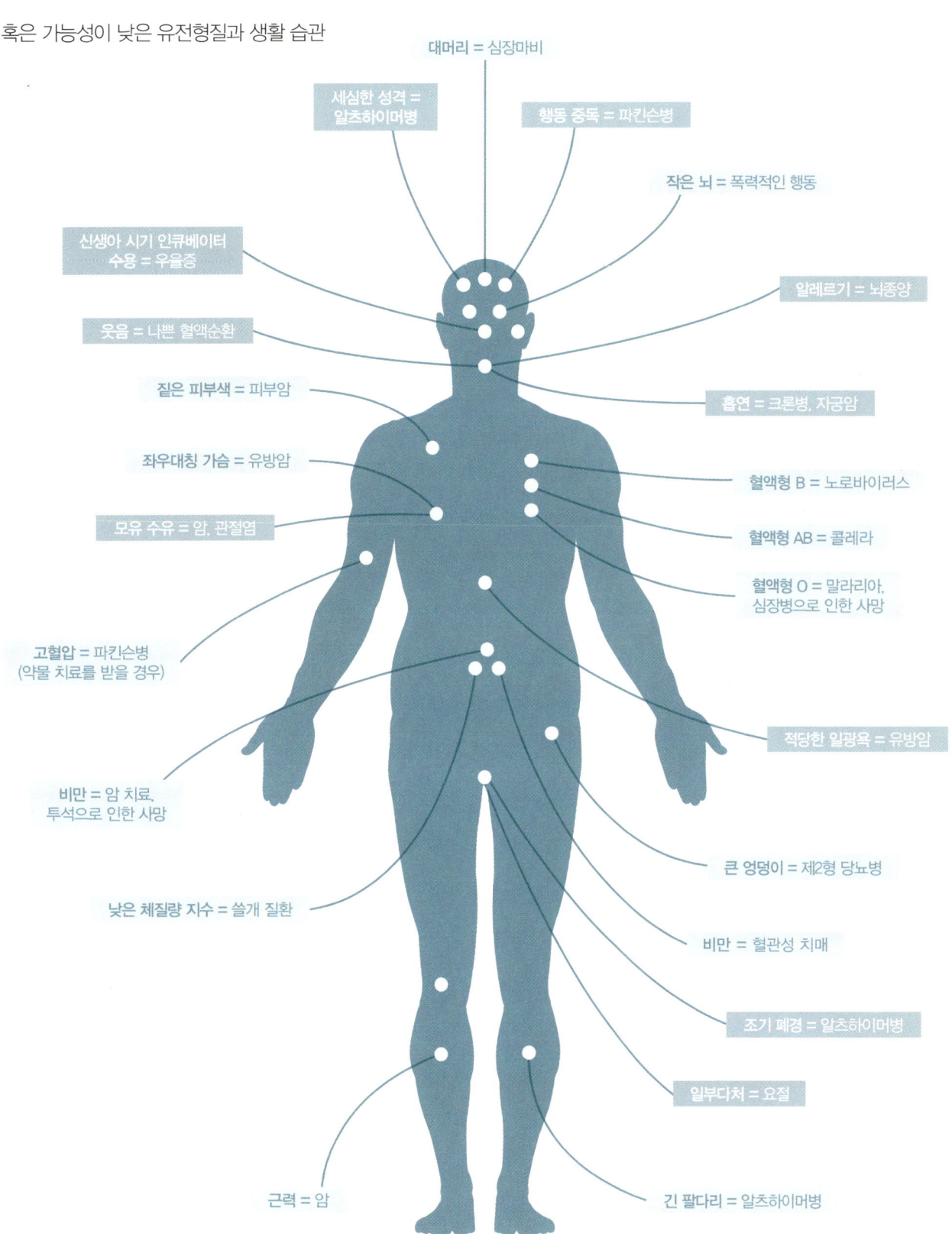

인종별
낮은 위험 – 높은 위험

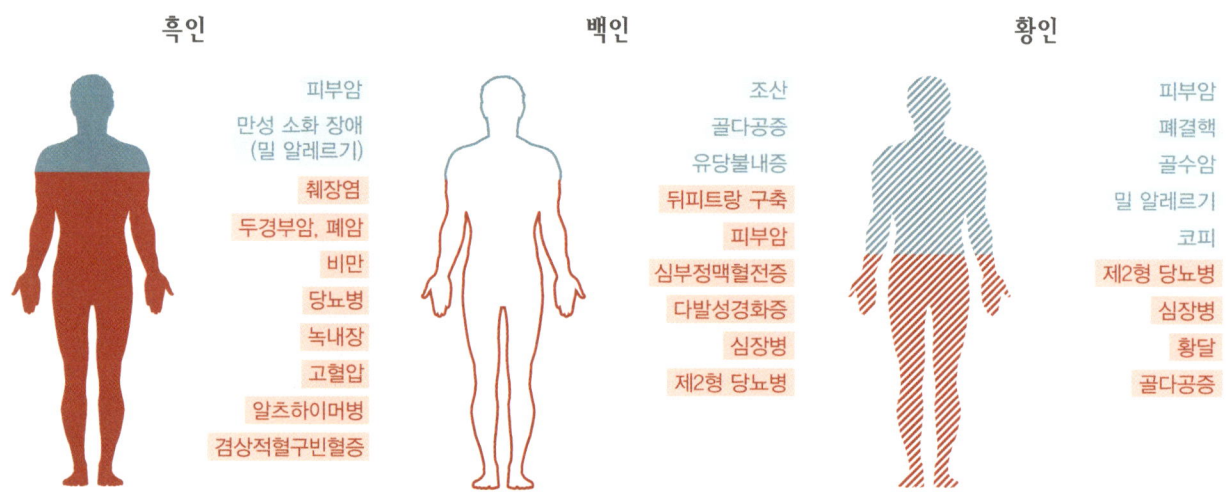

성별
낮은 위험 – 높은 위험

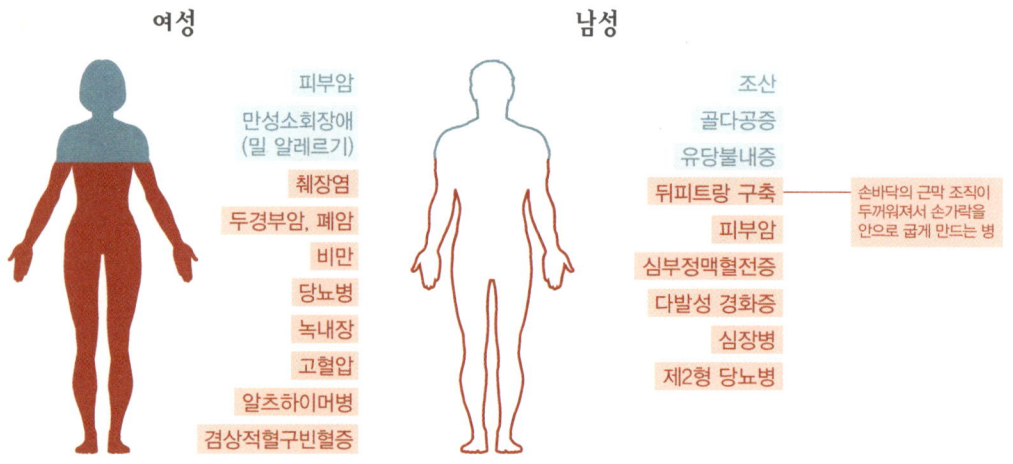

신체 비례

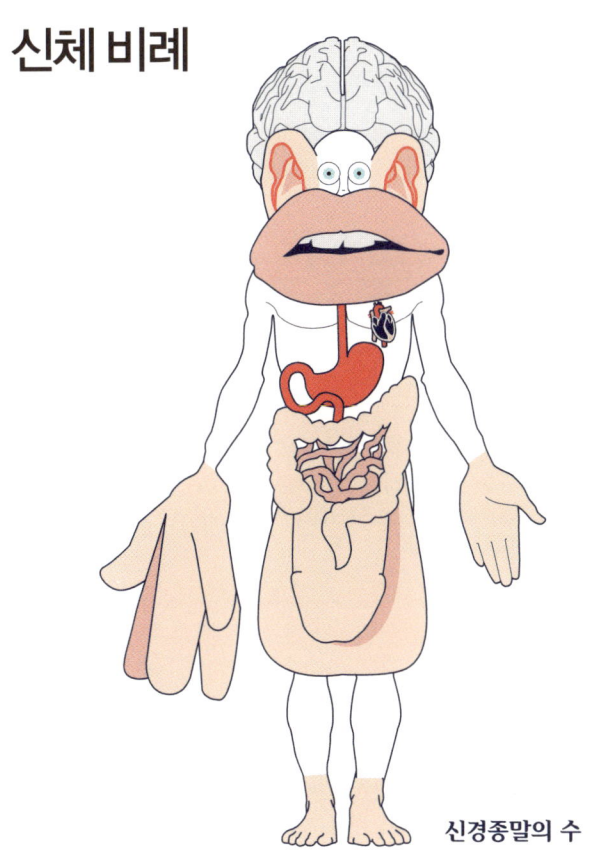

신경종말의 수

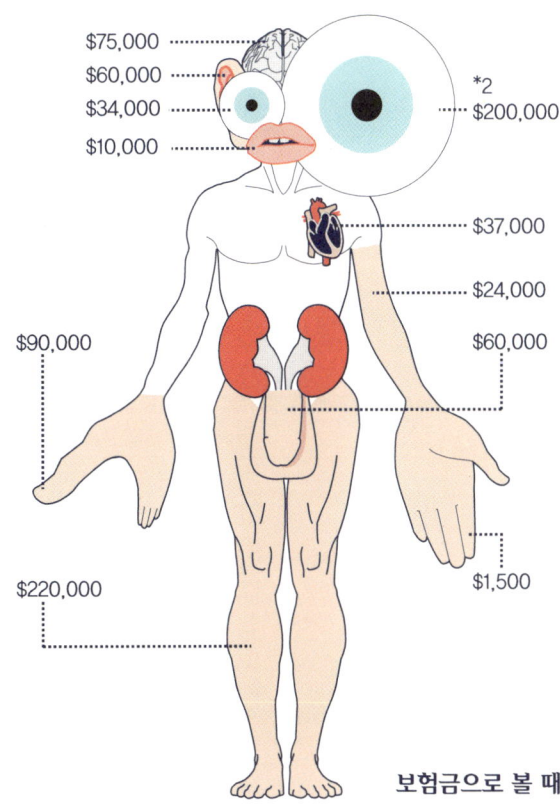

보험금으로 볼 때

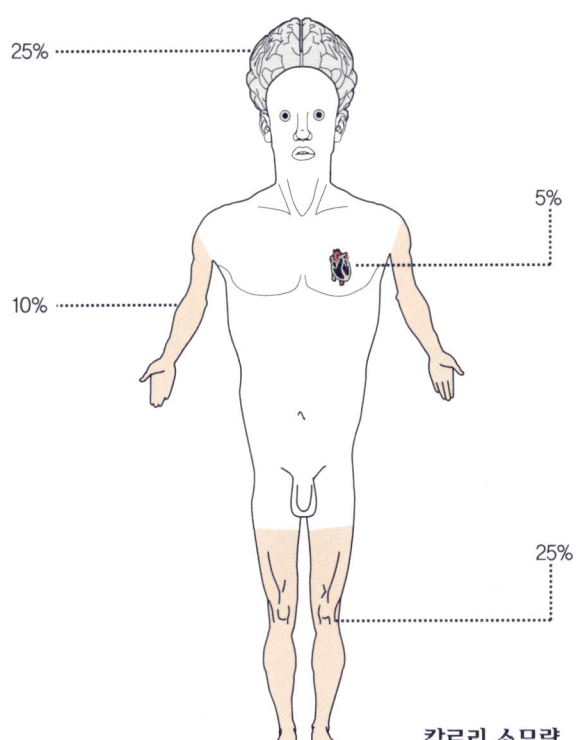

칼로리 소모량

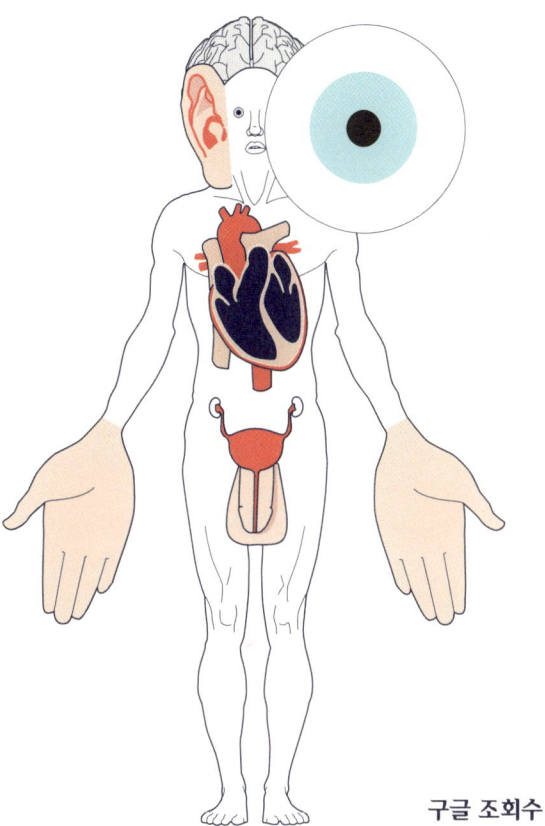

구글 조회수

출처 : Google, Wikipedia

가장 위험한 병원균들
신체 밖에서 생존 가능한 시간

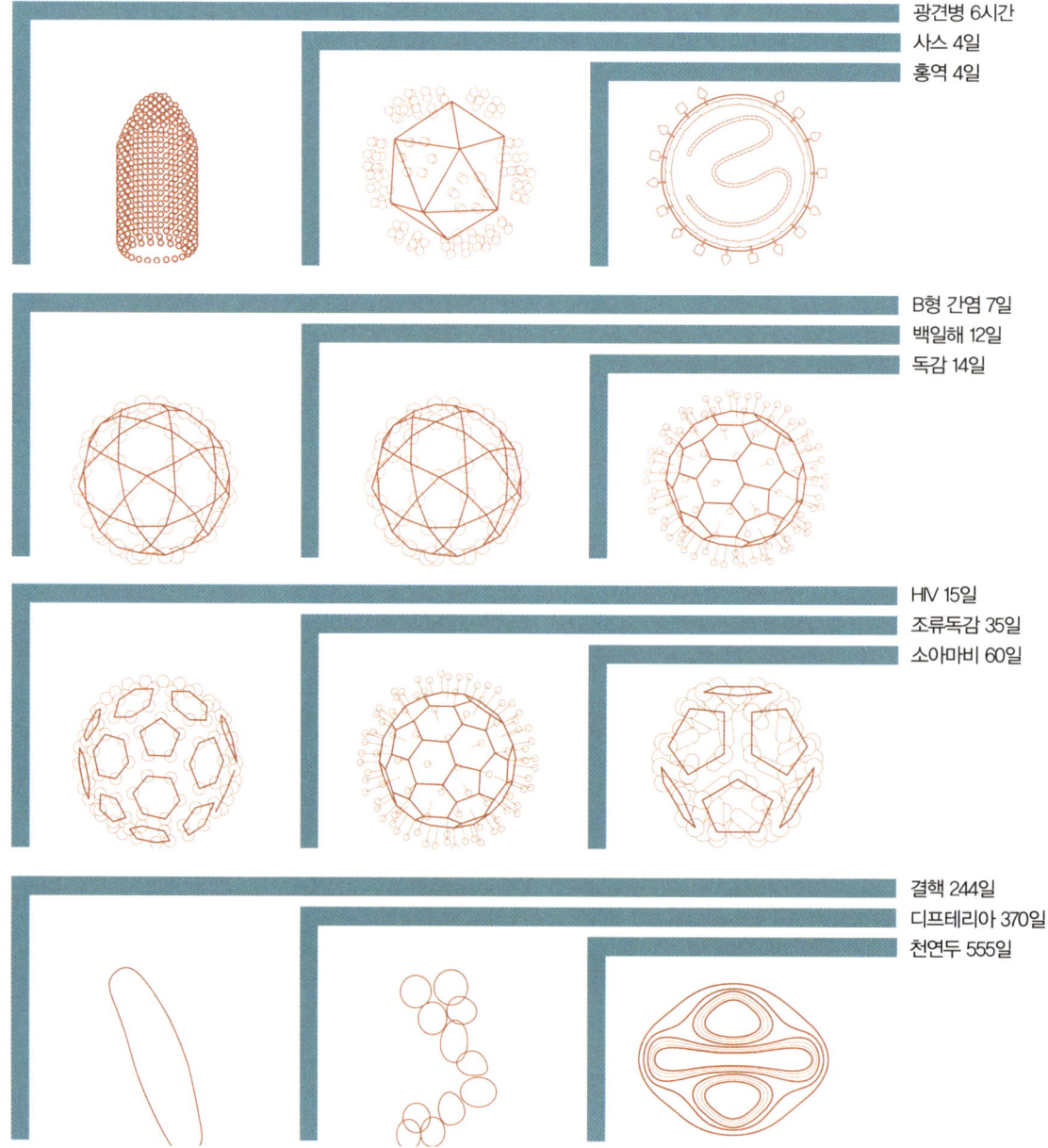

광견병 6시간
사스 4일
홍역 4일

B형 간염 7일
백일해 12일
독감 14일

HIV 15일
조류독감 35일
소아마비 60일

결핵 244일
디프테리아 370일
천연두 555일

출처 : Centre For Disease Control & Prevention(미국질병통제예방센터), NewScientist.com, Geigy사로부터 디자인 참조

화장품 성분

샴푸, 선탠로션, 비누, 클렌저, 립스틱

감초 추출물(BHT), 글리세린, 글리세릴 스테아레이트 SE, 글리신, 글리코겐, 글리콜 산, 글리콜 스테아레이트, 녹차 추출물(카멜리아 시넨시스), 다시마류(호스테일 켈프), 디메시콘, 디소듐 라우릴 페닐 에테르 디설포네이트, 디소듐 코코암포디아세테이트, 디에탄올아민(DEA), 디에틸헥실 부타미도 트리아존, 디옥틸 소듐 설포석시네이트, 라놀린, 라이모닌, 라이트 미네랄 오일, 락트 산, 레스베라트롤, 레시틴, 레티날 팔미테이트 폴리펩티드, 레티놀(비타민 A), 레티닐 팔미테이트, 로즈 힙, 리나롤, 리놀레 산, 리놀레아미도프로필, 리신, 메틸이소티아졸리논, 메틸파라벤, 물, 미네랄 오일, 미르트리모늄 브로마이드, 미리스틸 미리스테이트, 백색 왁스, 백색 페트롤레이텀, 베타 하이드록시 산(살리실 산), 벤잘코늄 클로라이드, 벤조익 산, 벤조일 퍼옥사이드, 벤질 살리실레이트, 변성 알콜, 보릭 산, 부틸 메톡시디벤조일메탄, 부틸 하이드록시아니솔, 부틸렌 글리콜 디카프릴레이트/디카프레이트, 부틸파라벤, 부틸페닐 메틸프로피오날, 비즈왁스, 비타민 A(레티놀), 비타민 B, 비타민 C(시트르 산), 비타민 D, 비타민 E(토코페롤), 사이클로메티콘, 사이클릭(하이드록시) 산, 살리실 산, 세라마이드, 세탈코늄 클로라이드, 세테아레스, 세테아릴 알코올, 셀룰로오스, 소듐 라우레스 설페이트, 소듐 라우렐 설페이트, 소듐 라우릴 설페이트, 소듐 메타크릴레이트, 소듐 바이카보네이트, 소듐 보레이트[붕사], 소듐 세테아릴 설페이트, 소듐 아크릴레이트/C10-30 알킬 아크릴레이트 크로스폴리머, 소듐 클로라이드, 소듐 플루오라이드, 소듐 히알루로네이트, 소르브 산, 소르비톨(미네랄 오일), 스테아르 산, 시트로넬롤, 실리카, 실리콘(디메틸 실리콘), 실크 파우더, 실크 프로테인, 아니고잔토스 플라비더스(뿌리가 붉은 식물), 아라키딜 프로피오네이트, 아세테이트, 아세톤, 아세틸레이티드 라놀린 알콜, 아스코빅 산, 아스코빌 팔미테이트, 아크릴레이트 코폴리머, 아크릴레이트/옥틸프로펜아미드 코폴리머, 알란토인, 알콜 SD-40, 알파 리포익 산, 알파 하이드록시 산, 알파-이소메칠이오논, 암모늄 라우레스 설페이트, 암모늄 라우릴 설페이트, 에틸 알코올(에탄올), 에틸파라벤, 엘라그 산, 엘라스틴, 오이게놀, 옥시벤존(벤조페논-3), 옥토크릴렌, 옥틸 도데칸올, 옥틸 메톡시신나메이트, 옥틸 팔미테이트, 올레일 알코올, 이소스테아라미도프로필 에틸디모늄 에토설페이트, 이소스테아릭 애시드 카올린(고령토), 이소프로필 라놀레이트, 이소프로필 미리스테이트, 이소프로필 알코올, 이소프로필 이소스테아레이트, 이소프로필 팔미테이트, 잔탄 검, 카르나우바 왁스, 카리카 파파야(파파야), 카민, 카보머(934, 940, 941, 980, 981), 카페인, 캐모마일, 캐비어(어란 추출물), 캠퍼, 코지 산, 코카마이드 MEA, 코카미도프로필 베타인, 콜라겐, 콰테르리늄, 쿠마린, 쿼터늄-15, 클로헥시딘 디글루코네이트, 타르타르 산, 타피오카 전분, 탤크, 토코페릴 아세테이트, 트리데세스-12, 트리메톡시카프릴릴실란, 트리소듐 EDTA, 트리클로산, 티로신, 티타늄 디옥사이드, 파디메이트 O, 파라벤, 파라핀, 판테놀, 페녹시에탄올, 페닐 트리메티콘, 페닐벤즈이미다졸 설포닉 산, 페트롤레이텀, 포도씨 추출물, 폴리 하이드록시 산, 폴리부텐, 프로필렌 글리콜, 프로필파라벤, 프롤린, 프탈레이트, 하이드로젠 퍼옥사이드, 하이드롤라이즈드 콜라겐, 해조류 추출물, 향료, 헥실 신남알, 황, 히드로퀴논, 히드록실소헥실 3-사이클로헥센 카르복스알데히드, 히알루론 산, 1,4-디옥산, C12-15 알킬 벤조에이트, CL 14700, CL 191140(황색5호 알루미늄 레이크), D&C 적색6호 바륨 레이크, DMDM 히단토인, EDTA, FD&C 황색5호 알루미늄 레이크, L-에르고티오네인, PABA(파라아미노벤조 산), PEG-40 캐스터 오일, PG-디모늄 클로라이드 포스페이트

훌륭함 양호함 비교적 양호 위험 유독성 치명적

출처 : CosmeticDatabase.com, Environmental Working Group[환경실무그룹]

암을 일으키는 것들
출처 : 언론

<small>유방암과 관련 있다고 하나 입증된 바 없음.</small>

가슴 살
간접 흡연 *개*
걸프전 겨드랑이 면도
곰팡이 과산화수소 과일 *굴*

<small>발암물질 함유</small>

꽉 끼는 브래지어 나무 분진
높은 골밀도 뉴트라스위트 니켈 다이어트
데오드란트 디니트로톨루엔 디디티
매연 디클로리아세틸렌 *땅콩* 라돈

<small>곰팡이가 피었을 경우</small>

망간 메틸3차부틸에테르 *메틸브로마이드* 면도
불 켜 놓기 버스 터미널 베릴륨 *베타카로틴* 벤젠

<small>흡연자가 너무 많이 섭취하면 폐암 가능성이 있다.</small>

향신료 불소 첨가 불에 직접 구운 고기 *불임*
비행 빈랑 빵 사염화탄소 사카린 살충제 생강
셀레늄 소금 *소시지* 소시지 색소 소아마비 백신 송신탑

<small>대부분의 붉은 살코기가 대장암과 관련됨.</small>
<small>공기의 오염 정도에 따라 다르다.</small>

실내 공기가 오염된 건물 쌍둥이를 배지 않음 아스팔트 입자 연기
아플라톡신 알드린 *알래[다미노지드]* 알코올 애완용

<small>견과류에 생기는 곰팡이. 강력하다.</small>
<small>과일 살포용 농약</small>

에틸아크릴레이트 에피클로르히드린 엑스락스[변비 치료약]
소독수 염소화캄펜 염화메틸렌 염화비닐 오렌지
와인 완하제 *왼손잡이* 용접 흄 우라늄 우물물 우울증

<small>유방암 발생 가능성이 좀 더 높음.</small>

선 촬영 유전자 유제품 이염화에틸렌 이유식 자기장
저섬유질 식단 전자레인지 조개류 *조리한 음식* 중화요리

<small>아마 괜찮을지도</small>

증가 치아 미백 치아 수복 *치약* *카드뮴* 카레 칼슘
콜레스테롤 콜타르 크래커 크레오소트 크롬
클로르데인 *키스* 탄 음식 테스토스테론

<small>키스병(전염성 단핵증)</small>

난로 튀김 트리클로로에틸렌 트리튬
폴리염화비닐 폴리염화비페닐
플라스틱 수액 주머니 플라스틱 장난감
함산소 휘발유 햄버거 햇빛
헥사클로로에탄 헬리코박터
요법 화강암 활석
훈제 생선

위험 없음　위험 있음　**확실히 위험**

간　장

건강　보조　식품

겨울　고사리　**고엽제**

소스　글루타르알데히드　기차역　**껌**　┄ 비닐 아세테이트가 들어 있다.

낙태　**납**　낮은 콜레스테롤 수치　노동

소다　**다이옥신**　**담배**　대기오염　**대마초**　┄ 치명적인 고환암. 하지만 종양을 억제하는 효과도 있음.

디메틸황산　**디엘드린**　**디옥산**　**디젤**

라운드업[제초제]　리스테린　**린덴**　**말론알데히드**

모유 수유 안 하기　민속신앙　반도체 공장　밤새　┄ 안전

벤조피렌　**벤지딘**　벽지　**병입 생수**　보습제　복합　┄ 오염되었을 경우에만

붉은 살코기　**비닐 브로마이드**　**비소**　비타민

쿠키　**석면**　석쇠로 구운 고기　**선베드**　섬유질　셀러리

송전선　스타틴　**스트레스**　스트론튬　스티렌　시클라메이트

아지도티미딘　아크릴로니트릴　아크릴아미드　**아트라진**

조류　**야간 근무**　**에스트로겐**　에틸렌　에틸렌디브로마이드　┄ 암의 원인일 가능성이 높음.

엑스레이　여성의 직장 생활　연어　열화우라늄　**염색**　염소　┄ 수많은 암과 관련됨.

주스　오존　**오존층 파괴**　올레스트라　올리브유　와이파이

우유 호르몬　운동 부족　**원자력발전소**　유리섬유　**유방 X**　┄ 최소한의 위험성

자동차 배기가스　**자외선 복사**　**자외선 차단제**　장신구

지구온난화　지방　**질산염**　채소　**철로용 침목**　체중　┄ 발암물질인 크레오소트를 발랐다. 핥지 마시길.

통로차단제　**캡탄**　커피　**케폰**　**코크스**　**제조 가마**　┄ 항암 효과가 있을 수 있음.

클로람페니콜　**클로로다이페닐**　**클로로포름**　┄ 살균제

테트라클로로에틸렌　토스터　토스트　**통풍구 없는**

파파야　페이스북　폐경　**포름알데히드**　┄ 실생활에서 이루어지는 만남의 감소가 우리 몸의 생명 작용에 변화를 일으킬 것이라는 점은 분명하다.

프렌치프라이　프로작[항우울제]　프로테인

피임약　하이드라진　한방 약재　한방 약품

향불　**헥사클로르부타디엔**　┄ 환기가 잘 안 되는 공간일 경우

파일로리　**호르몬 대체**

활성산소　**황산**

휘발유

출처 : Wikipedia, 미국과 영국의 언론 보도들(numberwatch.co.uk에서 재인용)

커피의 종류

에스프레소
- 에스프레소

에스프레소 마키아토
- 우유 거품
- 에스프레소

에스프레소 콘 파냐
- 휘핑 크림
- 에스프레소

카페 라테
- 우유 거품
- 따뜻한 우유
- 에스프레소

플랫 화이트
- 따뜻한 우유
- 에스프레소

카페 브레베
- 우유 거품
- 따뜻한 하프앤하프 크림
- 에스프레소

카푸치노
- 우유 거품
- 따뜻한 우유
- 에스프레소

카페 모카
- 휘핑 크림
- 따뜻한 우유
- 초콜릿 시럽
- 에스프레소

아메리카노
- 물
- 에스프레소

카페인 함량

- 커피숍 라지 사이즈: 240 밀리그램
- 커피숍 레귤러 사이즈: 200
- 원두커피: 200
- 카푸치노 라지: 150
- 진통제: 130
- 에너지 드링크: 120
- 커피 아이스크림: 90

프레도
- 찬 우유 거품
- 얼음
- 에스프레소

마로키노
- 우유 거품
- 초콜릿 파우더
- 에스프레소

스트레토
- 에스프레소

리스트레토
- 농축 에스프레소

아이리시
- 휘핑 크림
- 위스키
- 물
- 에스프레소

그라니타 콘 파냐
- 휘핑 크림
- 얼린 에스프레소

코레토
- 브랜디
- 에스프레소

콘 레체
- 따뜻한 우유
- 에스프레소

크라파
- 물
- 인스턴트커피

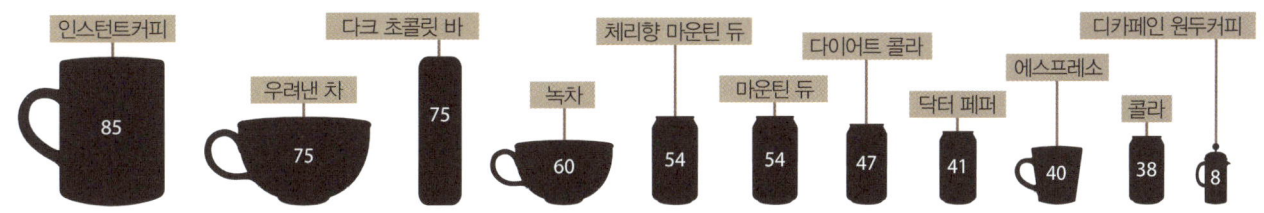

- 인스턴트커피 85
- 우려낸 차 75
- 다크 초콜릿 바 75
- 녹차 60
- 체리향 마운틴 듀 54
- 마운틴 듀 54
- 다이어트 콜라 47
- 닥터 페퍼 41
- 에스프레소 40
- 콜라 38
- 디카페인 원두커피 8

아이디어 : Lokesh Dhakar@lokeshdhakar.com

탄소의 무게 Ⅱ

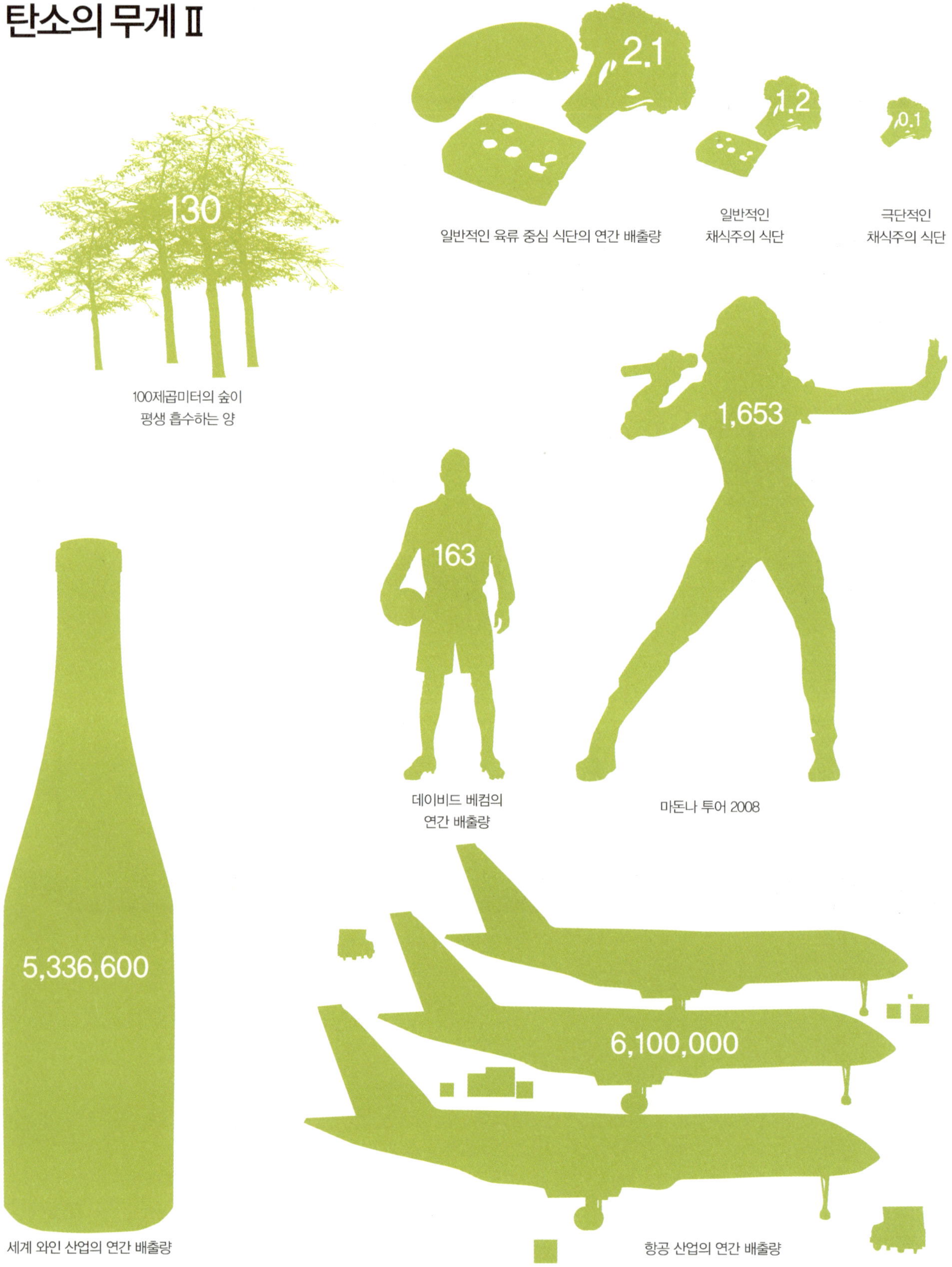

130
100제곱미터의 숲이
평생 흡수하는 양

2.1
일반적인 육류 중심 식단의 연간 배출량

1.2
일반적인
채식주의 식단

0.1
극단적인
채식주의 식단

163
데이비드 베컴의
연간 배출량

1,653
마돈나 투어 2008

5,336,600
세계 와인 산업의 연간 배출량

6,100,000
항공 산업의 연간 배출량

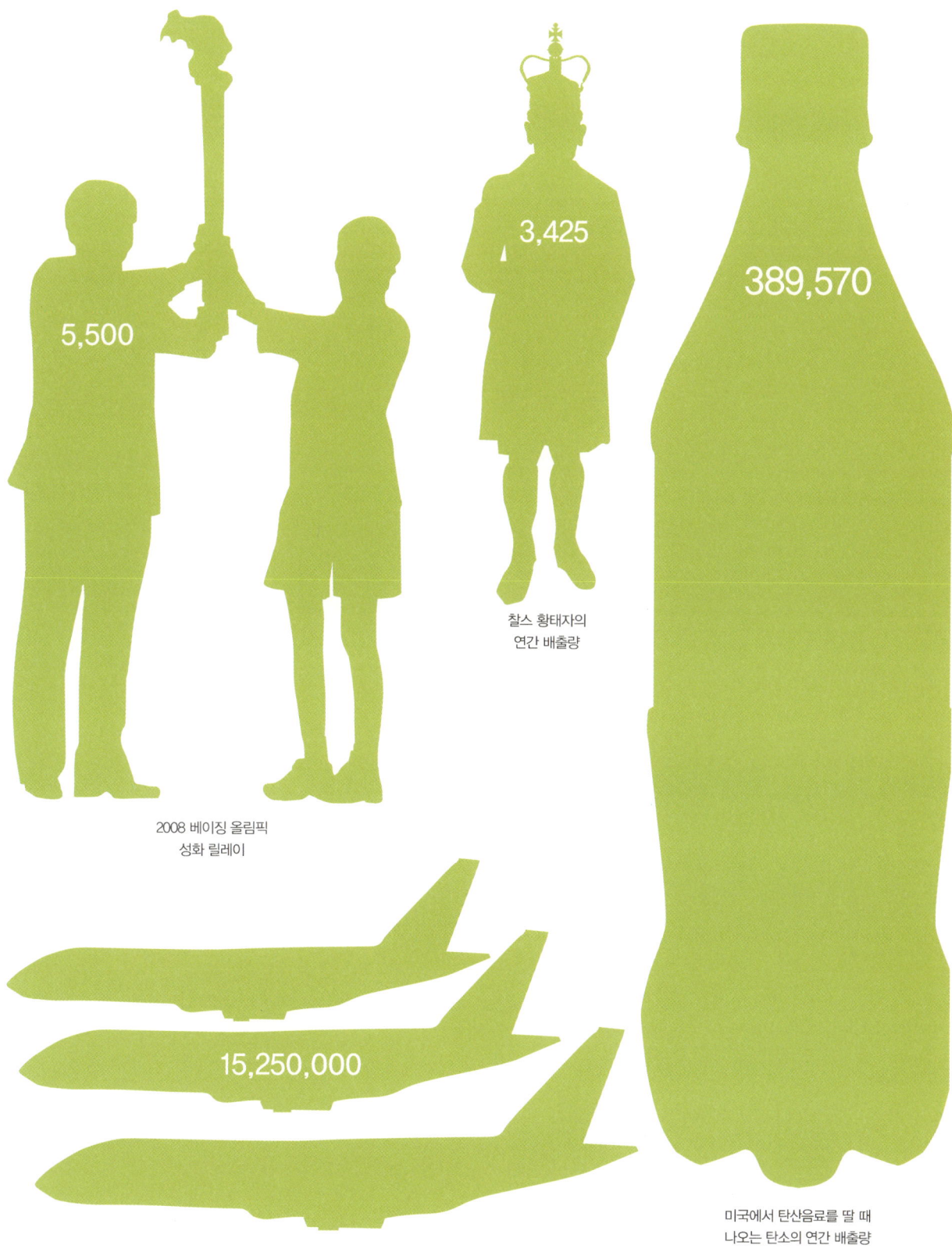

전쟁 중인 항목들
위키피디아에서 가장 많이 수정된 내용

믿기 어려운 / 주요한 논쟁(대략의 편집 횟수)

비틀스
멤버들의 이름을 올릴 때 흔히 불리는 순서대로 해야 하나, 아니면 단순히 알파벳순으로 나열해야 하나? 비틀스는 'The Beatles'인가 아니면 'the Beatles'인가?(1,073)

후무스
이스라엘 요리인가 아니면 원래 아랍 음식인데 유대 민족주의자들이 불법적으로 차지한 것인가?

죽음의 별
스타워즈의 '죽음의 별'은 직경이 120km인가 아니면 160km인가?

조앤 K. 롤링[J. K. Rowling]
그녀의 이름은 'rolling'처럼 발음해야 하나 아니면 'howling'과 운이 맞는 건가?(1,943)

에이브릴 라빈
〈I'm With You〉인가 아니면 〈I'm with You〉인가?(3,398)

위[Wii]
'Wii'인가 아니면 'Nintendo Wii'인가? 'Wii'인가 아니면 'the Wii'인가? 혹은 'Nintendo's Wii'인가? 그것은 'We'나 'Wee'와 운이 맞는가? 'Wee'가 소변에 대한 속어 또는 소변을 일컫는 완곡어법인가? 그것은 소변에 대한 영국 속어인가 아니면 국제적인 속어인가? 등등.(12,465)

귀여운
어떤 동물을 '귀여운' 동물이라고 하는 것은 중립적인 관점인가?

우크라이나 공화국 수도, 키예프
러시아어인 Kiev로 표기해야 하나 아니면 우크라이나어인 Kyiv로 표기해야 하나? 러시아와 우크라이나 정부에서 모두 분쟁이 되고 있다.(1,323)

프레디 머큐리
혈통이 이란인인가, 인도인인가, 파시교도인가 아니면 아제르바이잔인인가?(1,731)

2006 FIFA 월드컵
독일 명칭은 'Fußball'인가 아님 'Fussball'인가? 미해결된 논쟁(2,199)

항문
해당 항목에 인간의 항문 사진도 함께 실어야 하나? 만약 그렇다면, 남성의 것을 넣어야 하나 아니면 여성의 것을 선택해야 하나? 털이 없는 것을 택해야 하나 아니면 적당히 털이 있는 것을 택해야 하나?

거미 공포증
거미 공포에 대한 페이지에 거대한 타란툴라 사진을 싣는 것은 적절한가?

소 쓰러뜨리기
'아무런 김새도 채지 못하고 있는 희생물'이라는 설명과 더불어 소 사진을 사용하는 것은 적절한가?

Grey 또는 Gray Squirrel[회색 다람쥐]
철자에 대해 느리고 끝날 줄 모르는 논쟁이 지속되고 있다.

기독교
다음 문장에서 '이단'이라는 말과 '정통 교리'라는 말의 위치가 바뀌지 않았나 논란이 되고 있다. "……교회 권위자들은 '이단'과 대조되는 개념으로 '정통 교리'를 정의하면서 가장 대표적인 이단으로 그노시스파를 지목하며, 또한 일부 다른 신학자들을 이단으로 비난하였다."(9,539)

예수
BC를 사용할 것인가 AD를 사용할 것인가에 대해 오랫동안 논쟁이 지속되고 있다.(15,386)

유황
Sulfur인가 아니면 Sulphur인가?(3,398)

알루미늄
철자를 Aluminum으로 써야 하나 아니면 중간에 i를 삽입하여 Aluminium으로 써야 하나?(1,609)

그랜드 테프트 오토 4
주인공은 세르비아인, 슬로바키아인, 보스니아인, 아니면 어느 동유럽 국가 출신인가?(1,485)

페일린
정치권의 후보자인 사라 페일린이 몬티 파이튼[영국 유명 코미디 집단] 멤버인 마이클 페일린보다 더 유명한가?

니콜라우스 코페르니쿠스
폴란드인, 독일인, 아니면 프로이센 사람인가? 묻지 마세요.(2,612)

호랑이
'가장 힘센 살아 있는 고양이'로 묘사해야 하나?

Brazil인가, Brasil인가?

2008년 미국 대통령 선거
미국 코미디언 스티븐 콜버트가 진지한 대선 후보자였을까? 만약 그렇다면, 그 후보자는 코미디언 스티븐 콜버트였을까, 아니면 그의 코미디 속 캐릭터 스티븐 콜버트였을까?

제니퍼 애니스톤
미국인인가 아니면 미국 출생인가? 그리스계 미국인인가 아니면 영국계 미국인인가?(1,306)

점화플러그가 장착된 피스톤 엔진을 왕복시키기 위한 화석연료
이 물질이 '가솔린[gasoline]'인가, '휘발유[petrol]'인가?(1,599)

레슬마니아 3
문제가 되고 있는 이 이벤트의 참석 인원은 78,000명인가, 93,178명인가? 사실은 75,500명일까?(3,100)

존 캐리
베트남전에서 수여받은 그의 퍼플 하트 훈장. 그는 정말로 부상을 입었을까 아니면 '작은 상처'였을까? 그 부상은 '붕대'를 감을 정도였을까 아니면 '거즈'로 덮고 말 정도였을까?(9,718)

Yoghurt일까, Yogurt일까?

배설물
이 페이지에 커다란 인간의 배설물 사진을 넣어야 할까?(3,972)

클로버(괴물)
클로버필드, 클로버, 클로버필드 괴물, 클로버(괴물). 어떤 것을 사용해야 하나?

그단치히[Gdanzig]
폴란드, 독일, 프로이센의 영토였던, 동유럽, 중유럽, 북유럽의 발트 해 연안에 있는 이 도시의 정확한 이름은 무엇인가?(500)

감자 칩
'Flavoured[맛이 나는]'인가, 'Flavored[맛이 나는]'인가? 합의에 도달했다 : 'seasoned[양념 맛이 나는]'

머니
핑크 플로이드의 노래 〈머니〉의 박자는 정확히 무엇인가? 어떤 음악 교육도 받지 못한 이 밴드는 7/8박자라고 말하며, 대부분의 사람들은 7/4 박자라고 한다. 전문가들은 더 나아가 21/8박자라고 말하기도 한다.(4,446)

그레이스 켈리와 셰어
이들이 게이 아이콘인가?

아이언 메이든
이 항목은 음악 밴드를 가리켜야 하나, 중세 고문 도구를 가리켜야 하나?(2,785)

니콜라 테슬라
부모는 세르비아인이며, 오스트리아 제국, 즉 오스트리아-헝가리 국가 체제의 헝가리 쪽, 지금은 크로아티아인 곳에서 태어났다. 어느 카테고리에 올려야 할지 정말 끔찍하다!(1,260)

고양이
고양이와 사람의 관계를 묘사할 때 어떤 것이 정확한 표현인가? '주인', '돌봐 주는 사람', 혹은 '인간의 동반자'?(500+)

위키피디아
지미 웨일스가 위키피디아의 창립자인가, 래리 생어와 공동 창립자인가?(21,748)

사일런트 힐 3의 '헤더'
코나미사의 공포 서바이벌 비디오 게임에 나오는 주인공. 그녀의 성은 무엇인가?(1,598)

앤 코울터
미국의 정치 논평가인 그녀는 1961년생인가, 1963년생인가?(7,696)

마요네즈
전통적 마요네즈에는 레몬 주스가 들어가는가, 들어가지 않는가?

유투
유투의 보컬인 보노가 하모니카를 연주하는 것은 적절한가?(2,988)

엔젤스 앤 에어웨이브즈
영어로 표현할 때, Angels & Airwaves IS a band로 써야 하나, ARE a band로 써야 하나? (영국식 영어에서는 Angels & Airwaves 밴드가 여러 명의 사람들로 구성되어 있으므로 'are'가 옳다고 하는 반면에, 미국식 영어에서는 밴드를 하나의 개체로 볼 수 있다는 관점에서 'is'로 써야 한다고 생각한다.)(2,463)

2000
실제로 0년은 없었으므로, 진짜 밀레니엄은 2001년에 시작되어야 하지 않나?(2,835)

스트리트 파이터 캐릭터들
켄 마스터와 발로그 같은 허구 캐릭터들의 정확한 키와 몸무게에 대한 지칠 줄 모르는 논쟁이 계속되고 있다.(1,048)

스타워즈
아나킨 스카이워커와 다스 베이더는 한 명의 캐릭터로 보아야 하는가 아니면 두 명의 별개 캐릭터로 여겨야 하는가? 그들은 엔딩 크레딧에 별도로 올릴 만한 가치가 있는가? 스타워즈 에피소드 3은 인포박스[네이버의 '지식 in' 같은 메뉴]에 전편[preceding film]으로 올려야 하나?(8,610)

2006 대서양 허리케인 시즌
2005년 12월 30일에 형성되어서 2006년 1월 6일까지 지속되었던 열대성 저기압은 2006년 대서양 허리케인 시즌 항목에 넣어야 하나, 아니면 2005년 항목에 넣어야 하나?(2,477)

출처 : Wikipedia – Lamest edit wars

워터 타워

4,645병

간접 사용

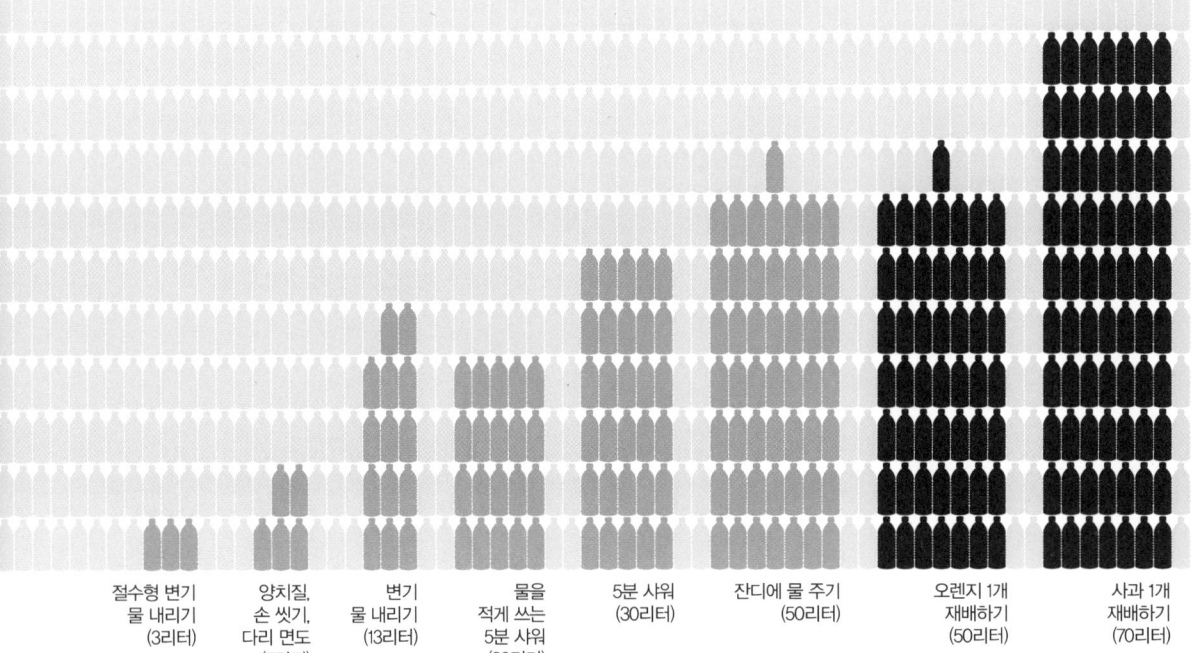

절수형 변기 물 내리기 (3리터) | 양치질, 손 씻기, 다리 면도 (5리터) | 변기 물 내리기 (13리터) | 물을 적게 쓰는 5분 샤워 (20리터) | 5분 샤워 (30리터) | 잔디에 물 주기 (50리터) | 오렌지 1개 재배하기 (50리터) | 사과 1개 재배하기 (70리터)

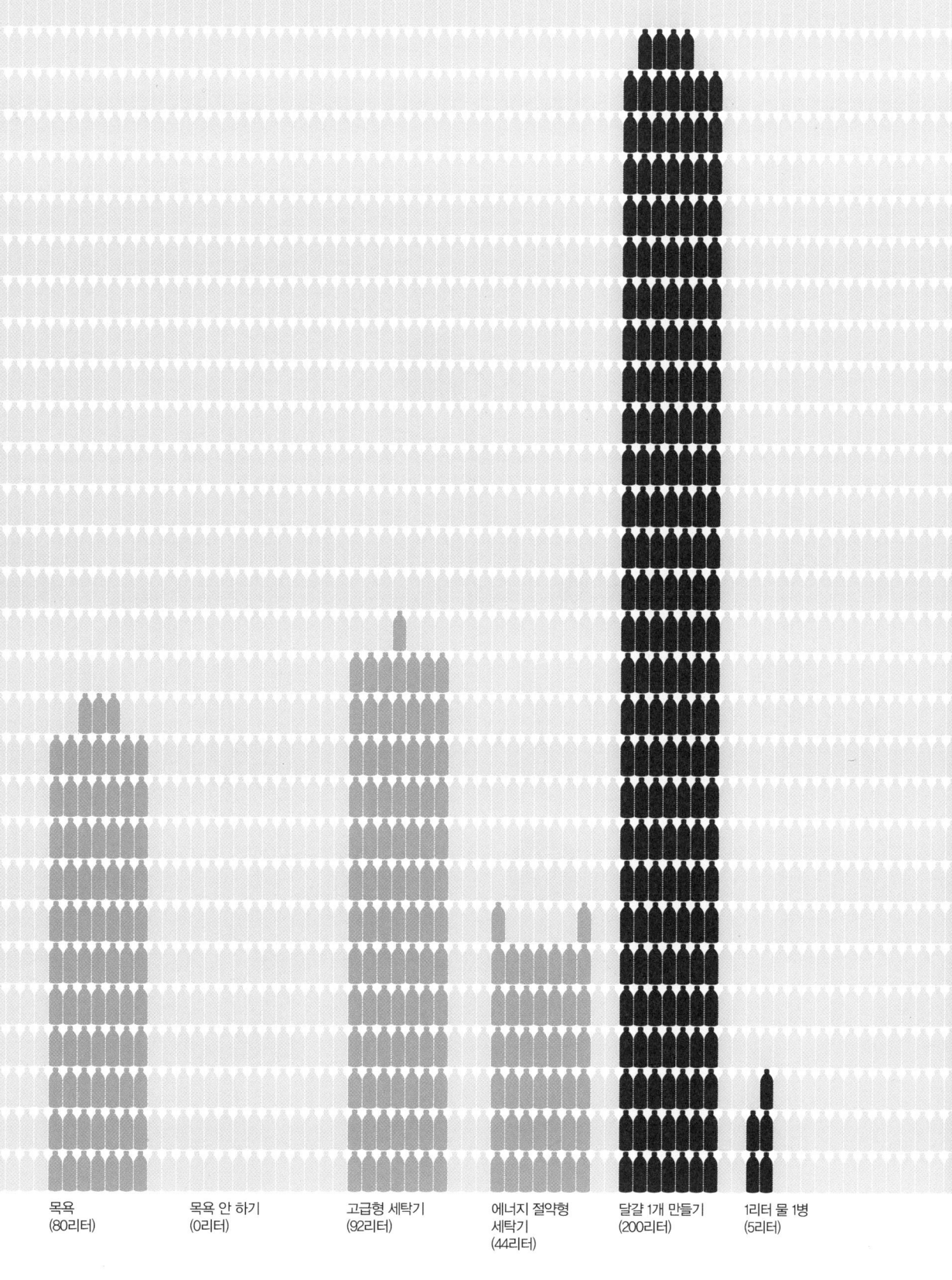

미디어 정글
선택받은 국제적 잡지, 신문, TV 방송

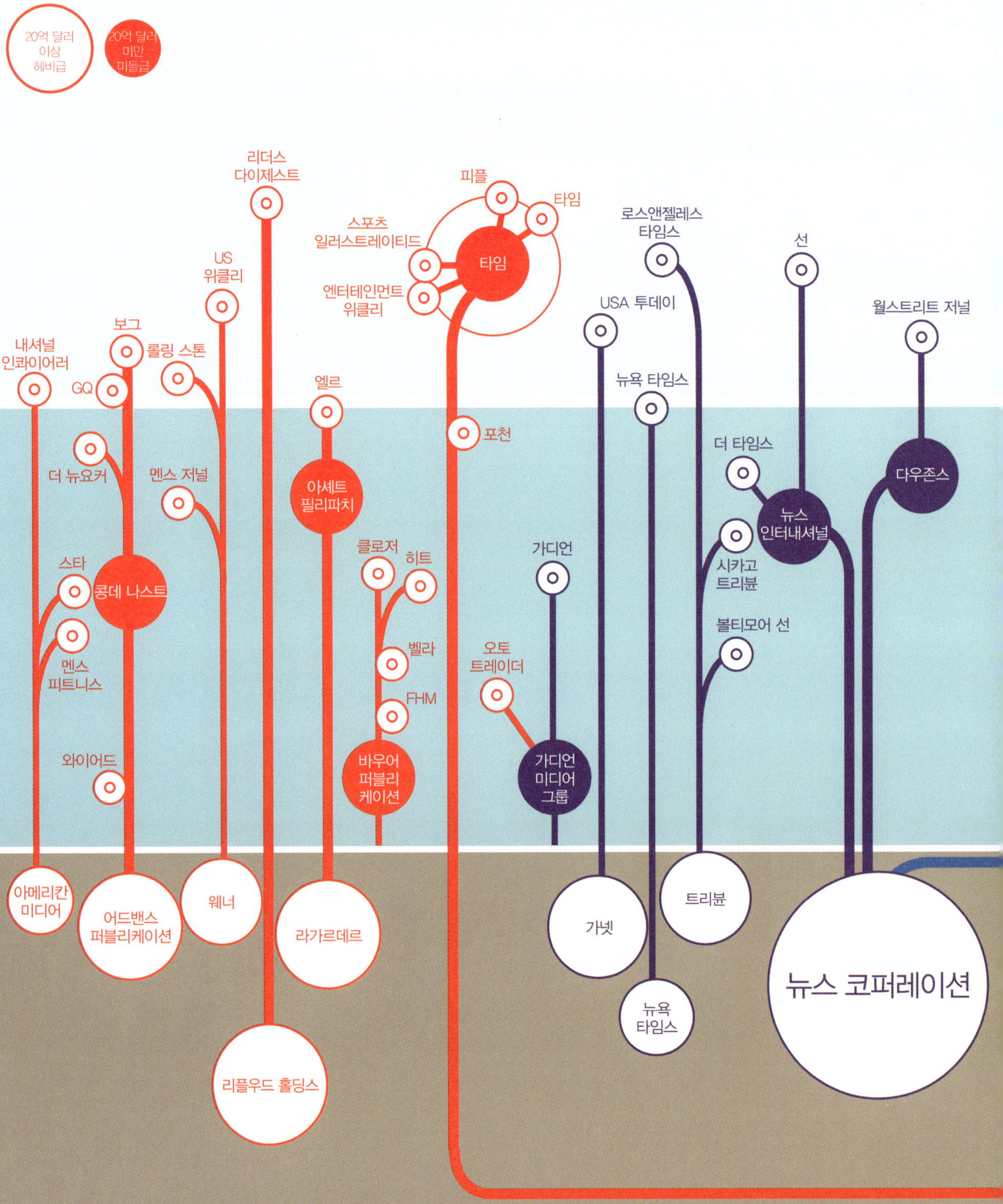

20억 달러 이상 헤비급

20억 달러 미만 미들급

리더스 다이제스트

피플
타임
스포츠 일러스트레이티드
타임
엔터테인먼트 위클리

로스앤젤레스 타임스
선

US 위클리
USA 투데이
월스트리트 저널

내셔널 인콰이어러
보그
뉴욕 타임스

GQ
롤링 스톤

더 뉴요커
멘스 저널
엘르
더 타임스
뉴스 인터내셔널
다우존스

스타
콩데 나스트
아셰트 필리파치
시카고 트리뷴

멘스 피트니스
클로저
히트
가디언
볼티모어 선

와이어드
벨라
FHM
오토 트레이더

바우어 퍼블리 케이션
가디언 미디어 그룹

아메리칸 미디어
어드밴스 퍼블리케이션
웨너
라가르데르
가넷
트리뷴

뉴스 코퍼레이션

뉴욕 타임스

리플우드 홀딩스

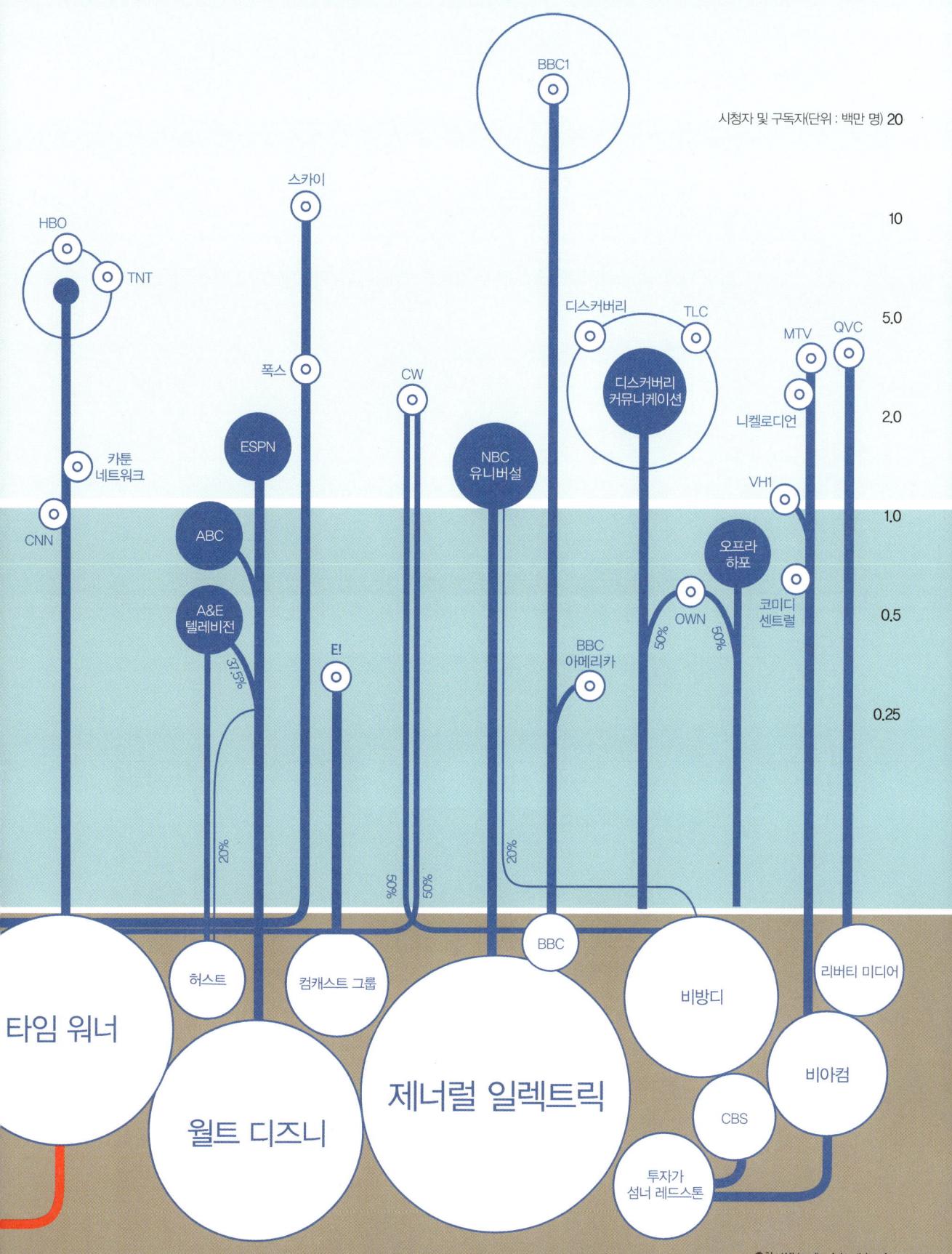

일일 다이어트 식단
어떻게 우리 몸에 쌓이는가?

	오전			오후		
황제 다이어트	오믈렛		토마토	연어		샐러드
저당 지수 다이어트	죽	탈지유	오렌지 주스	당근 보리 수프		
웨이트 워처스 다이어트	죽과 건포도		갈색설탕	버거(소)	샐러드	사과
존 다이어트	포도	호밀 토스트	과일 / 땅콩버터			
양배추 스프 다이어트	과일			양배추 스프		
디톡스 다이어트	귀리	요거트	과일	차지키	채소 크루디트	
주스 다이어트	당근·사과			당근·채소 주스		
칼로리 계산 다이어트	밀기울 플레이크 4 테이블스푼	탈지유	사과	모짜렐라, 토마토, 아보카도 샐러드		프랑스빵
지중해식 다이어트	토스트	요거트	블루베리 / 아몬드	병아리콩 샐러드		
체중 증가를 위한 다이어트	크림치즈 베이글 6개	요거트	오렌지 주스	피타 브레드 / 참치	렌틸 수프	사과 주스
햇빛 다이어트	햇빛			햇빛		
스카스데일 다이어트	자몽	토스트	블랙커피	모듬 편육	토마토 스튜	

저녁				간식 세트		물
그릴 치킨			채소	초콜렛 쉐이크	그래놀라 바	🥛 x 8
통밀 오븐 파스타				요거트	라즈베리	🥛 x 8
참치 스테이크	올리브 소스	모듬 채소	프랑스빵	무지방 요거트		🥛 x 8
포도	호밀빵	올리브 오일	땅콩버터			🥛 x 8
양배추 스프				과일		🥛 x 8
감자·콩 캐서롤				요거트	과일	🥛 x 8
채소 주스						🥛 x 8
돼지고기 구이				후무스	크루디트	🥛 x 8
시금치 프리타타				후무스	호밀 비스킷	🥛 x 8
스파게티	살라미	빵	우유	빵과 잼	아이스크림	🥛 x 8
비타민 D				산소		🥛 x 8
조개	샐러드	채소		후무스		🥛 x 8

칼로리 섭취
평균적 흡수량

칼로리 소모
30분 운동에 소모되는 평균 칼로리양

출처 : 각종 다이어트 웹사이트 상호 참조

수염의 유형
작은 수염이 많은 것을 이야기한다

일반형
하페즈 알 아사드
시리아 (1971~2000년 집권)
25,000명을 살해

전통형
오마르 알바시르
수단 (1989~)
400,000명을 살해

페인트붓형
장제스
중국 (1928~31)
30,000명을 살해

피라미드형
프란시스코 프랑코
스페인 (1939~75)
30,000명을 살해

자유형
압둘라 왕
사우디아라비아 (2005~)
살해한 사람 : -

갈매기형
블라디미르 일리치 레닌
러시아 (1917~24)
30,000명을 살해

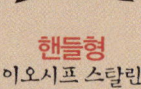

핸들형
이오시프 스탈린
소련 (1924~53)
23,000,000명을 살해

텁수룩형
피델 카스트로
쿠바 (1976~2008)
30,000명을 살해

말발굽형
이센 아브르
차드 (1982~90)
40,000명을 살해

칫솔형
아돌프 히틀러
독일 (1933~45)
58,000,000명을 살해

바다코끼리형
사담 후세인
이라크 (1979~2003)
6,000,000명을 살해

자파형
멩기스투 하일레 마리암
에티오피아 (1987~91)
150,000명을 살해

푸 만추형
칭기즈칸
몽골 (1205~27)
수백만 명을 살해

괴짜형
맥캔들리스
영국 (1971)
살해한 사람 : 0

출처 : Wikipedia 및 여러 웹사이트

레드 와인 빈티지

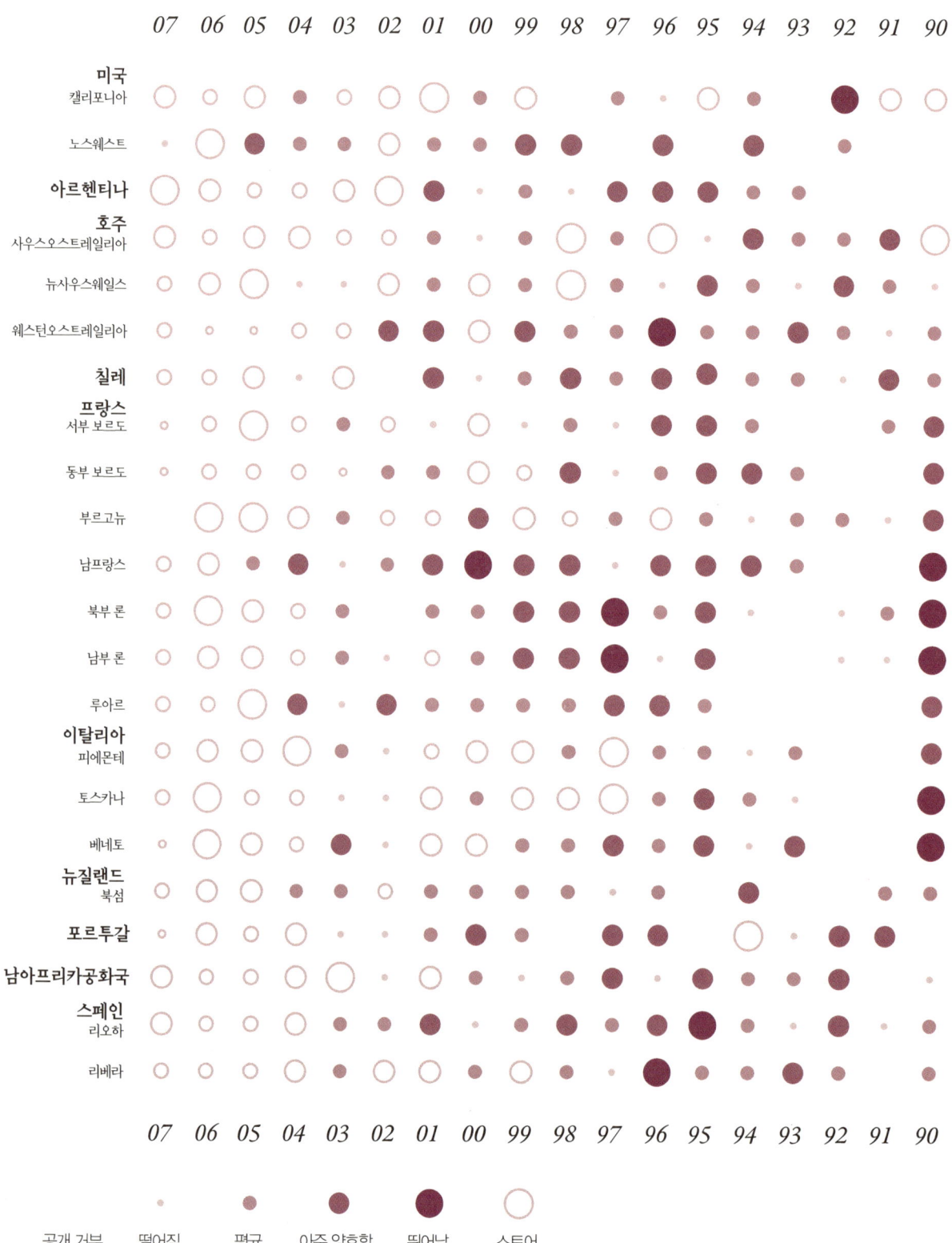

화이트 와인 빈티지

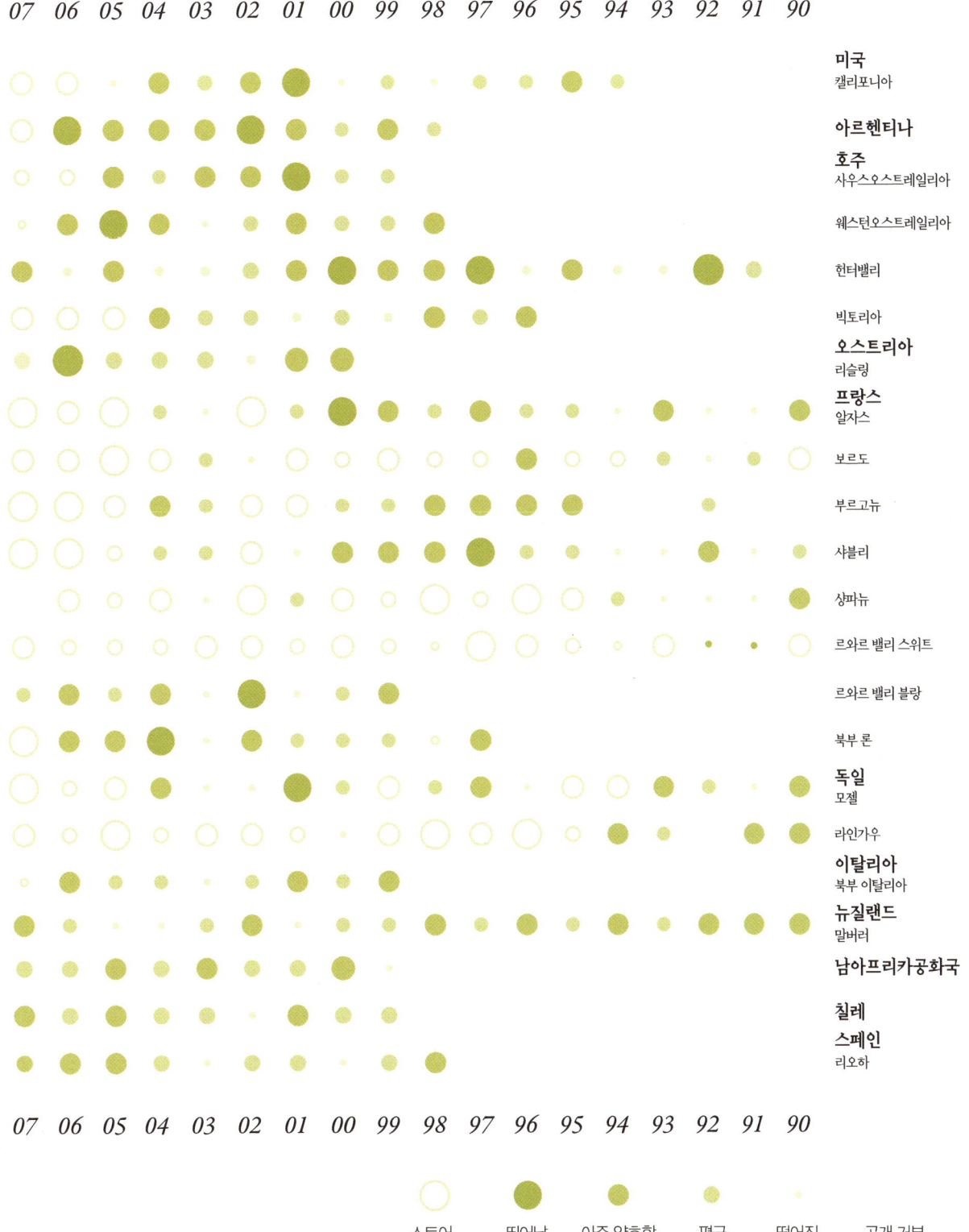

양서류의 멸종률
탄광 속의 카나리아?

정상 비율	1990년대
1x	200x

항아리곰팡이　　서식지 감소　　자외선　　살충제

이 치명적인 곰팡이에 면역성을 가진 보균체 아프리카발톱개구리를 이용하는 임신 테스트법이 1930년대 인기를 끌었다. 의사들은 여성들의 소변을 알을 밴 개구리에 주사했는데, 개구리가 알을 낳으면 그 여성은 임신한 것으로 판명되었다. 점차 탈출한 실험용 개구리들은 그 균을 면역성이 없는 다른 개구리들에게 퍼뜨렸다.

미국에서 가장 흔한 살충제인 말라티온은 아주 소량으로도 올챙이들의 주식인 물 밑의 조류를 말살하는 파괴적인 연쇄 반응을 낳을 수 있다. 말라티온과 그 밖의 살충제, 제초제 들은 양서류의 전체 개체 수 손실의 주 요인으로 추정된다.

오늘날
25,400x

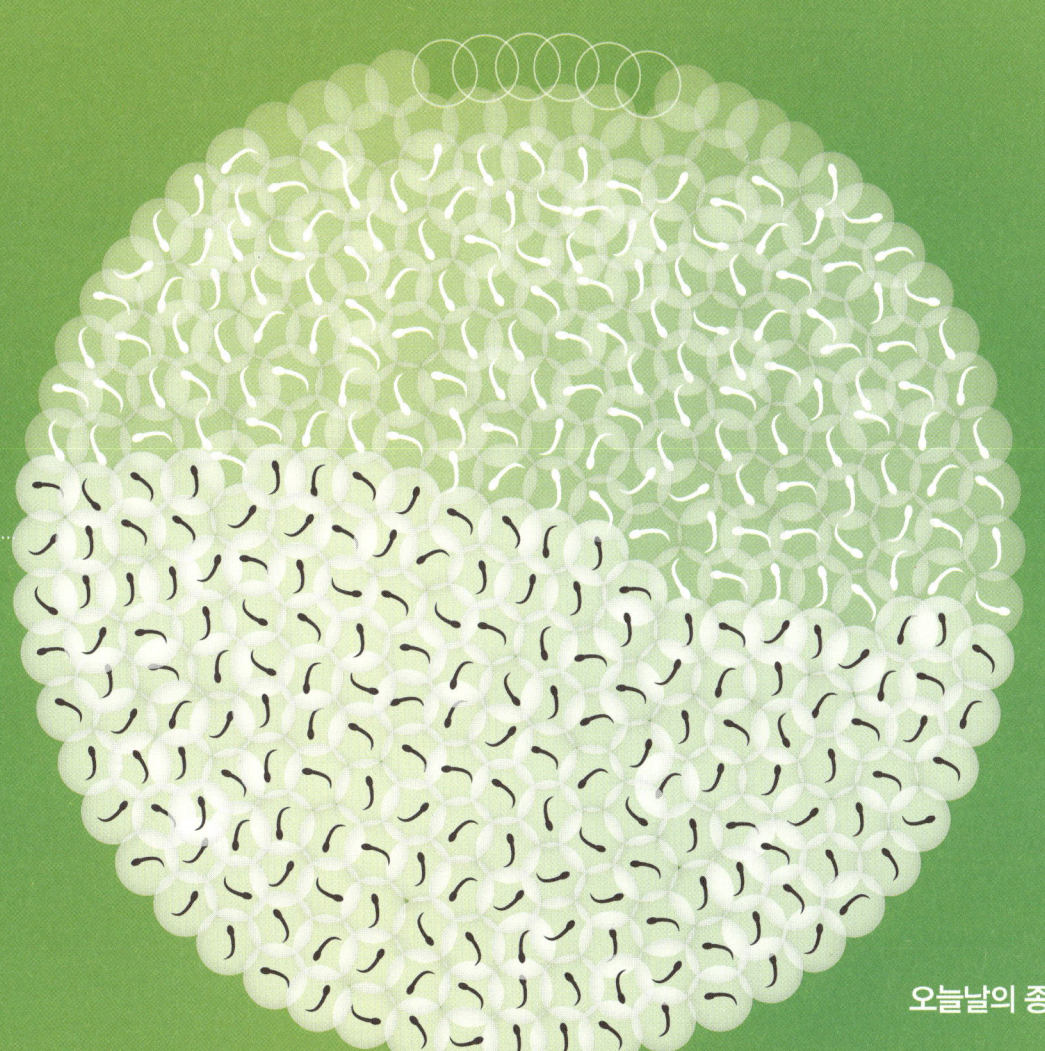

오늘날의 종 수

○ 멸종 122

● 진행 427

◔ 위험 2,503

◡ 현존 3,497

출처 : National Academy Of Sciences[미국국립과학원], Discovery.com

동기

"우리 헤어졌어, 왜냐하면……."이라는 어구 검색 결과

그가 손을 가만둘 수 없었기 때문에 · 우린 인생에서 서로 다른 시기에 있어서 · 그녀가 여자들과 바람을 피워서 · 그가 대학 생활 전반을 경험해 보고 싶어 해서 · 그가 자유가 필요하다고 말해서 · 그가 완전히 바보 천치 같아서 · 내가 남자 친구 몰래 바람피우고 있었는데, 남자 친구가 내가 바람피운 **내가 발톱을 잘 깎지 않아서** 남자랑 자서 · 마약 때문에 · 그녀가 파티를 자주 열어서 · 그의 부모님이 나를 좋아하지 않아서 · 그의 여자 친구가 의심해서 · 그녀의 남편이 오럴 섹스를 요구한대서 · 내가 그녀를 사랑하지 않아서 · 내가 그를 너무 많이 통제해서 · 그가 갑자기 영화를 만든다며 거기에만 매달려 지내서 · 인생의 목표가 서로 달라서 · 종교적인 이유 때문에. 그가 나를 숭배하는 것을 거절했어 · 나의 음주 때문에. 이놈의 폭음! · 그것 크기도 작은 주제에 보석조차 사 주지 않아서 · 내가 그녀를 숨막히게 해서 · 서로 공통점은 별로 없고, 육체적 관계가 전부여서 · 부모님이 반대하셔서 · 그가 자꾸 섹스하자고 압박해서 · 내 목소리가 하이 톤이어서! · 그녀에게 나에 대해 솔직히 얘기하는 것이 편하지 않아서 · 서로 사랑이 식어서 · 그가 예전 연인 때문에 엄청난 충격을 받아서 **그녀가 나는 친구로서 더 적당하다는 걸 깨달아서** 다른 사람에게 마음을 줄 수가 없어서 · 우리는……글쎄, 우리 집에 돈이 있어서 · 내가 흔들려서. 나는 정말로 그가 다시 돌아오기를 바라 · 그가 직장 동료와 침대에서 뒹구는 걸 발견해서 · 그가 다른 남자를 좋아해서. 그래, 남자. · 그가 키도 작고, 심지어는 똑바로 서 있는 커다란 두꺼비처럼 생겨서 · 말다툼하다가 · 자주 전화하지 않고, 노력조차 하지 않는 나의 태도에 그녀가 너무 많이 상처 받아서 · 내가 그를 귀찮게 해서 · 내가 그녀를 과잉보호해서? · 그가 거짓말을 너무 많이 했고, 미쳤으며, 벽을 주먹으로 쳐서 구멍을 내 놔서 · 그가 내 친구랑 잤기 때문에 · 상처받은 과거 경험 때문에 자신이 없어서 내가 우리 관계를 다음 단계로 나아가게 할 수 없었기 때문에 · 그는 내가 자신을 잘 대해주지 않았다고 말했고, 실제로도 그래서 · 시간과 거리 때문에 · 나는 그녀에게 완전히 쓰레기였기 때문에 · 이번 선거 때문에 · 내가 **그가 날 사랑하지 않아서** 그녀에게 "우리 괜찮은 거지?"라고 물었고, 이로 인해 그녀는 최근에 약간 이상해진 것처럼 보였는데 그녀가 똑같은 질문을 다시 한 번 하면 우리는 끝이라고 말해서 · 우리는 많이 싸웠고, 몇 번의 적신호가 계속해서 나타나서 · 그가 나보다 더 나은 사람을 만나야 할 것 같아서 · 나는 도움이 필요했는데 그는……. 나는 자포자기의 상태였고, 불안했고 근심거리가 가득했거든. · 그녀가 한 개인으로서의 자신을 찾고 싶어 해서 · 그녀가 자신의 문제를 혼자서만 처리하려 하고, 함께 나누려 하지 않아서 · 그가 자신의 직업이 나의 직업과 걸맞지 않는다고 생각해서 · 내가 그녀의 친한 친구에게 점점 다른 감정이 싹트고 있다는 것을 깨닫게 되어서 · 종교가 달랐는데 그는 내가 개종하기를 원해서 · 내가 다른 여자를 임신시켜서 · 그녀가 밸런타인데이에 내게 상처를 줘서 · 우리가 서로를 사랑했을까? · 우리는 다른 사람들과는 결코 같이 있어 본 적이 없었고, 그것은 우리 나이에 너무 심각하다고 느껴져서 · 우리는 잠시 헤어져 있었는데, 내가 **예술적 차이 때문에** 내가 나이를 속여서 · 그를 내 곁에 있게 할 수 없어서 · 그는 자신의 엄마랑 사랑에 빠져 있기 때문에 · 내가 철이 없고 파티 하는 걸 너무 좋아해서. 음. 안녕, 난 21살이야 · 내가 아이를 가질 수 없어서 · 그녀가 자신의 페이스북 상태를 바꾸려 하지 않아서 · 주식시장 때문에 · 내가 수동적이어서 · 그의 아내상에 동의할 수 없어서 · 섹스 체위에 대해 서로 동의할 수 없어서 · 그가 나를 단지 주말에 바람피우는 상대로만 생각해서 · 그에게 치명적인 결점이 있어서. 상대를 잘 배려하고, 낭만적이며, 직관적이긴 하지만, 그 성질은 진저리가 나…… · 그가 우리 관계 속에 존재하지 않는 것 같아서 함께 있어도 외로워. · 그는 게이였어 · 내가 그녀에게 상처를 너무 많이 줬고, 충분히 나보다 더 나은 사람을 만날 수 있을 것 같아서 · 내가 별것 아닌 거짓말을 해서(굳이 할 필요 없는) · 내가 너무 **그가 사람들한테 내가 미쳤다고 말해서** 매달려서 · 그가 나를 두 번이나 속여서, 그것도 1년 전에 · 그가 내 것이 아닌 다른 여자의 신용카드로 그녀의 엉덩이를 건드린 것을 내가 질투해서 · 그녀가 너무 바람기가 있어서. · 그가 항상 날 무시하고, 사소한 일에 대해서도 지나치게 화를 내서. 질투도 너무 심했고. · 그가 나의 앙숙과 서로 더듬고 있어서 · 섹스가 별로여서 · 그가 헌신을 두려워해서?!? · 그의 재정 상태가 불안정해서 · 내가 위험한 사람이어서 · 아무 이유 없이

출처 : Facebook, Twitter, Google에서 "우리 헤어졌어, 왜냐하면……."이라는 어구의 검색 결과. 조사 내용에 동성애에 대한 편견이 담겨 있다면 사과드립니다.

이별 시기
페이스북에서 '이별' 단어가 등장하는 빈도

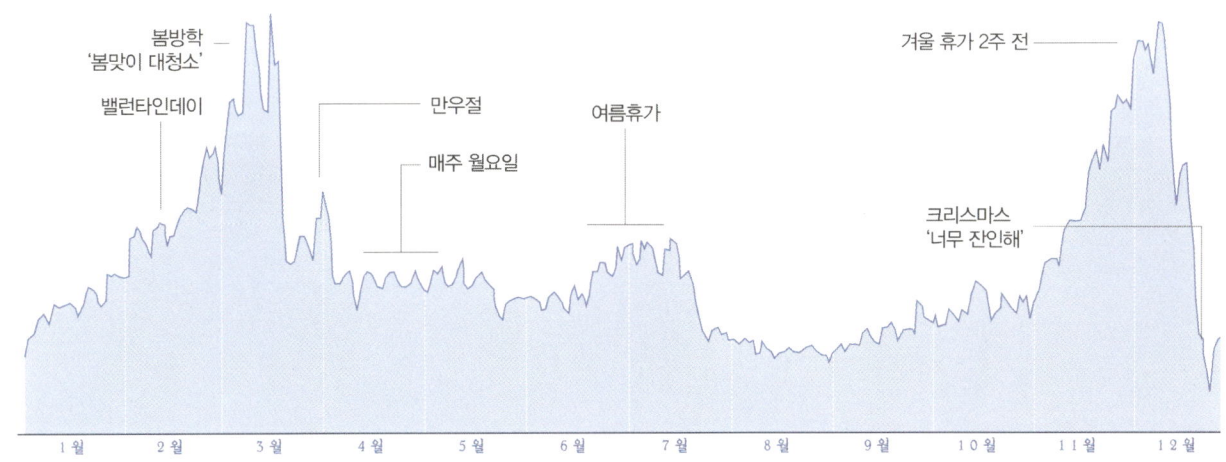

출처 : Facebook lexicon

이별 통보
커플들이 헤어질 때 가장 많이 사용하는 방법

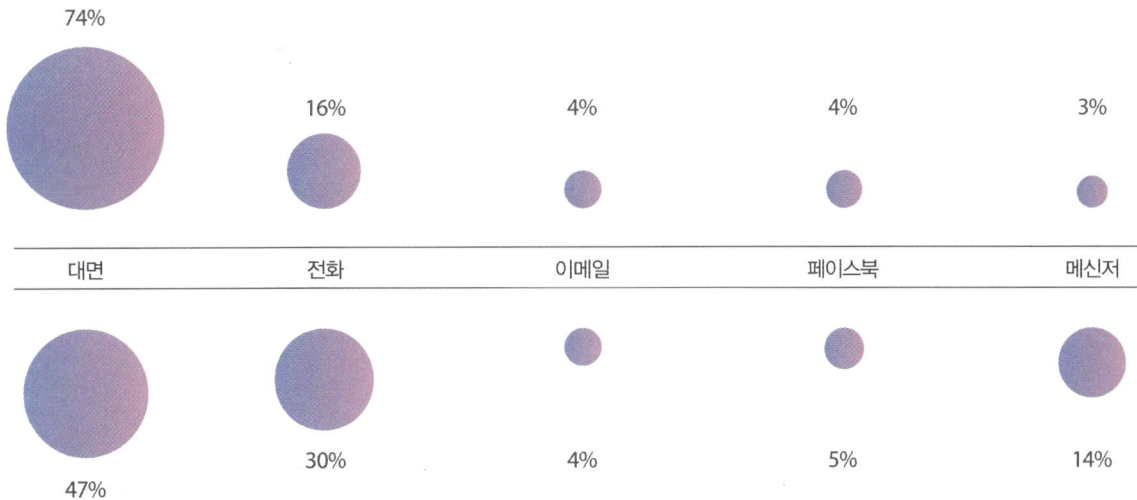

출처 : Twitter 사용자 10,000명 설문 조사 결과

빨강 vs. 파랑

과학자들은 호각지세의 두 팀이 다툴 때 빨간색 유니폼을 입은 팀이 이기는 경우가 많다는 사실을 발견했다

미식축구		미식축구			축구			축구	
샌프란시스코 포티나이너스	덴버브 롱코스	캔자스시티 치프스		테네시 타이탄스/ 휴스턴 오일러스	아스날		첼시	맨체스터 유나이티드	맨체스터 시티
핸드볼		**야구**			**아이스하키**			**럭비 리그[13인제 프로]**	
노르웨이	프랑스	LA 애너하임에인절스		토론토 블루 제이스	디트로이트 레드 윙스		콜럼버스 블루 재키츠	위건 워리어스	리즈 라이너스
럭비 유니언[15인제 아마추어]		**볼링**						**정치[영국]**	
글로스터	브리스틀	미국		유럽	공화당		민주당	노동당	보수당
					정치[미국]				

빨강
vs.
파랑

승 8
무 2
패 2

출처 : Hill & Barton(University Of Durham), Journal Of Sports Sciences(Nature에서 재인용), Wikipedia

사람의 사람 사랑
아, 참 훌륭하군

위키피디아
620만 달러

9/11 콘서트
3,500만 달러

라이브 에이드[1]
2억 8,300만 달러

자선가들

빌 클린턴은 31개 이상의 자선단체를 후원하고 있다.

미국 최고의 부자였던 워렌 버핏은 2006년에 435억 달러를 기부했다.

빌 게이츠는 매년 21억 달러를 벌어 15억 달러를 기부하고 있다.

조지 소로스는 재산의 65%를 사회적 대의를 위해 기부하고 있다.

사업가이자 뉴욕 시장인 마이클 블룸버그는 미국에서 7번째로 많은 돈을 기부하는 사람이다.

환자 지원 프로그램을 통해 33억 달러어치의 무료 처방 1,800만여 건을 지원

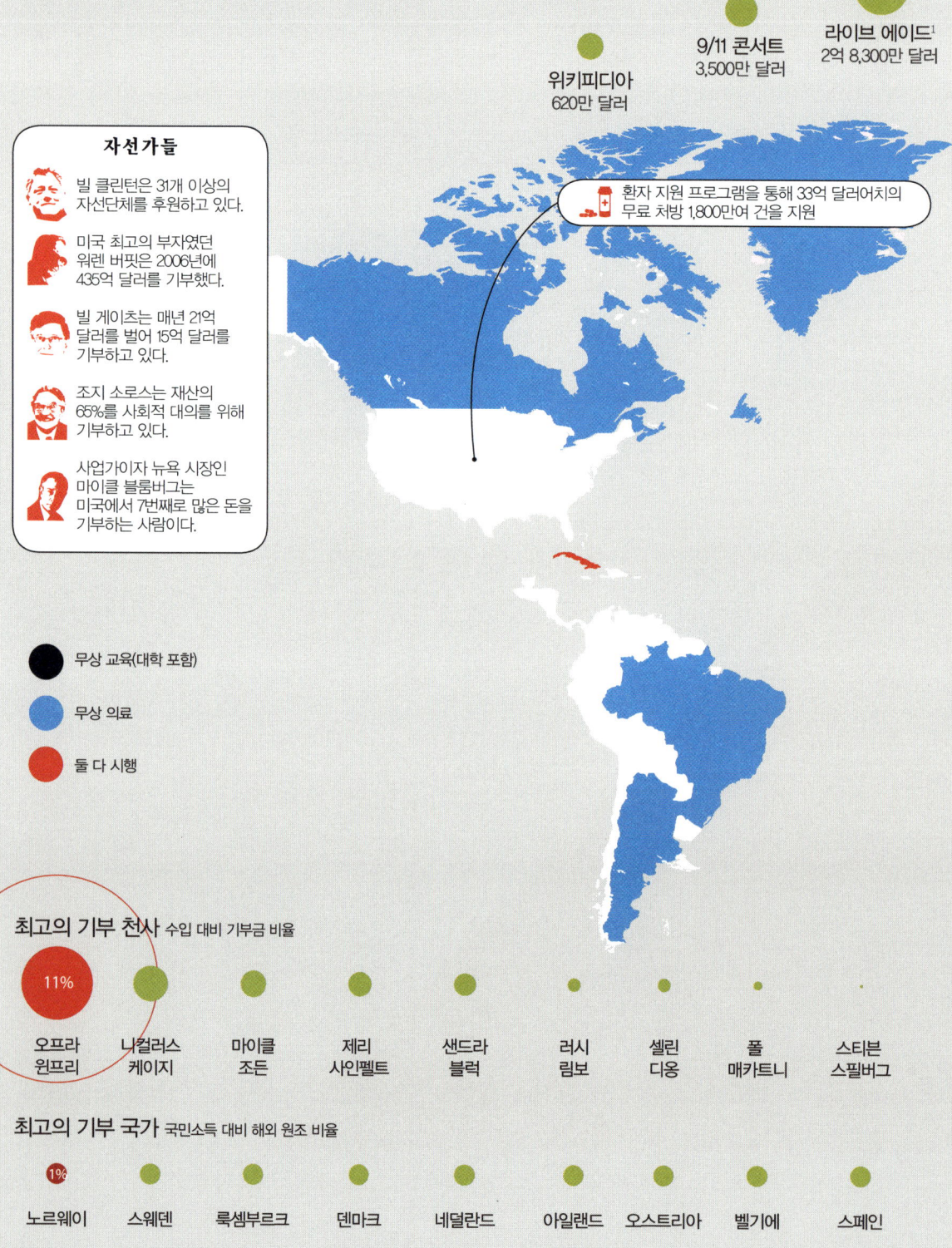

● 무상 교육(대학 포함)
● 무상 의료
● 둘 다 시행

최고의 기부 천사 수입 대비 기부금 비율

11%									
오프라 윈프리	니컬러스 케이지	마이클 조든	제리 사인펠트	샌드라 블럭	러시 림보	셀린 디옹	폴 매카트니	스티븐 스필버그

최고의 기부 국가 국민소득 대비 해외 원조 비율

1%									
노르웨이	스웨덴	룩셈부르크	덴마크	네덜란드	아일랜드	오스트리아	벨기에	스페인

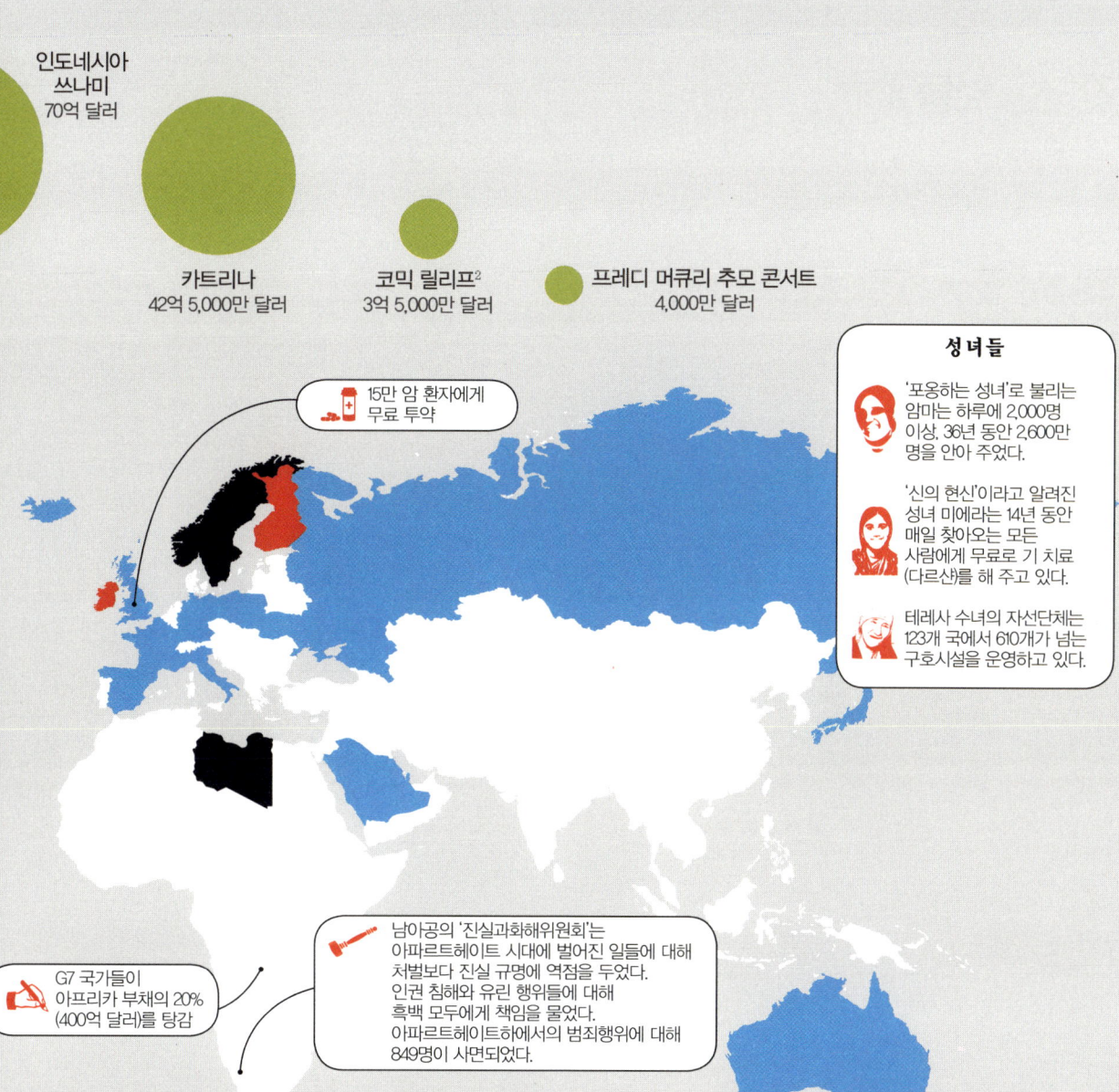

간단한 것들 II

떠나야 할 시간
법정 연차 유급 휴가 일수

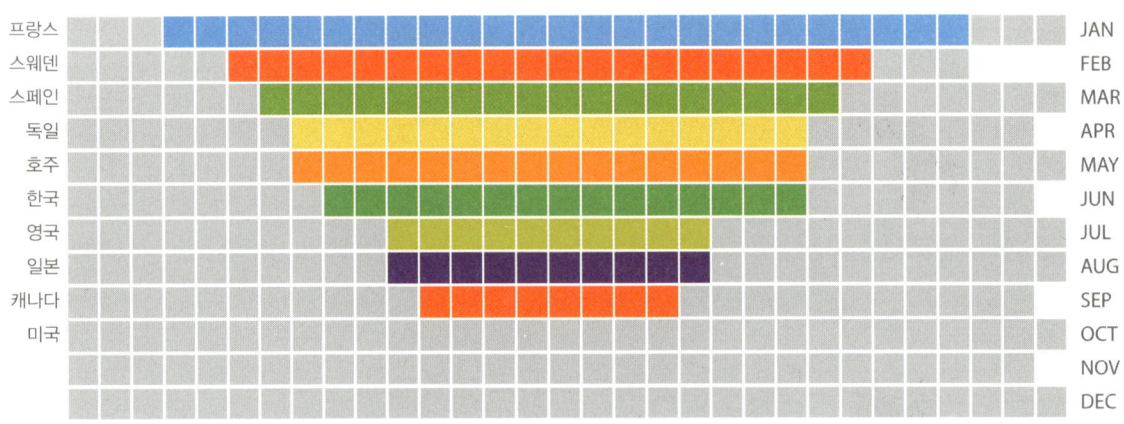

출처 : Center for Economic & Policy Research[경제정책연구센터] 2007, 대한민국 근로기준법

유죄가 부족해
잉글랜드와 웨일스의 성폭행 사건

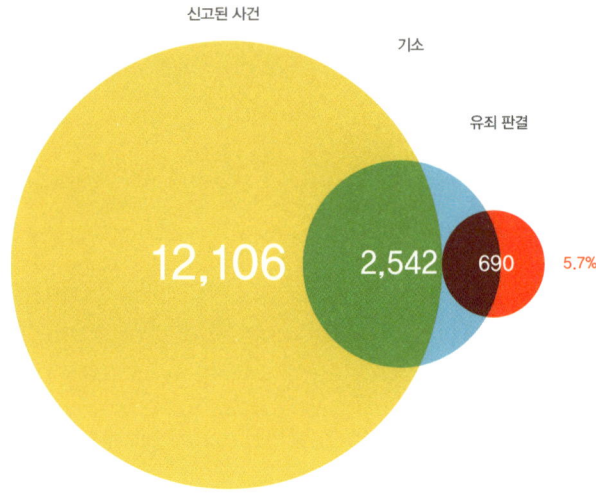

출처 : 영국 내무부, 2007년도 수치

통행량
세계인의 인터넷 대역폭 이용 현황

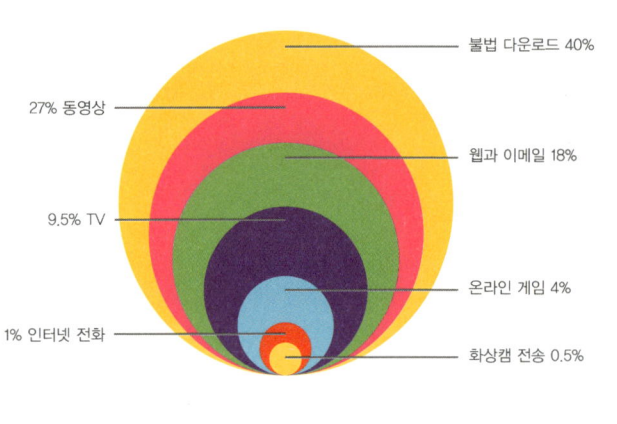

출처 : Cisco visual networking index

뚱뚱해지는 이유
몸무게에 가장 영향을 끼치는 사람은 누구?

지구를 쏴라
세계 연간 무기 판매량

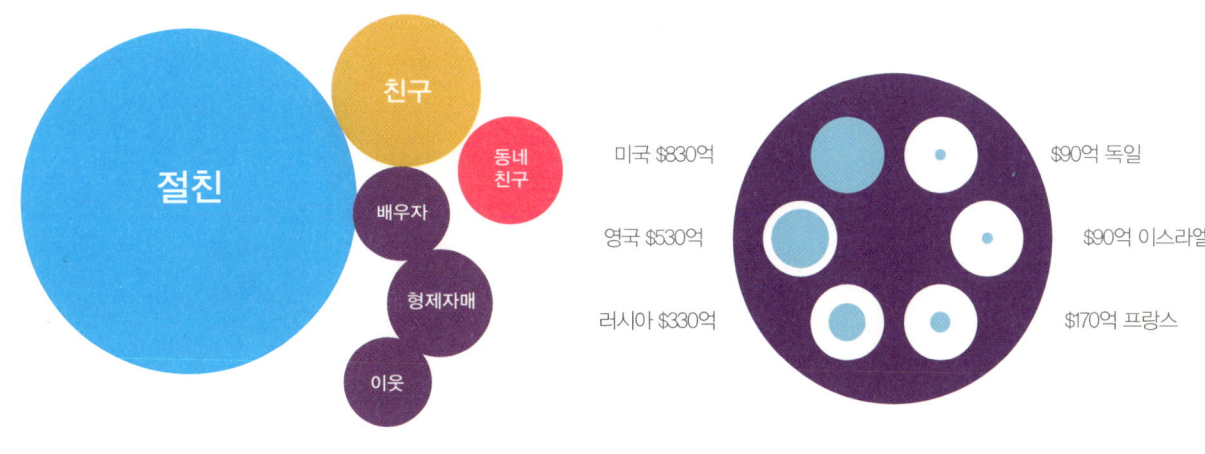

미국 $830억
영국 $530억
러시아 $330억
$90억 독일
$90억 이스라엘
$170억 프랑스

출처 : N. Fowler와 J. Christakis의 N. England Journal Of Medicine 발표
(New Scientist에서 재인용)

출처 : Guardian.co.uk

지구온난화 때문에
언론 보도들이 말하는……

기후변화 알래스카 지형 변화, 떡갈나무 고사, 오존층 복구가 느려짐, 엘니뇨 현상의 강화, 멕시코만류의 흐름이 끊김, 새로운 섬들, 가라앉는 섬들, 녹아내리는 알프스, 토석류, 화산 폭발, 침하, 들불, 지진, 쓰나미 **동물** 식인 북극곰, 뇌를 갉아먹는 아메바, 공격적인 코끼리, 퓨마의 습격, 힘이 세진 연어, 번성하는 로빈새, 상어의 공격, 혼란에 빠진 새들 **지구!** 날이 어두워짐, 자전 속도가 느려짐, 자전 속도가 빨라짐, 지축이 흔들림, 폭발 **사회** 몰려드는 이민, 자살, 사창가 수익 감소, 내정 불안, 세금 증가, 십대 음주, 조기 결혼, 무너지는 도로, 휘어지는 철로, 교통 체증 **먹을거리** 치솟는 가격, 신 포도, 망하는 가게, 메이플 시럽 부족, 쌀 부족, 맥주 부족! **나무들!** 성장 증대, 성장 저하, 더 화사해짐, 덜 화사해짐 **건강** 개의 질병, 콜레라, 흑사병, 공항말라리아, 천식, 백내장, 작아지는 뇌, 에이즈, 심장 질환, 우울증 **감소** 말코손바닥사슴, 거위, 오리, 코뿔바다오리, 코알라 **대폭 감소** 크릴새우, 물고기, 빙하, 남극 얼음, 얼음 벌판, 눈사태, 산호초 **산** 낮아짐, 높아짐, 꽃이 만발, 붕괴 **습격** 고양이, 바랭이, 말벌, 딱정벌레, 깔따구, 바퀴벌레, 가오리, 바다코끼리, 거대 비단뱀, 커다란 굴, 대왕오징어 **더 많은 건강 문제** 살모넬라균, 신장 결석, 불안, 소아불면증, 동상, 졸도, 피부염, 발열, 뇌염, 할례의 감소, 설사, 뎅기열, 황열병, 웨스트나일열, 고초열 **기타** 마녀사냥, 바이올린 품질 저하, 죽음의 콘플레이크, 멕시코 타바스코 주의 비극, 서양송로버섯의 부족, 썩은 토마토, 패션의 재앙, 사탕 과자로 만든 집이 무너져 내린다. 매머드의 배설물이 녹아서 드러난다. UFO 목격, 망고 흉작 **재앙!** 지루함, 새로운 빙하기, 식인, 사회 붕괴, 얼어붙어 있던 원시 바이러스들의 재등장, 폭동과 핵전쟁, 컴퓨터 시뮬레이션, 테러리즘, 가속화된 진화, 러시아와 갈등. 수십 억의 죽음, 우리가 익히 아는 바대로 세상의 종말

출처 : 미국과 영국의 언론 보도들(numberswatch.co.uk에서 재인용)

한국인의 평생
어떻게 보낼까?

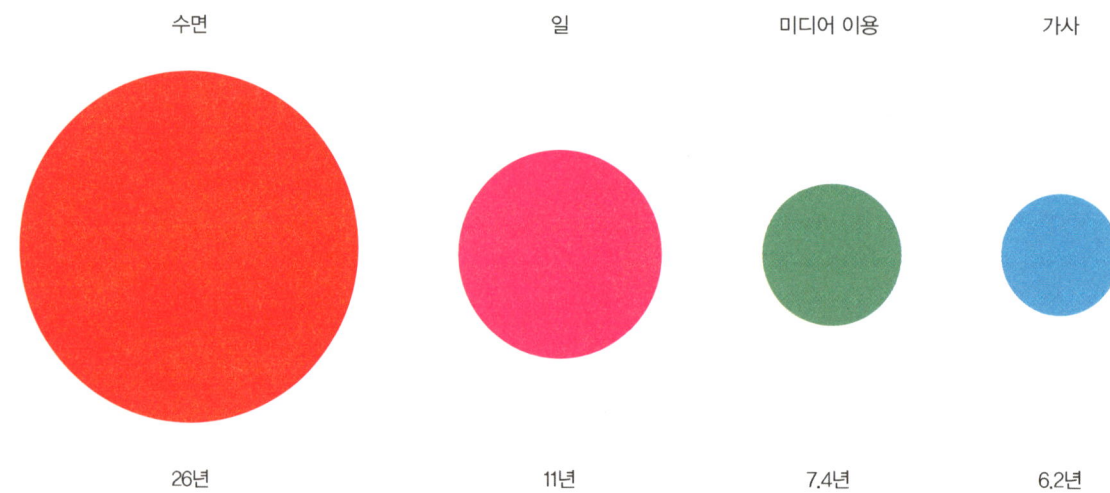

가시 스펙트럼
우주의 구성에 관한 현재의 추정치   암흑에너지 // 암흑물질 // 은하간 가스 // 일반 물질(항성, 행성, 인간 등)

비가시

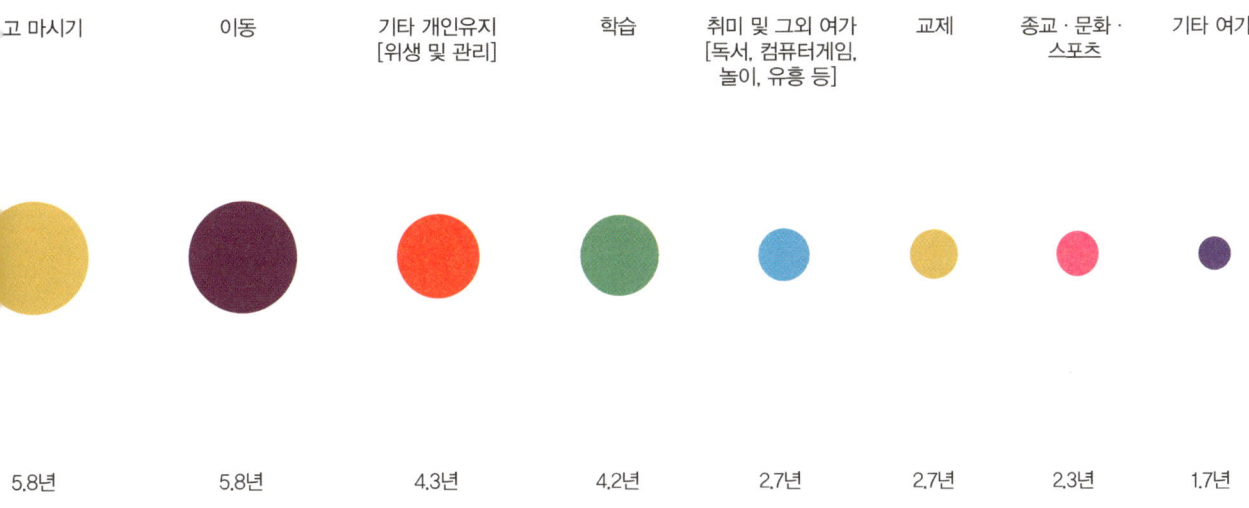

고 마시기	이동	기타 개인유지 [위생 및 관리]	학습	취미 및 그외 여가 [독서, 컴퓨터게임, 놀이, 유흥 등]	교제	종교·문화· 스포츠	기타 여가
5.8년	5.8년	4.3년	4.2년	2.7년	2.7년	2.3년	1.7년

출처: 「2009년 생활시간조사 결과」, 대한민국 통계청[수명을 80세로 가정]

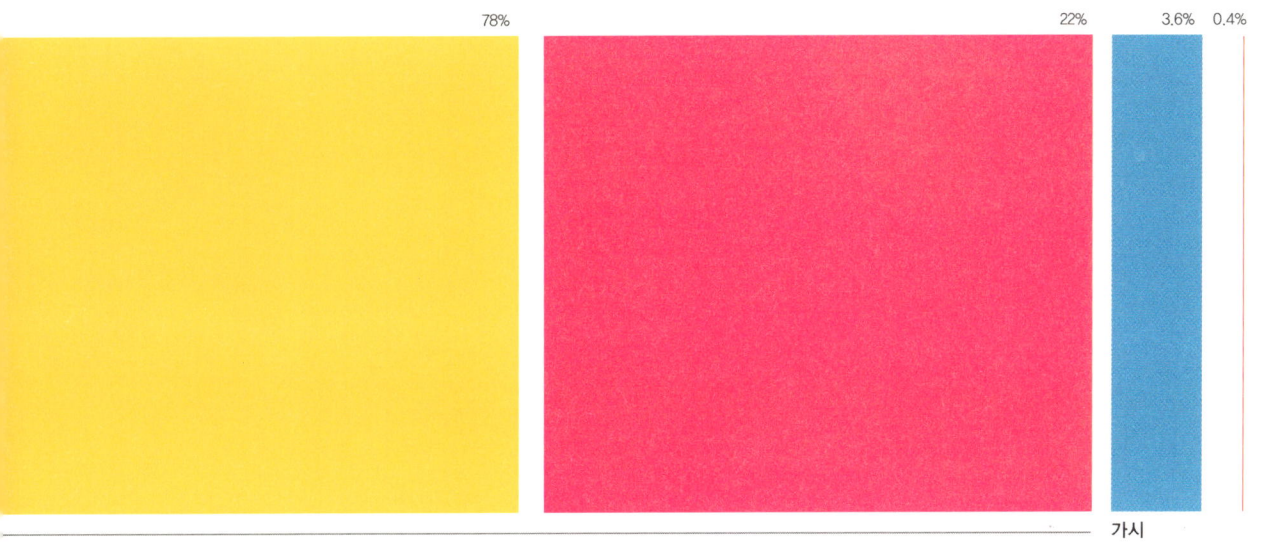

78% 22% 3.6% 0.4%

가시

출처 : Wikipedia

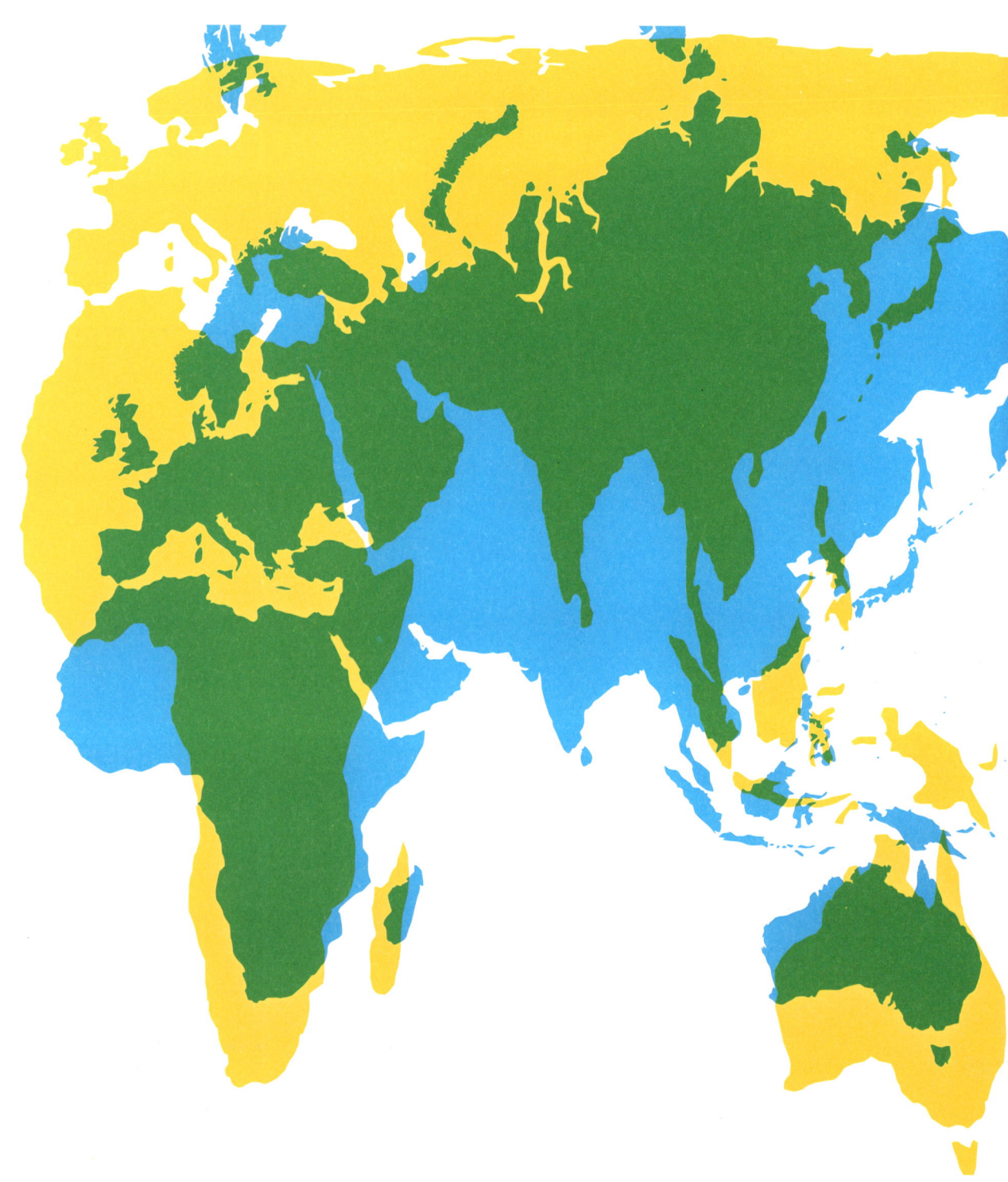

페터스 투영도법
대륙의 실제 크기

표준 메르카토르 세계지도는 적도에서 멀어질수록 나라들의 크기가 부풀려진다. 그래서 많은 개발도상국들(특히 아프리카 대부분)의 크기가 실제보다 훨씬 작게 나타난다. 페터스 투영도법은 이것을 바로잡는다.

출처 : Wikipedia

대체 의학
보완 치료의 과학적 근거

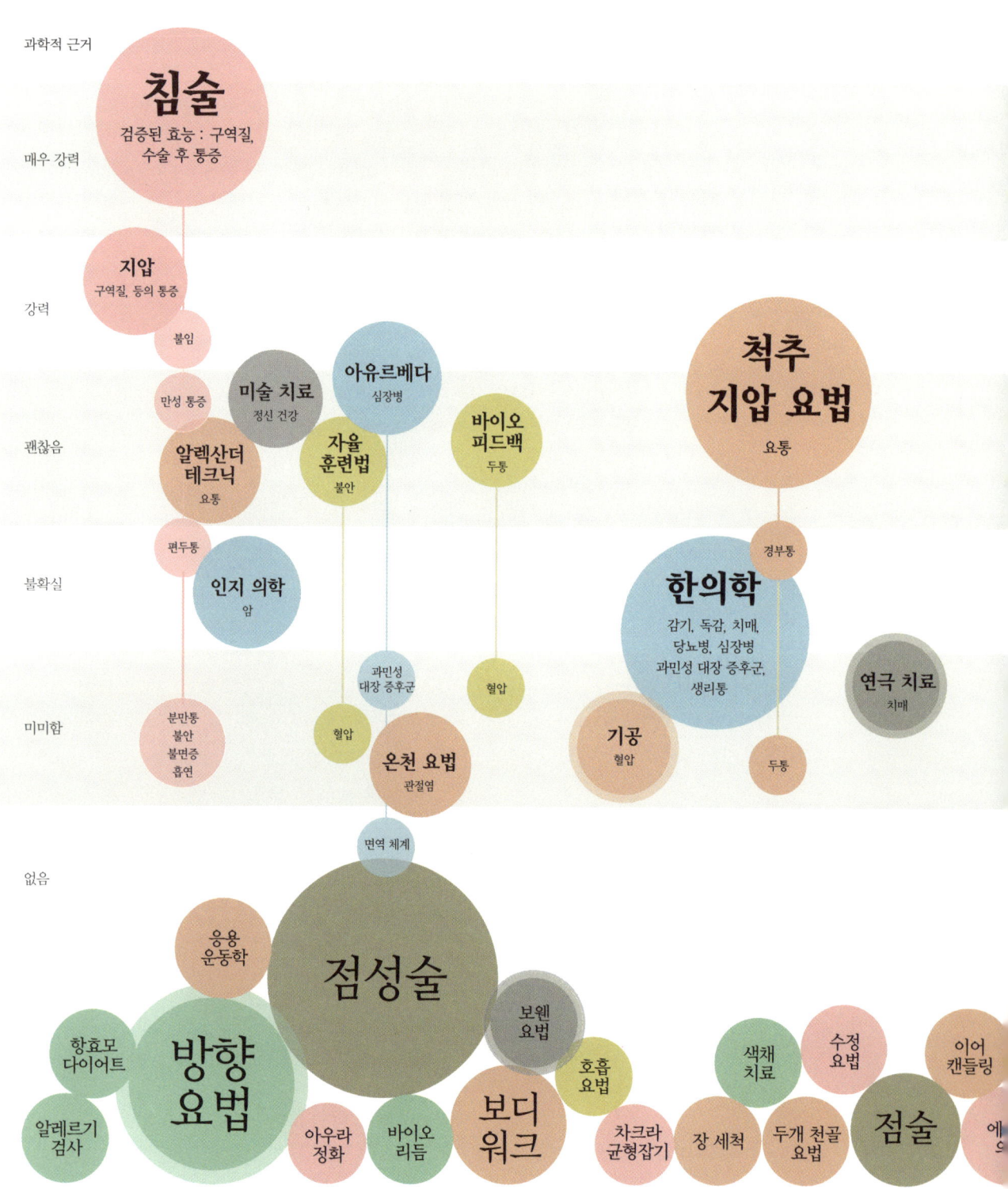

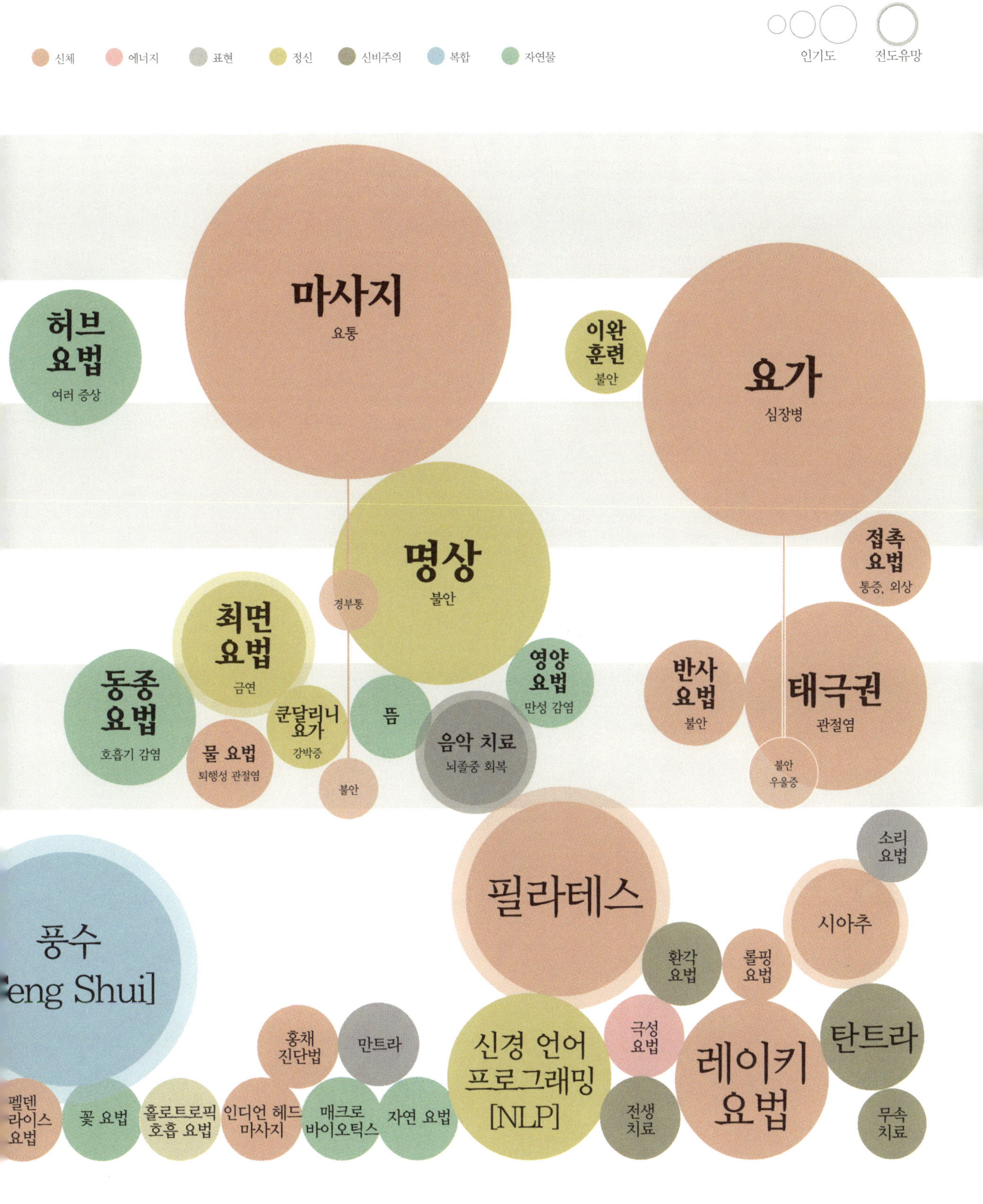

출처 : Cochrane.org 및 기타 영어권 연구 결과(Pubmed.org에서 재인용)

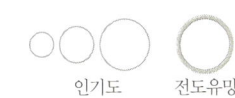

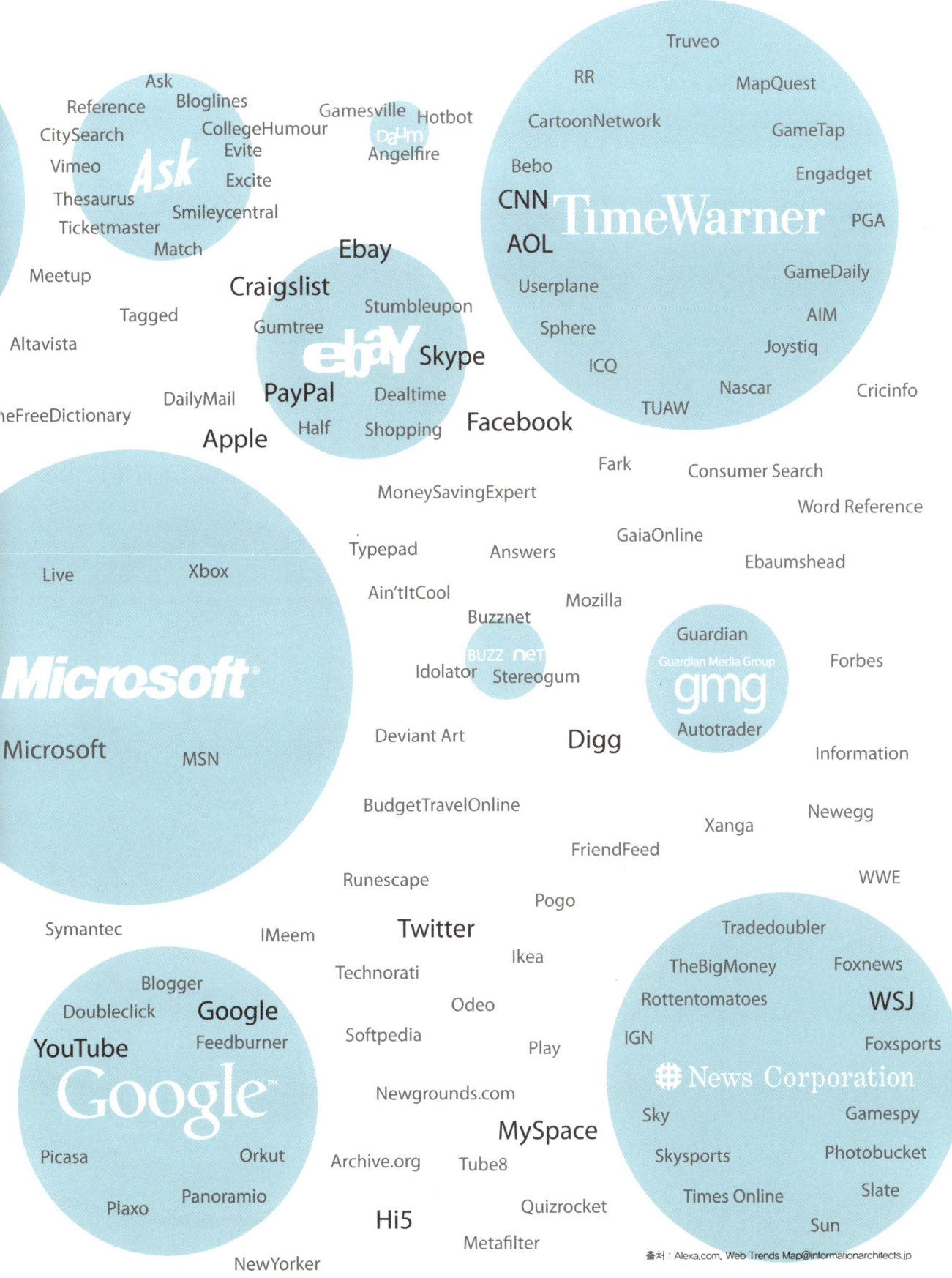

방어기제
심리 치료가 당신을 보는 방식

흔히 나타나는 문제
분노, 자기파괴적 행동, 중독, 새도매저키즘, 열등감, 낮은 자존감, 자신이 가치 없다는 느낌.
"난 사랑받을 자격이 없어."

흔히 나타나는 문제
분노, 감정적인 능력이 떨어짐. 인간관계에 어려움. 수동적인 태도, 감정의 붕괴.
"아무도 날 사랑하지 않을 거야."

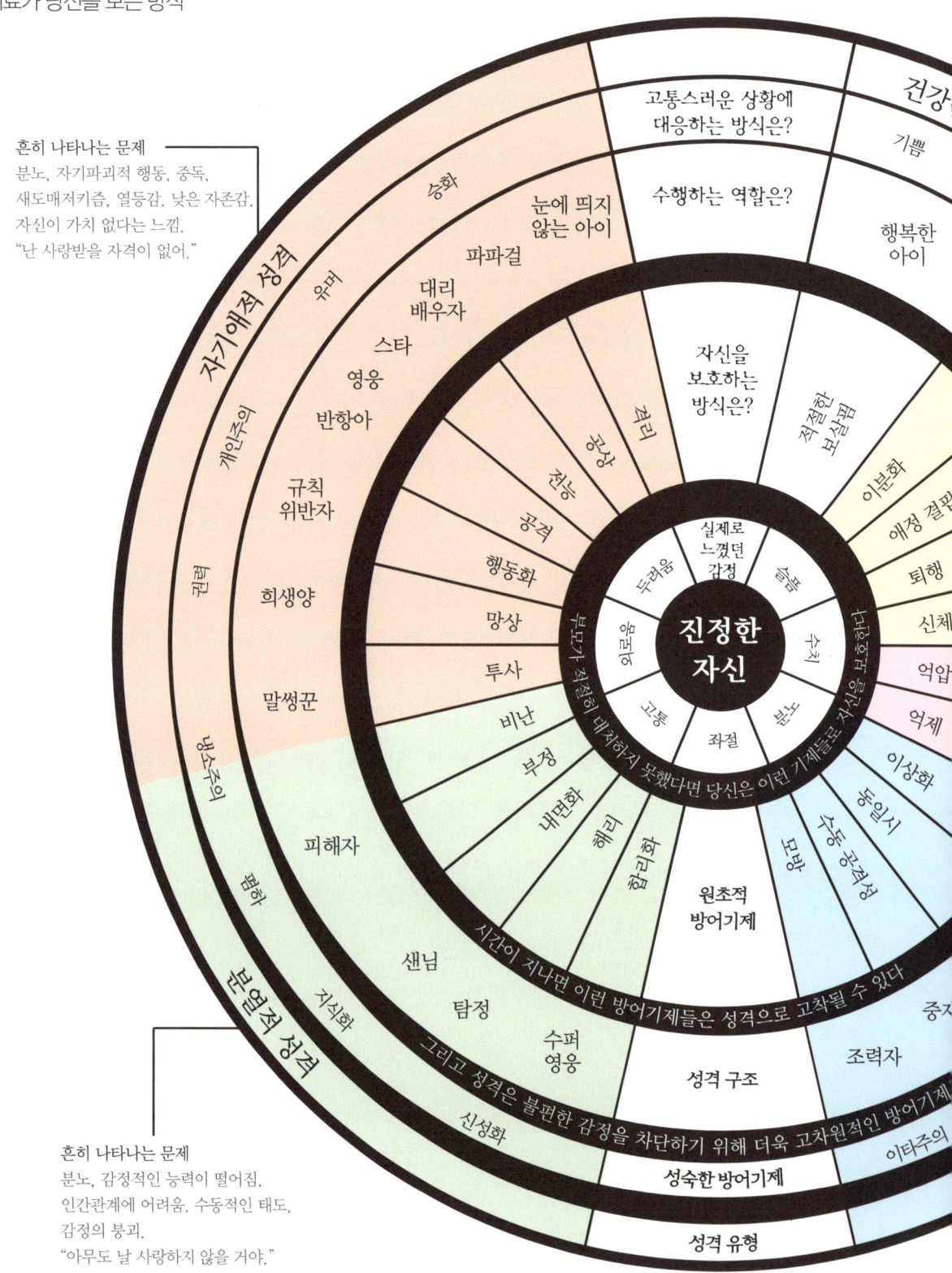

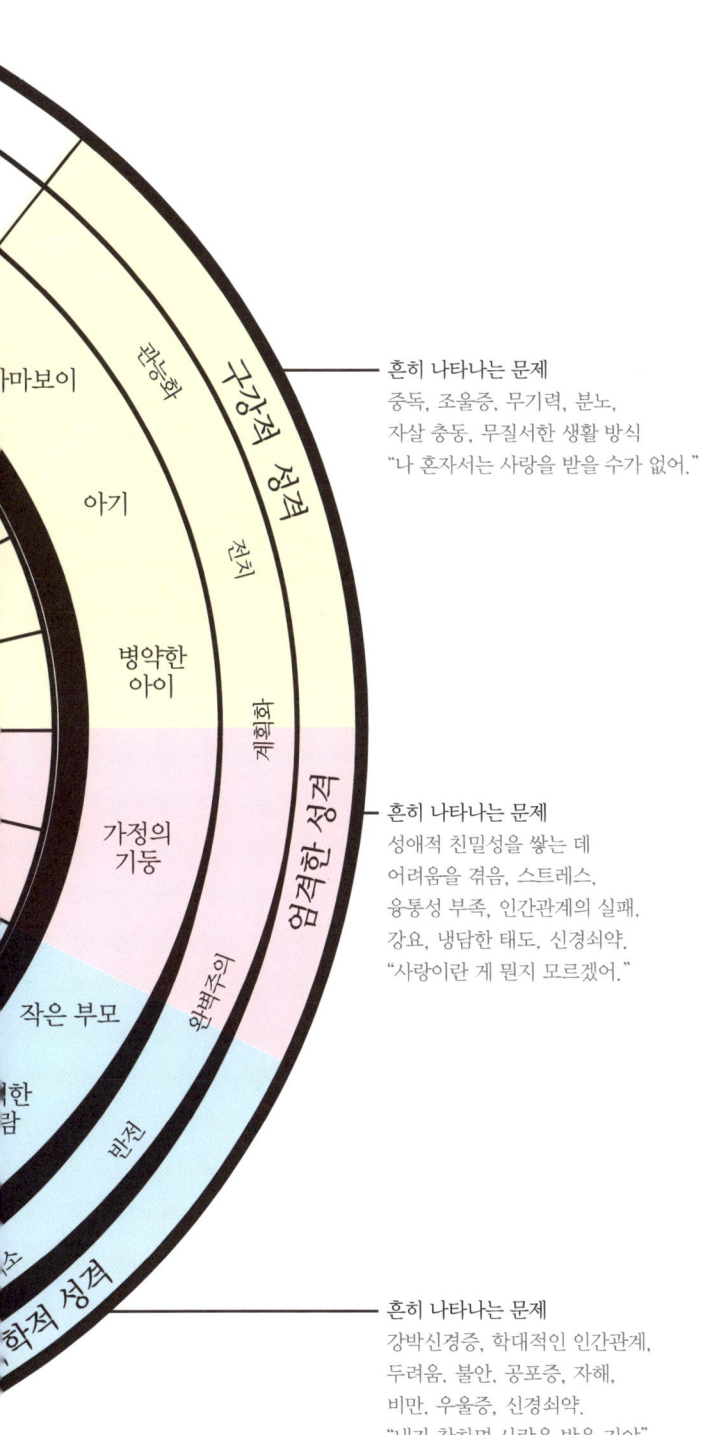

흔히 나타나는 문제
중독, 조울증, 무기력, 분노,
자살 충동, 무질서한 생활 방식
"나 혼자서는 사랑을 받을 수가 없어."

흔히 나타나는 문제
성애적 친밀성을 쌓는 데
어려움을 겪음, 스트레스,
융통성 부족, 인간관계의 실패,
강요, 냉담한 태도, 신경쇠약.
"사랑이란 게 뭔지 모르겠어."

흔히 나타나는 문제
강박신경증, 학대적인 인간관계,
두려움, 불안, 공포증, 자해,
비만, 우울증, 신경쇠약.
"내가 착하면 사랑을 받을 거야."

원초적 방어기제

행동화
행동으로 표출

공격
공격하기

비난
남을 탓함

망상
스스로를 기만

부정
일어나지 않은 일로 생각

해리
무감각해짐

왜곡
입맛에 맞게 현실을 짜 맞춤

모방
자기가 아는 것을 흉내 냄

공상
다른 세계로 도피

이상화
타인을 과도하게 숭배

동일시
공통점을 만듦

내면화
모든 것을 안에 담고 참음

격리
감정을 자신에게서 분리시킴

애정 결핍
타인에게 지나치게 의존함

전능감
전능하고 약점이 없다고 믿음

수동적 공격성
간접적이고 은폐된 공격

투사
자신의 감정을 남의 탓으로 돌림

퇴행
미성숙한 상태로 돌아감

합리화
그럴듯한 핑계를 댐

억압
무의식적으로 억누름

신체화
육체적인 병으로 드러남

이분화
선/악, 사랑/미움

억제
의식적으로 억누름

성숙한 방어기제

이타주의
선행으로 극복

냉소주의
만사가 다 글러먹었어

폄하
별 문제 아냐

전치
엉뚱한 데 화풀이

관능화
섹스에서 안정을 찾음

유머
농담으로 받아넘김

개인주의
충동이나 욕망을 긍정함

지식화
안전한 개념으로 만듦

완벽주의
다시는 실수를 하지 않겠다

계획화
체계에서 안정을 찾음

권력
모든 것을 통제하려 듦

반전
실제 감정과 반대로 행동

신성화
모든 것은 신의 뜻

승화
예술로 승화

취소
잘못에 대한 끊임없는 보상 행위

출처 : Freud, Heinz Kohut, John Bradshaw, 그리고 A. H. Almaas의 저작

방어기제
심리 치료가 작용하는 방식

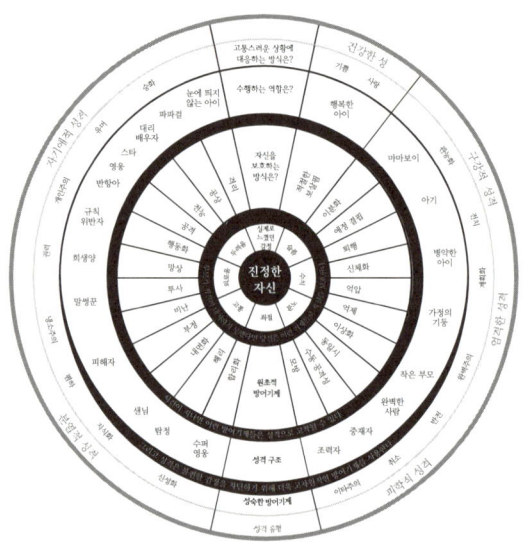

치료자와 서서히 신뢰 관계와 친밀감을 쌓아 간다. 그 결과 환자는 감정의 위협 없이 자기 탐구를 해 나갈 수 있게 되며 궁극적으로 가장 외부의 방어기제들을 여는 법을 배우게 된다

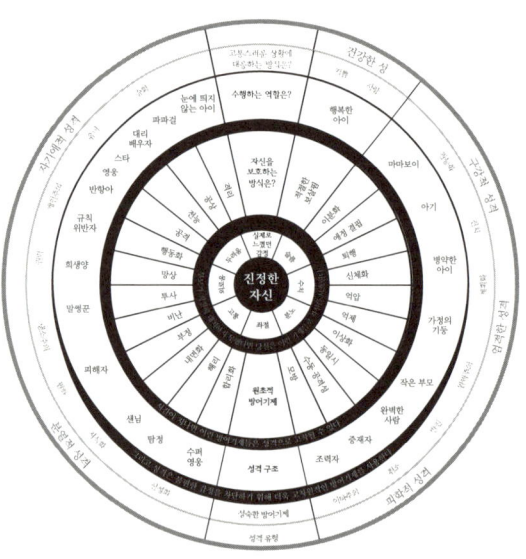

자신의 인생을 되돌아보며 치료자와 함께 천천히 어린 시절부터 삶에서 겪은 상황들과 관계들을 다시 경험한다. 이러한 방식으로 그 경험들을 성인의 의식과 이해력으로 다시 볼 수 있게 된다.

심리 치료의 몇 가지 유형과 대상 영역

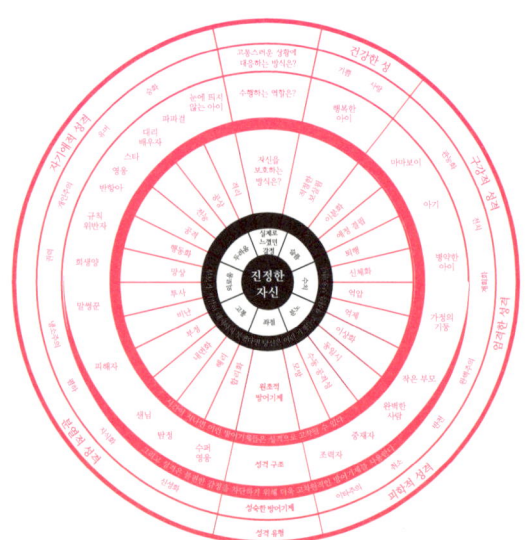

정신분석 (아마도 '잊혀졌을') 유년 시절의 사건들과 현재 겪고 있는 심리적 장애와 스트레스 사이의 관련성을 탐구한다. 자유로운 대화는 몽상, 느낌, 꿈, 기억 등을 보다 쉽게 떠오르도록 한다.

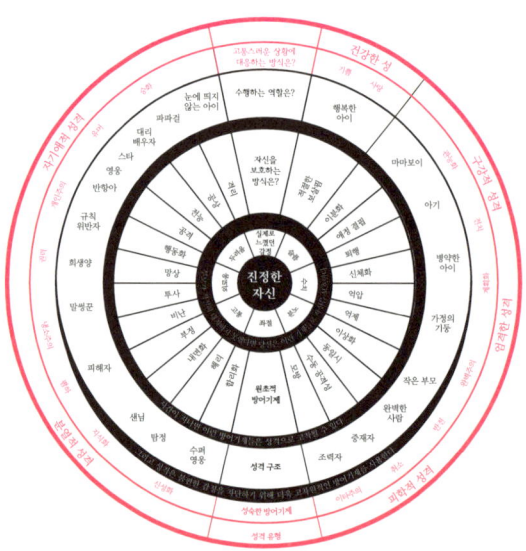

인지 행동 치료 잘못된 생각과 믿음과 억측 들이 어떻게 사태에 대한 잘못된 해석을 불러일으켜 부정적인 감정과 행동 방식으로 나타나게 되는지를 보여 주고 이해하게 한다.

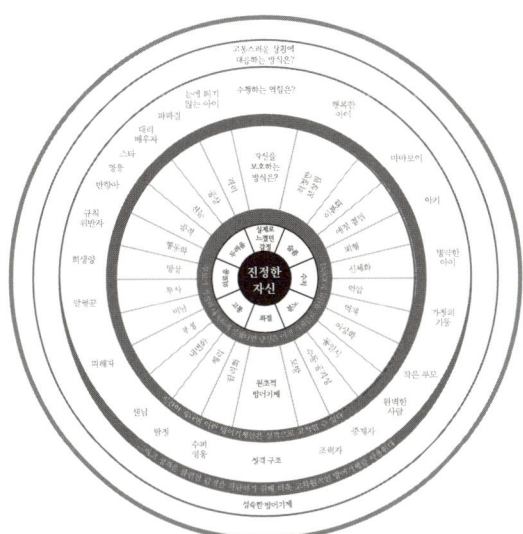

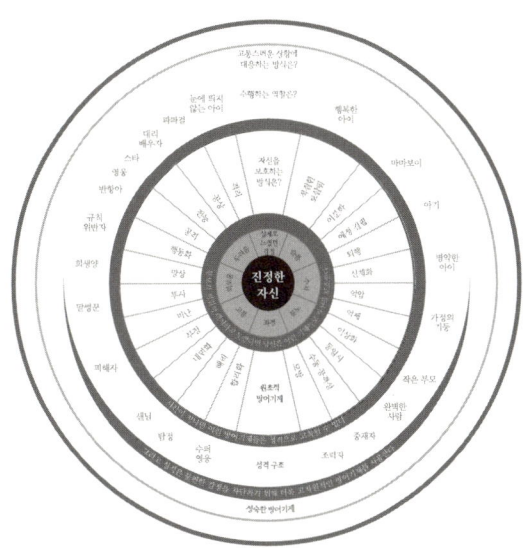

경험들이 다시 느껴지고 음미되고 이해되고 해명되면, 당시에는 느낄 수 없었던 힘들고 견딜 수 없었던 감정들을 느낄 수 있게 된다. 더 심층에 있는 장벽과 저항 들이 드러난다.

그런 감정들을 반복해서 느끼면서 그것들을 이해하고 견디어 내고 처리하는 법을 배운다. 모든 방어기제들 뒤에 있는 '진정한 자신'을 느낄 수 있게 된다. 실제로 변화한 것은 아무 것도 없다. 방어기제들은 모두 여전히 남아 있다. 단지 전보다 자신이 덜 막혀 있다고 느끼고 더 '투명'해졌을 뿐이다.

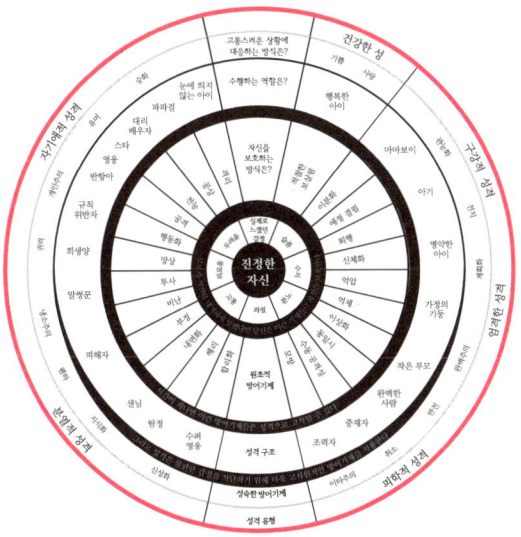

항우울제 치료 정기적으로 약물을 복용하여 우울증, 불안 및 여타 심리 장애 증상과 정신적 고통의 강도를 약화시킨다.

출처 : Wikipedia, psychotherapy.org.uk

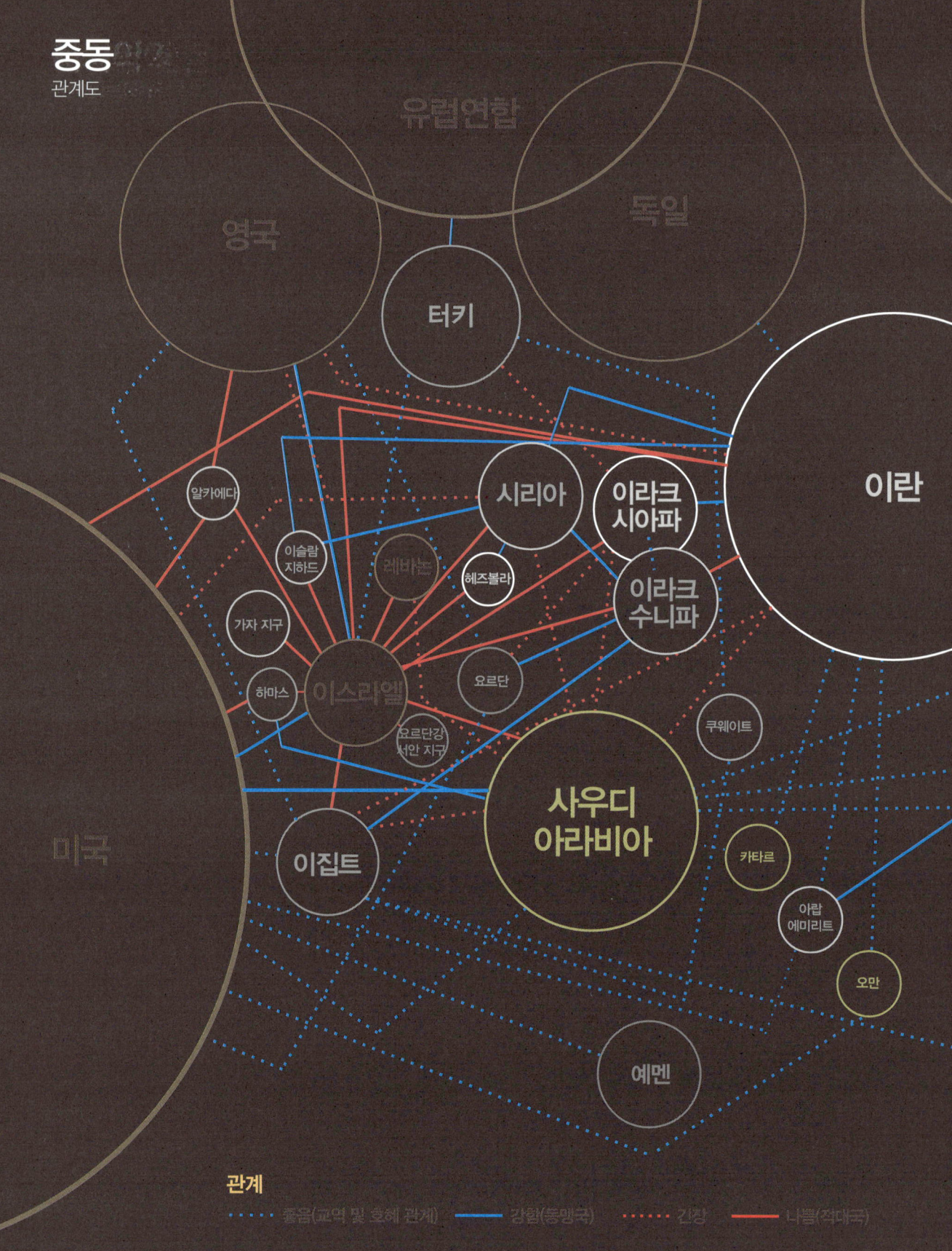

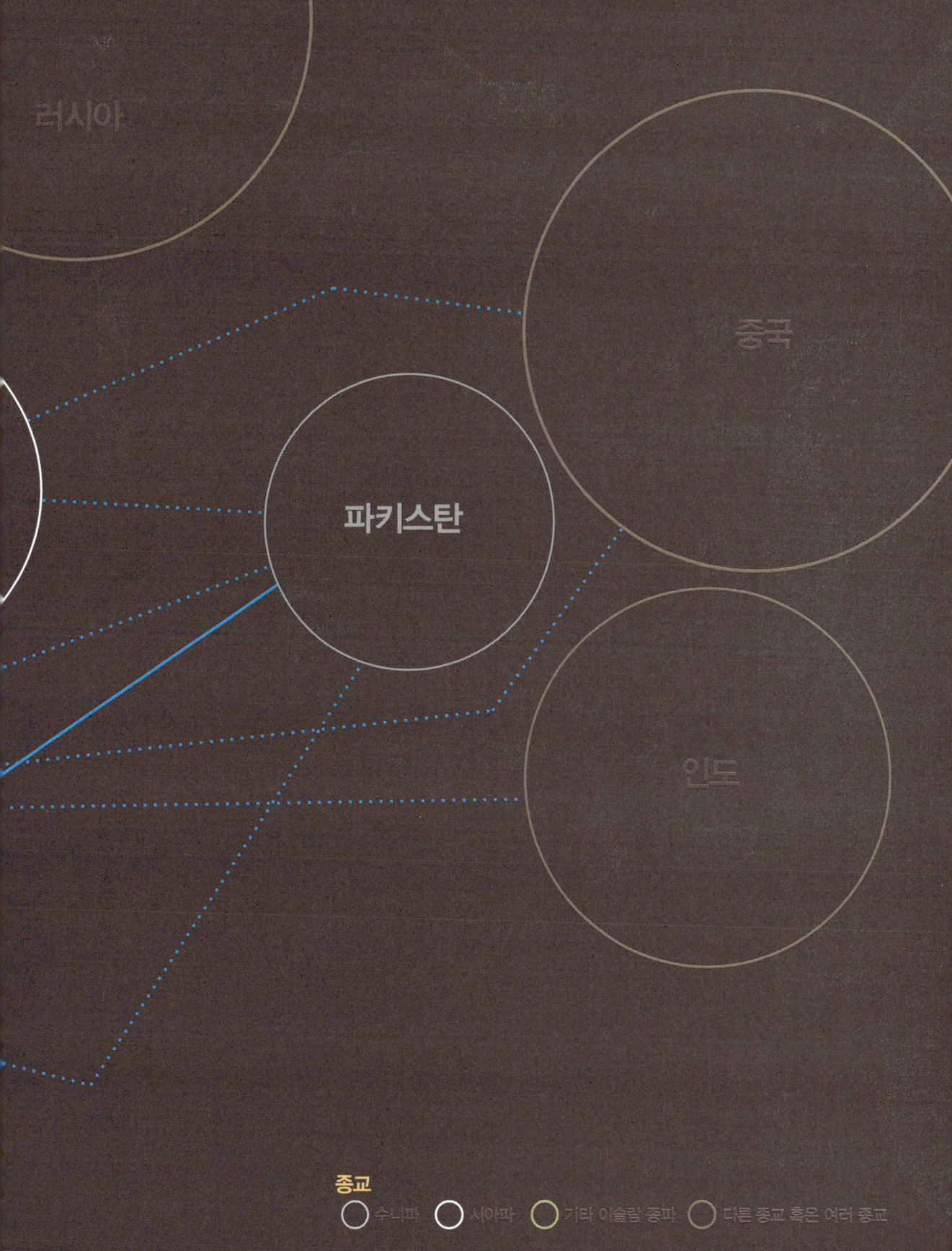

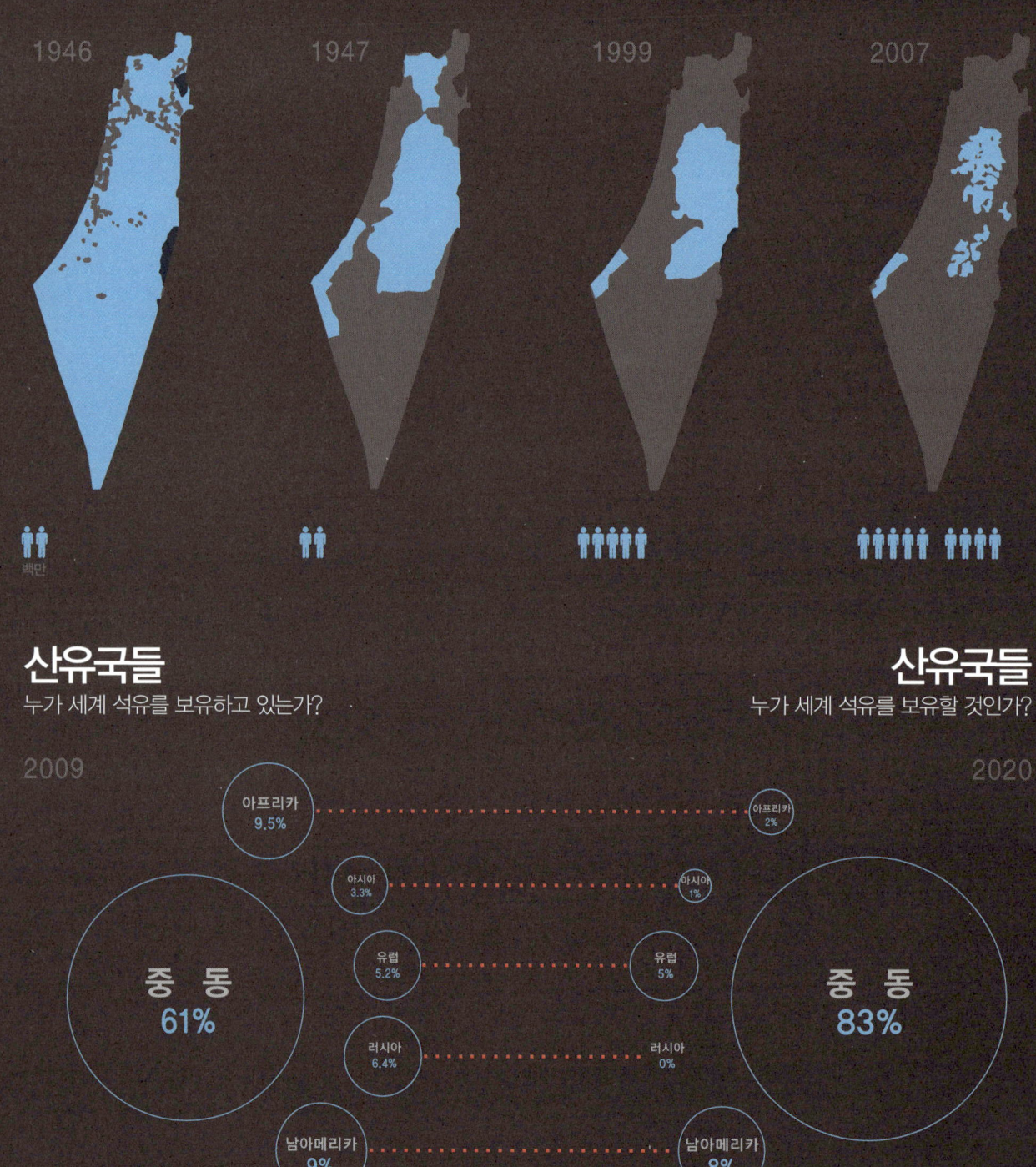

에너지의 미래
예상해 보자

바이오 연료 – 식물에서 얻은 바이오 연료로 미국 전체의 석유 소비량을 대체하려면 지구상의 모든 경작 가능 지대의 4분의 3이 필요할 것이다.

화석연료 – 부산물 : 이산화황, 일산화탄소, 메탄가스, 납과 우라늄 같은 유독성 금속. 이산화탄소도 물론.

지열발전 – 지표면 아래의 자연 열을 뽑아 쓰는 것은 이점이 많고 공해도 없다. 아이슬란드는 에너지의 20%를 이 방식으로 얻고 있다. 하지만 지진을 조심해야 한다!

인간 전지 – 인력을 먹이는 데 필요한 음식의 에너지양은 인력으로 산출되는 에너지양보다 크다.

수력발전 – 댐에는 한계가 있을 수밖에 없다. 댐을 지을 장소들은 제한되어 있다. 공간도 거의 없어지고 있다.

수소에너지 – 현재 수소의 96%는 화석연료를 사용하여 만든다.

핵분열 – 원자력을 통해 세계 전력 수요를 충족시키려면 2,230개 이상의 원자력발전소가 필요하다. 지금 439개 발전소가 작동 중이다. 원자력발전소를 건설하는 데 5∼10년이 걸린다.

핵융합 – 태양의 중심부에서 열을 발생시키는 원리를 재현하는 기술이다. 핵분열보다 핵폐기물이 훨씬 적게 나온다. 하지만 아무도 그걸 어떻게 할지를 해결하지 못했다. "적어도 50년 뒤의 이야기다."

태양에너지 – 태양력으로 현재 미국 전체의 전기 생산량을 대체하려면 약 3,500제곱마일 넓이의 땅 (애리조나 주 면적의 3%)에 태양 전지판이 깔려야 한다. 세계 대부분의 지역에서 태양 전지판이 가정용 온수 난방 수요의 85%를 떠맡게 될 것이다.

조력발전 – 여러 의문점이 있다. 대부분 환경과 생물 다양성에 끼치는 영향에 관한 것이다.

풍력발전 – 풍력발전기들이 미국 면적의 약 0.5%를 덮어야 미국 전역에 전력을 공급할 수 있을 것이다. 대략 5메가와트급 풍력발전기가 7만 3,000개에서 14만 4,000개 정도 되어야 모든 미국민의 전기 자동차에 전력을 공급할 수 있다.

출처 : Wikipedia, USGS(미국지질조사소)

가장 성공한 록 밴드들
진정한 록의 성공은 음반 판매량과는 무관

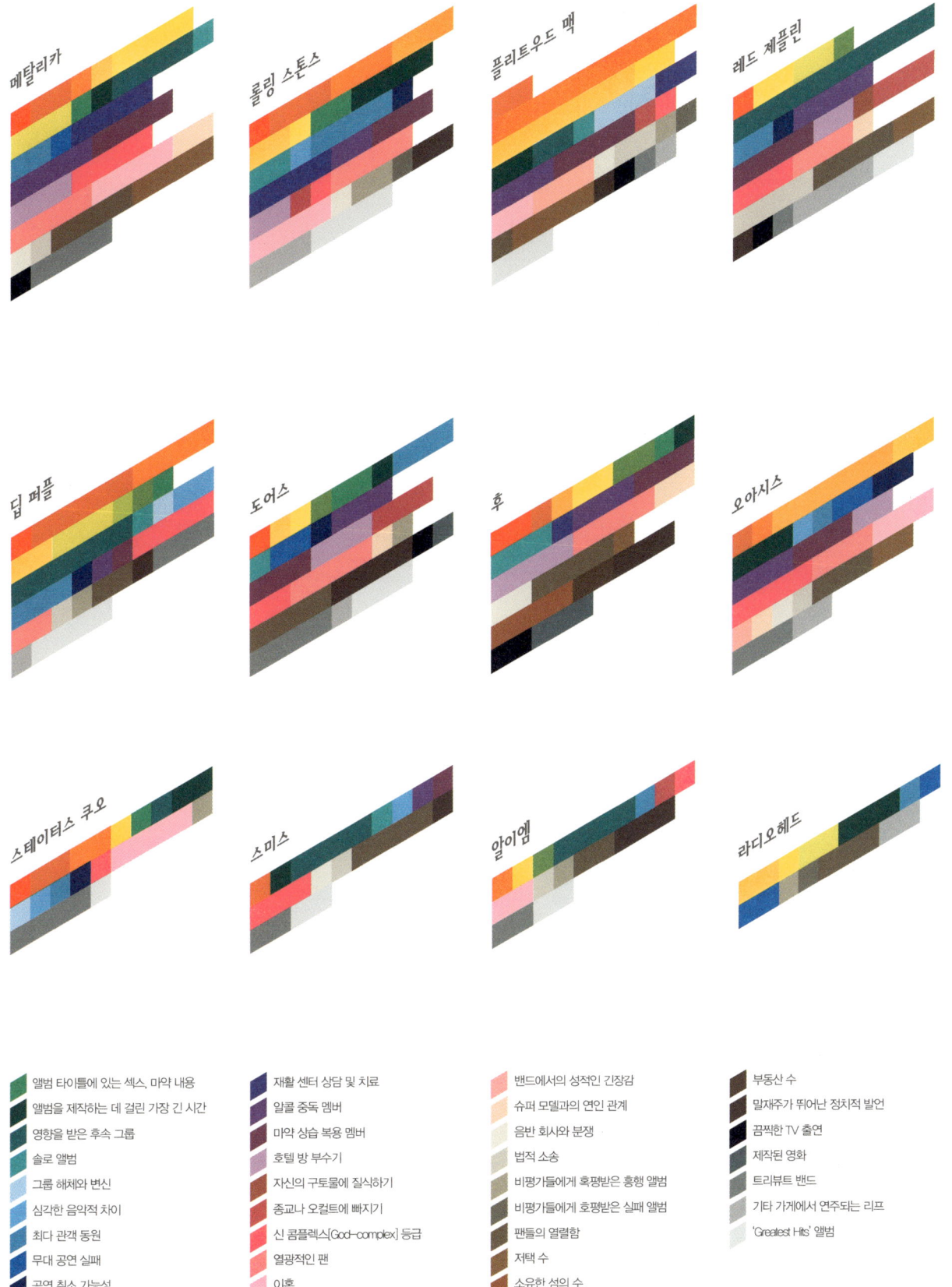

22가지 이야기

물 밖에 나온 물고기 주인공이 완전히 낯선 장소/시간/세계에 대처하려 한다.
〈미스터 빈〉, 〈대역전〉

발견 큰 역경을 겪은 주인공은 자신과 인생에 대해 더 잘 이해하게 된다.
〈미지와의 조우〉, 〈벤허〉

탈주 주인공은 적대적인 힘들의 덫에 걸렸다. 재빨리 달아나야 한다!
〈포세이돈 어드벤처〉, 〈쏘우〉

여행과 귀환 주인공이 어디론가 여행을 떠나 변화를 겪고 돌아온다.
〈오즈의 마법사〉, 〈스타워즈〉

유혹 주인공이 선과 악 사이에서 도덕적인 선택을 해야 하는 상황에 처한다.
〈대부〉, 〈스팅〉

가난뱅이에서 부자로 가난한 주인공이 부자가 된다.
〈대역전〉, 〈라비 앙 로즈〉

수수께끼 주인공은 퍼즐이나 범죄를 해결해야 한다.
〈다빈치 코드〉, 〈차이나타운〉

변신 주인공이 문자 그대로 다른 것(늑대 인간, 헐크, 거대 바퀴벌레 등)으로 변신한다.
〈스파이더맨〉, 〈피노키오〉

구출 주인공이 물리적, 혹은 감정적 함정에 빠진 인물을 구해야만 한다.
〈황금 나침반〉, 〈다이 하드〉

비극 주인공은 치명적인 성격상의 결점이나 통제할 수 없는 힘에 의해 파멸한다.
〈뻐꾸기 둥지 위로 날아간 새〉, 〈어톤먼트〉

사랑 한 쌍의 남녀가 만나 장애를 극복하고 진정한 사랑을 발견한다. 혹은, 비극적으로 실패한다.
〈타이타닉〉, 〈그리스〉

괴물적인 힘 괴물/외계인/무섭고도 초자연적인 존재와 싸워 이겨 낸다.
〈조스〉, 〈엑소시스트〉

복수 주인공이 실제, 혹은 마음속의 상처를 준 사람에게 복수한다.
〈배트맨〉, 〈킬빌〉

변화 주인공이 일련의 사건들을 통해 한 인간으로서 변화를 겪는다.
〈프리티 우먼〉, 〈뮤리엘의 웨딩〉

성숙 주인공은 자신을 성숙하게 하는 경험을 하거나 인생의 새로운 단계에 주로 성인으로서의 삶을 시작한다.
〈졸업〉, 〈주노〉

추적 주인공이 대개 숨바꼭질식으로 사람이나 물건을 쫓아야 하는 상황에 놓인다.
〈007 골드핑거〉, 〈본 얼티메이텀〉

대결 주인공은 상대방에게 승리를 거둬 목적을 달성해야 한다.
〈록키〉, 〈아웃사이더〉

낙오자 완전한 낙오자가 불가항력적인 역경에 직면하지만 결국 승리를 거둔다.
〈슬럼독 밀리어네어〉, 〈포레스트 검프〉

코미디 복잡한 일들이 꼬리를 물고 일어나 주인공을 우스꽝스러운 상황으로 몰아넣는다.
〈고스트버스터즈〉, 〈에어플레인〉

탐색 주인공이 수많은 난관을 극복하며 사람이나 장소, 물건을 찾아다닌다.
〈레이더스〉, 〈반지의 제왕〉

희생 주인공은 자신의 안녕과 더 높은 목적(사랑, 명예 등) 사이에서 힘든 선택을 해야 한다.
〈300〉, 〈3:10 투 유마〉

비참한 과도함 주인공은 극한까지 나아가다가 그 속에서 스스로를 파괴한다.
〈데어 윌 비 블러드〉, 〈시민 케인〉

출처 : Tennesse Screenwriting Association[테네시시나리오작가협회], 『Story』(로버트 맥키)

평균 수익률 : 316%   평균 평점 : 47%   자주 등장하는 이야기 : ■ 사랑 ■ 추적

볼 만한 가치 기준

1,000%
주노
웨이트리스

슈퍼배드
800%

심슨 가족, 더 무비
사고친 후에
노인을 위한 나라는 없다
600%

300
디스터비아

본 얼티메이텀
식코
트랜스포머   연을 쫓는 아이   마법에 걸린 사랑
스파이더맨 3   라따뚜이
            오션스 13   메신져   마이클 클레이튼   400%
                                 다이하드 4.0   인투 더 와일드
       나는 전설이다
       그 여자 작사   데어 윌 비 블러드
위 오운 더 나잇   그 남자 작곡   미스트
                                 아메리칸 갱스터   스위니 토드   헤어스프레이
미스터 브룩스
                블레이즈 오브 글로리   200%
베이컨시   로빈슨 가족   다즐링 주식회사   서핑 업
킹덤   찰리 윌슨의 전쟁   3:10   조디악
                                                         투 유마
                       베오울프   100%
              거침없이 쏴라!   워크 하드 :   그라인드하우스
              슛 뎀 업   듀이 콕스 스토리
                                                                    0%
55%   60%   70%   80%   90%   100%

● 구출   ● 대결   ● 유혹   ● 비극   ● 낙오자
● 복수   ● 희생   ● 수수께끼   ● 변화   ● 비참한 과도함

이야기

출처 : BoxOfficeMojo.com, The-Numbers.com, Wikipedia, IMDB.com & RottenTomatoes.com. 주의 : 공식 발표된 제작비는 신뢰하기 힘든 것으로 악명 높음(흥행이 실패했을 경우엔 특히)

흥행에 성공한 헐리우드 영화 2008
제작비 회수율로 살펴보기

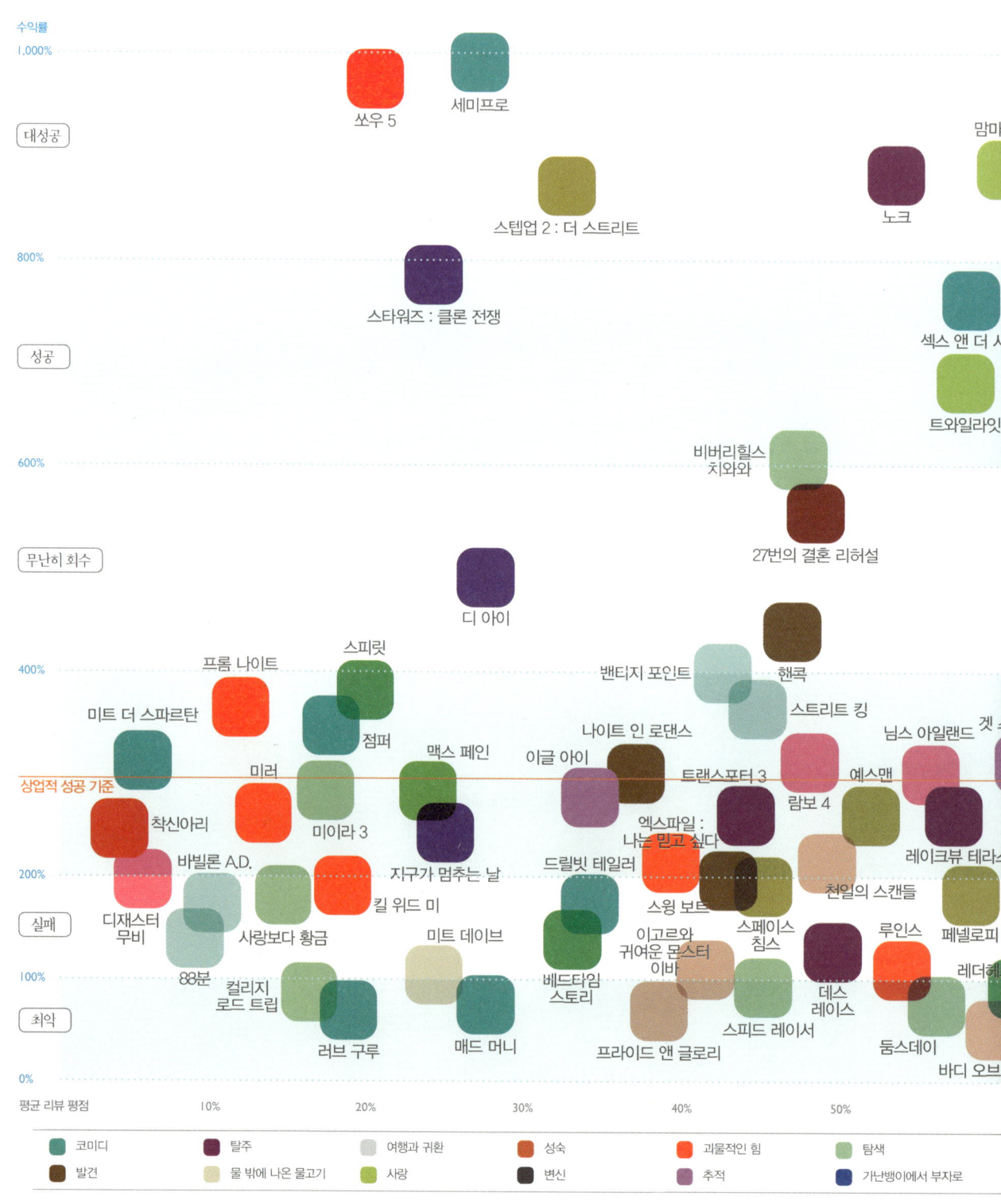

194 | 195

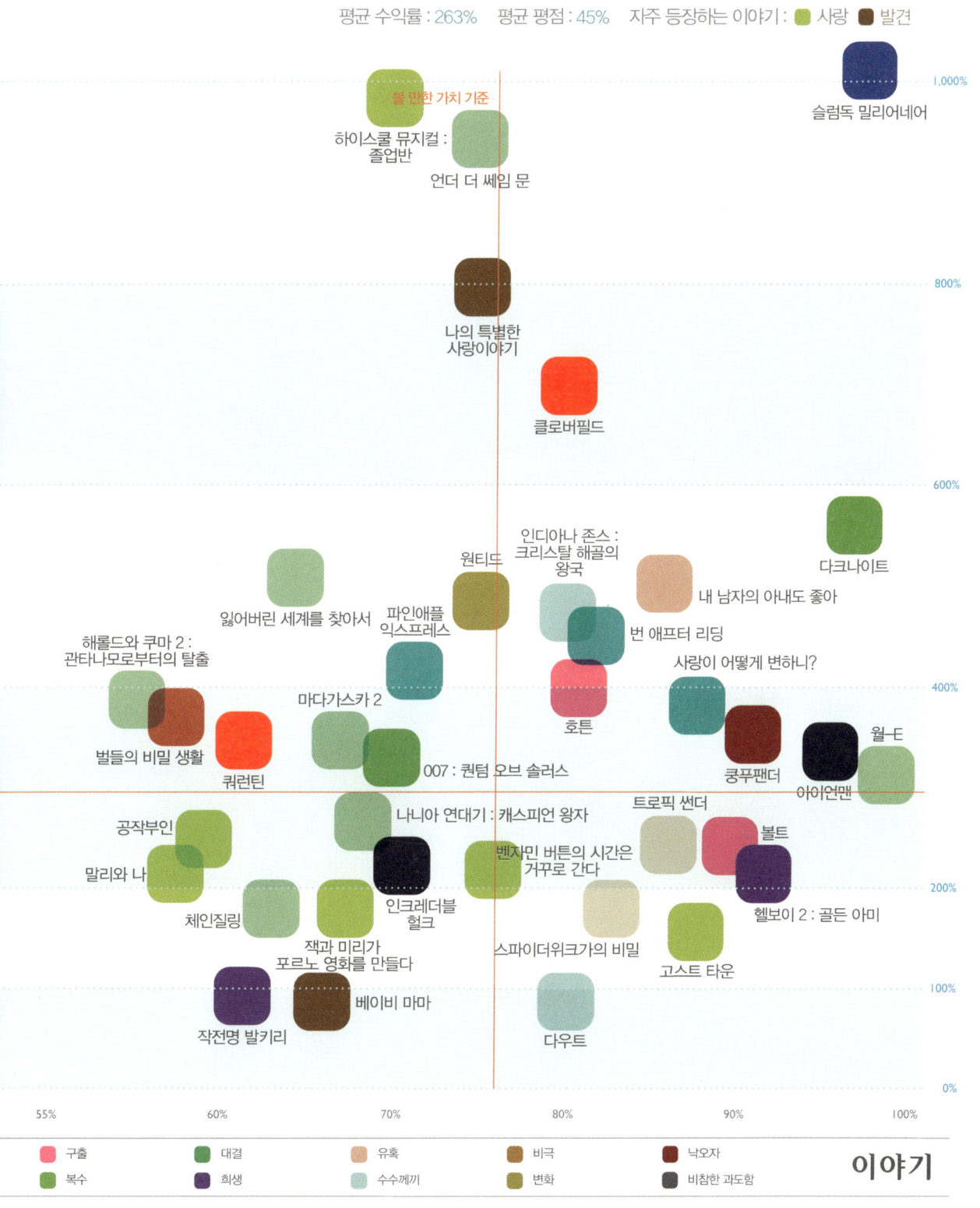

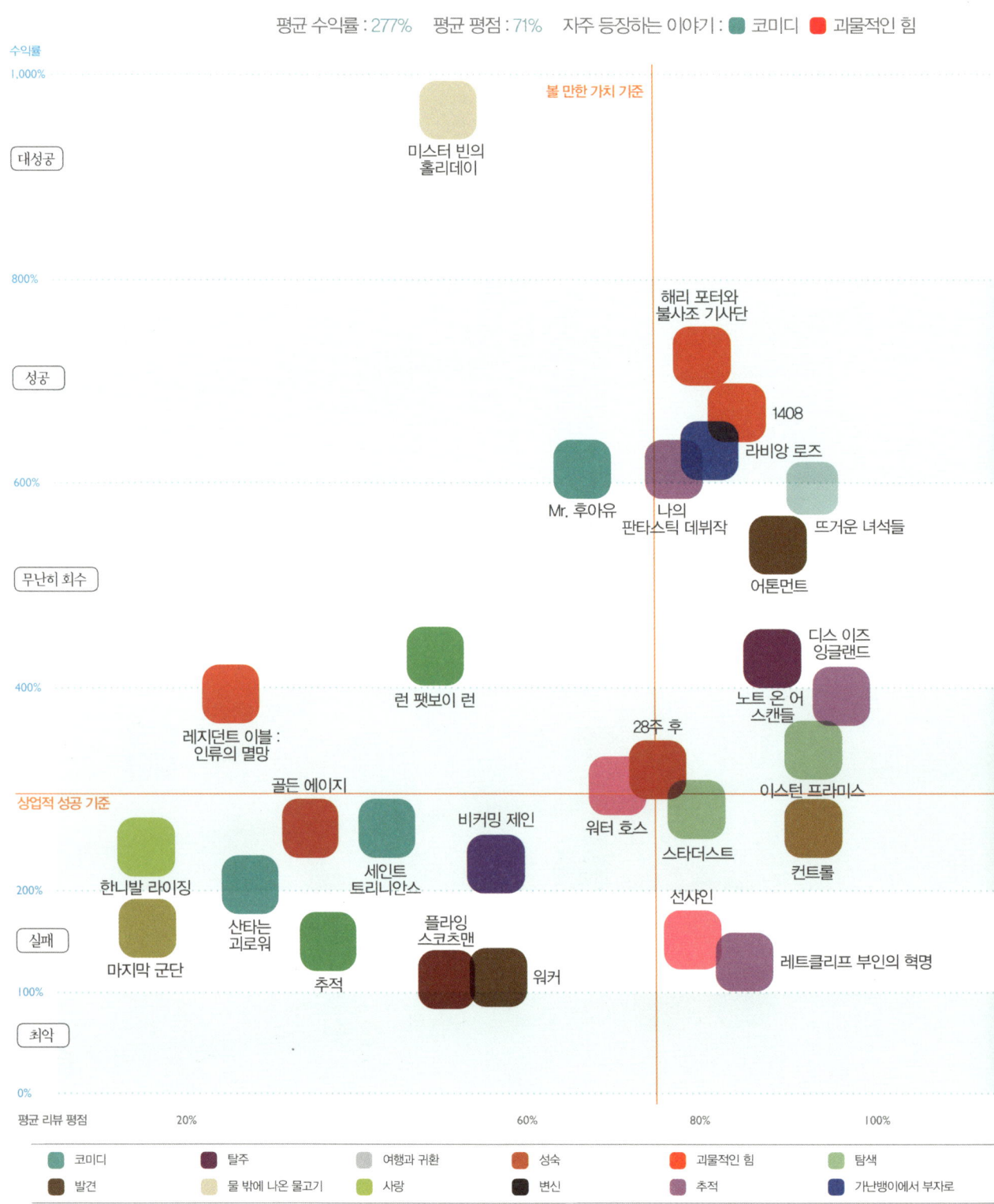

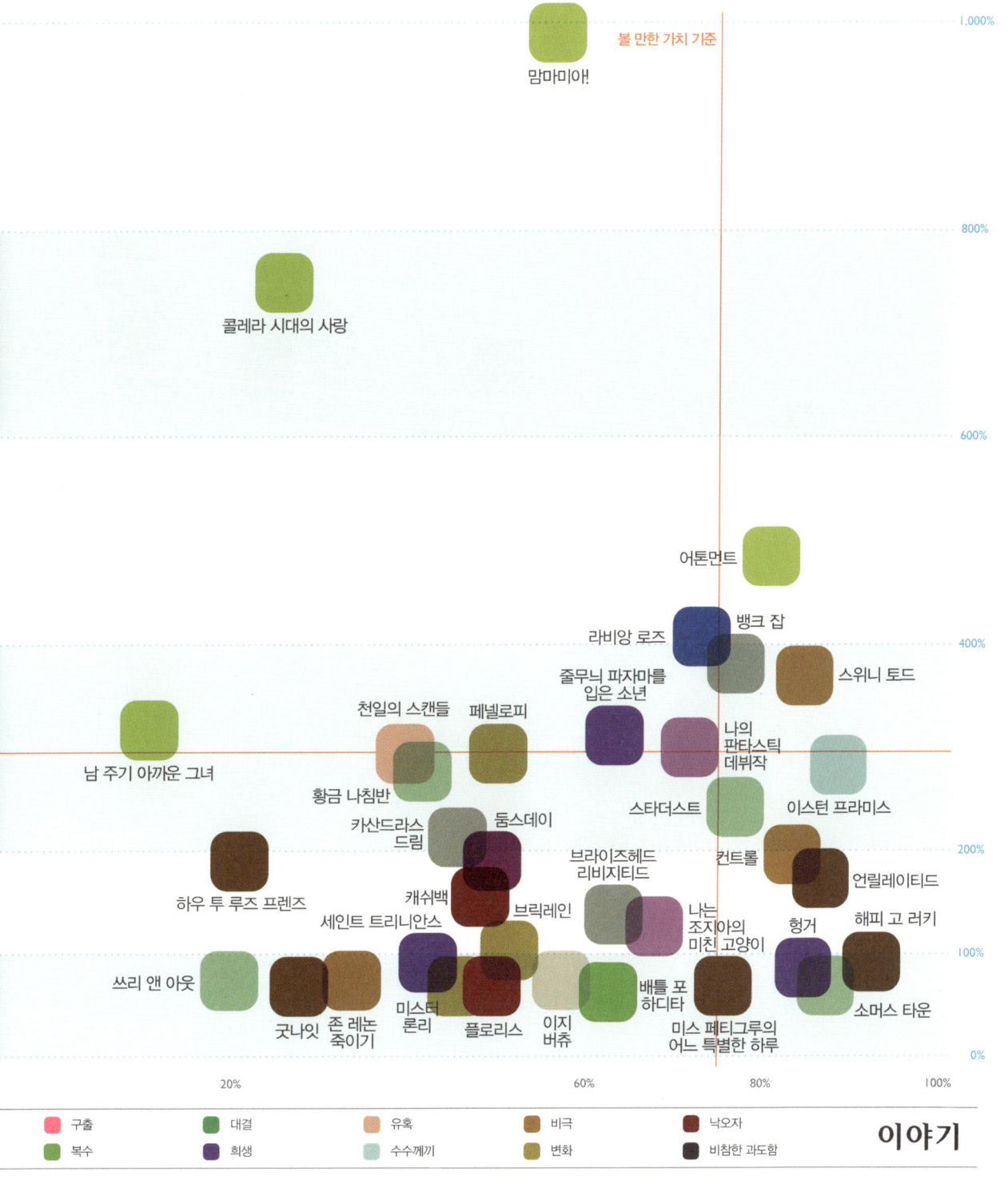

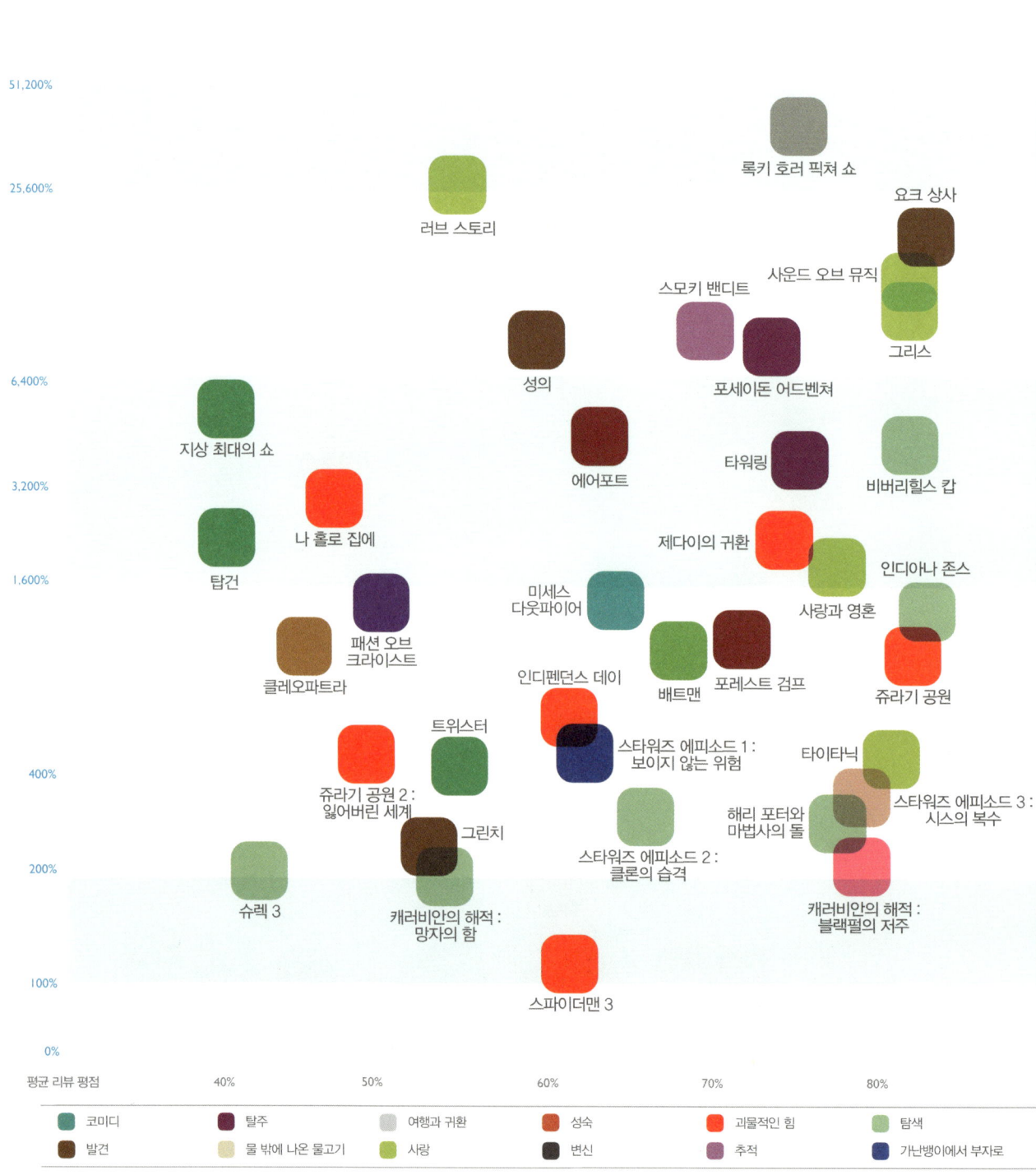

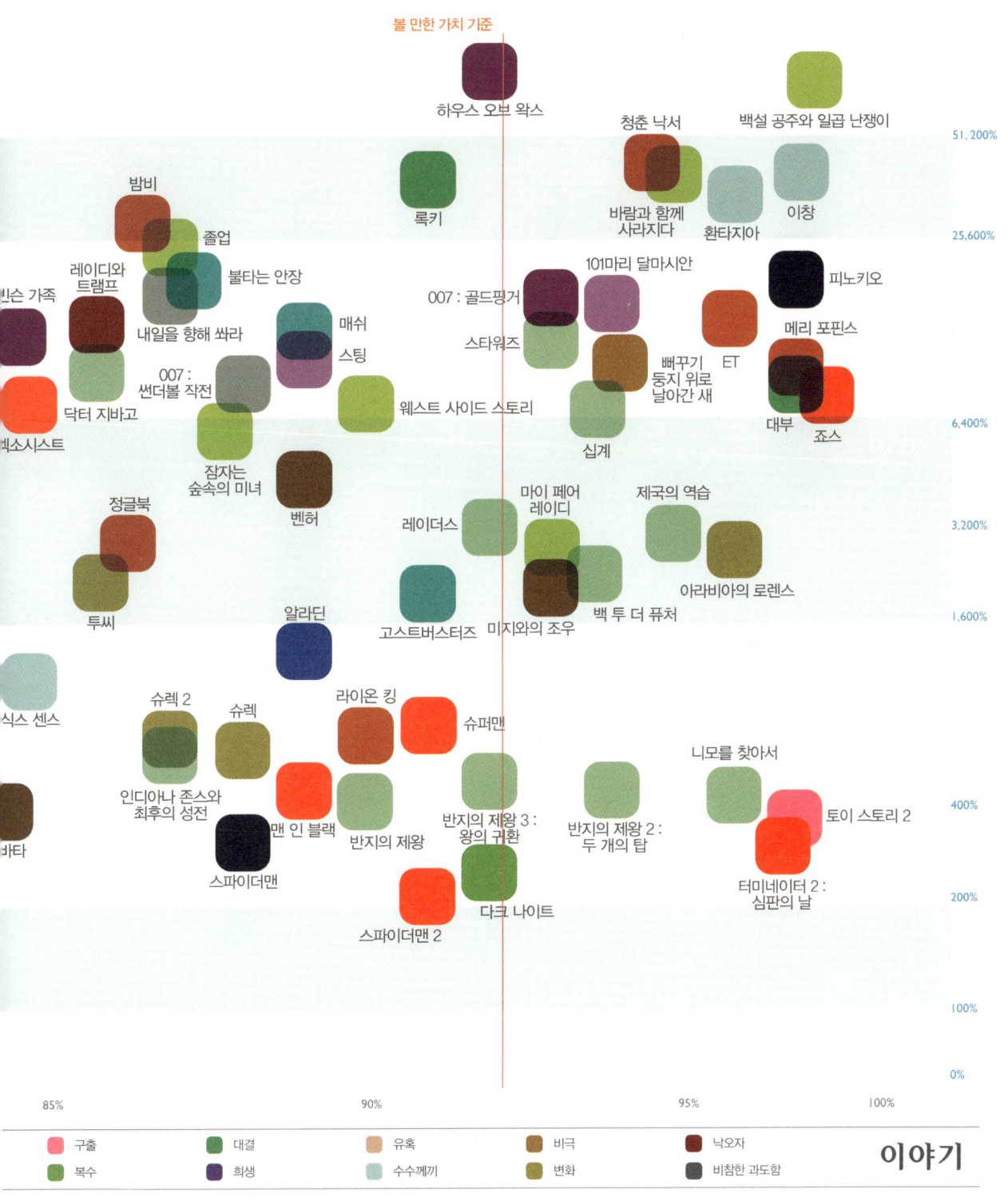

에니어그램

영원한 운동을 나타내는 고대의 상징물을 기초로 만들어진 개인의 성격 유형 이론이다.
각 유형은 세상에 맞선 핵심적인 방어기제로부터 형성된다. 자, 당신은 어디에 속할까?

		나는	내 희망은	장점
1	개혁가	합리적이고 객관적이다.	착하고 완벽한 사람이 되는 것	침착
2	도와주는 자	상냥하고 다정하다.	사랑받는 것	인간미
3	성취가	능력이 뛰어나고 효율적이다.	가치 있는 사람으로 인정받는 것	정직
4	개인주의자	직관적이고 감각적이다.	내 자신이 되는 것	평정
5	탐구자	똑똑하고 통찰력 있다.	유능해지는 것	공정함
6	충실한 자	헌신적이고 의지할 수 있는 사람이다.	지지와 조언을 받는 것	용기
7	열정적인 자	합리적이고 객관적이다.	만족감을 얻는 것	진지함
8	도전자	강하고 자신만만하다.	자신을 보호하는 것	순수함
9	중재자	무사태평하다.	마음의 평화를 얻는 것	행동

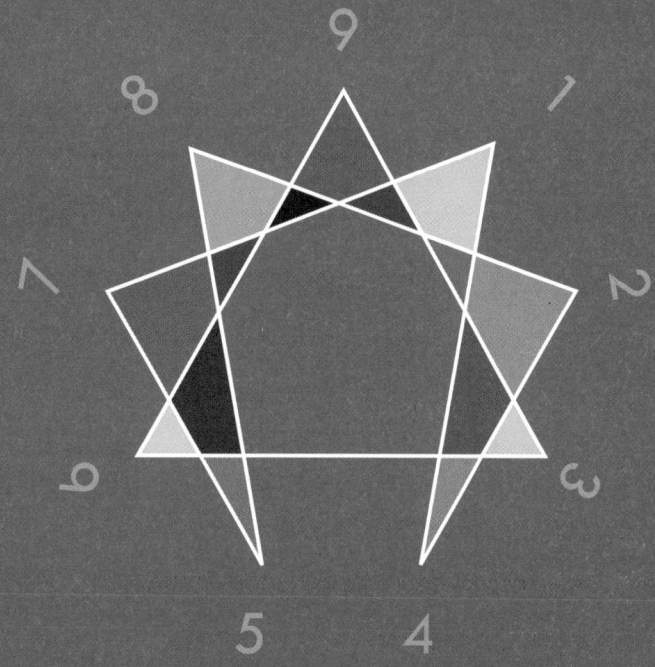

숨은 불만	내 두려움은	결점	그럼에도
내 말이 대개 옳다. 다른 사람은 내 말을 들어야 한다.	부도덕, 실수	분노	분별력이 있다.
나는 늘 다정하다. 다른 사람들은 그걸 너무 당연한 걸로 생각하고 있다.	사랑받지 못하는 것	아첨	공감 능력이 있다.
나는 우월한 인간이다. 다른 사람들이 나를 시기한다.	쓸모없어지는 것	허영	열의가 있다.
나는 어디든 잘 맞지 않는다. 나는 다른 사람들과 다르다.	대수롭지 않은 사람이 되는 것	우울	자신을 잘 인식한다.
나는 너무 똑똑하다. 다른 사람들은 나를 이해하지 못한다.	무력하고 무능해지는 것	인색	허튼소리를 않는다.
나는 들은 대로 행동한다. 하지만 다른 사람들은 그러지 않는다.	지지받지 못하는 것	근심	친절하다.
난 행복하다. 하지만 다른 사람들은 내게 충분히 베풀지 않는다.	고통받는 것	과도한 계획	열정적이다.
나는 살아남기 위해 싸우고 있다. 다른 사람들은 나보다 이점을 누리고 있다.	피해를 당하고 억압받는 것	복수	강인하다.
나는 만족한다. 하지만 다른 사람들은 내가 변하기를 바란다.	방향을 잃고 분열되는 것	나태	유연하다.

출처 : Wikipedia, Enneagraminstitute.com

꿀벌의 경고
왜 꿀벌들이 사라지고 있는가?

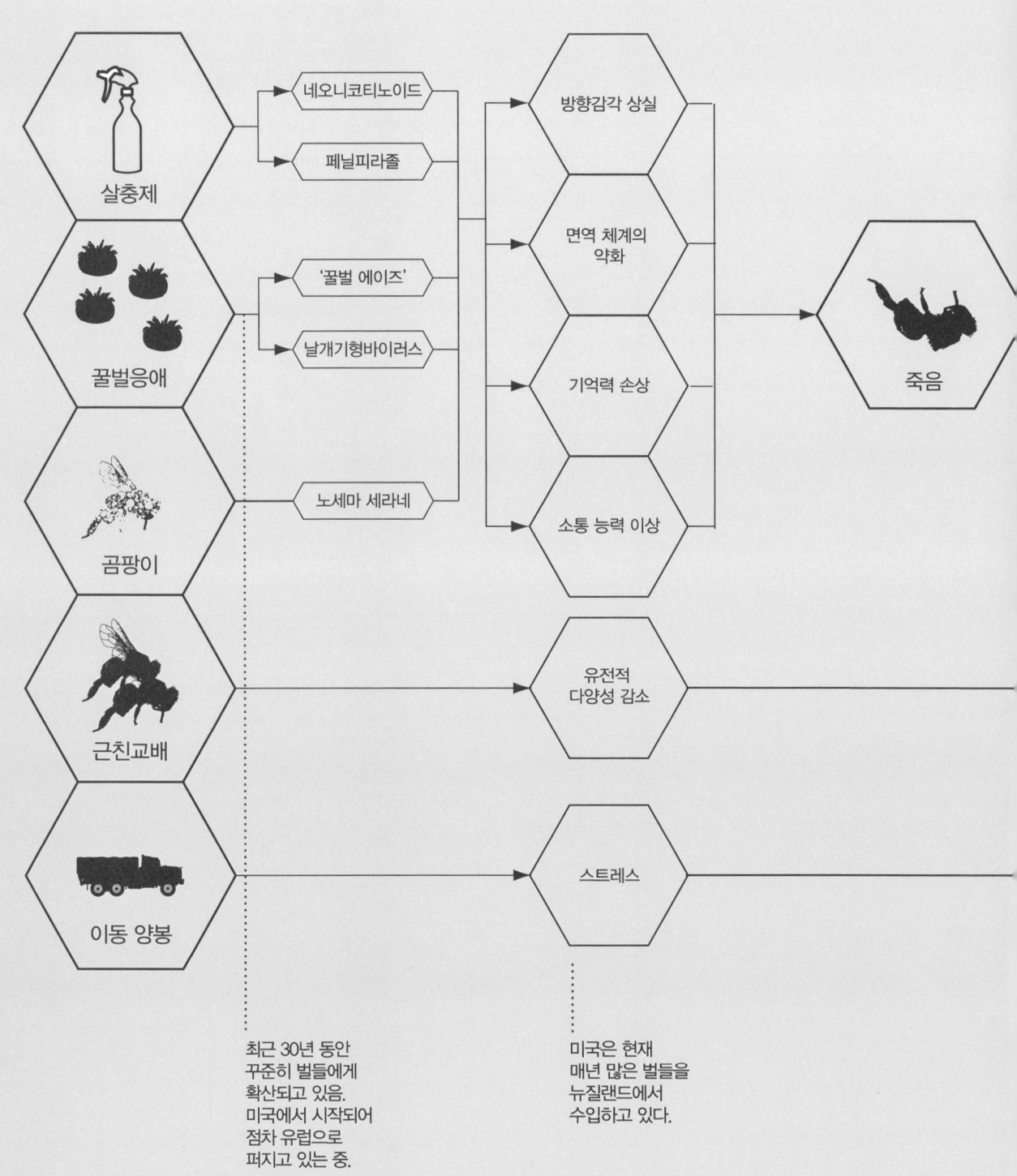

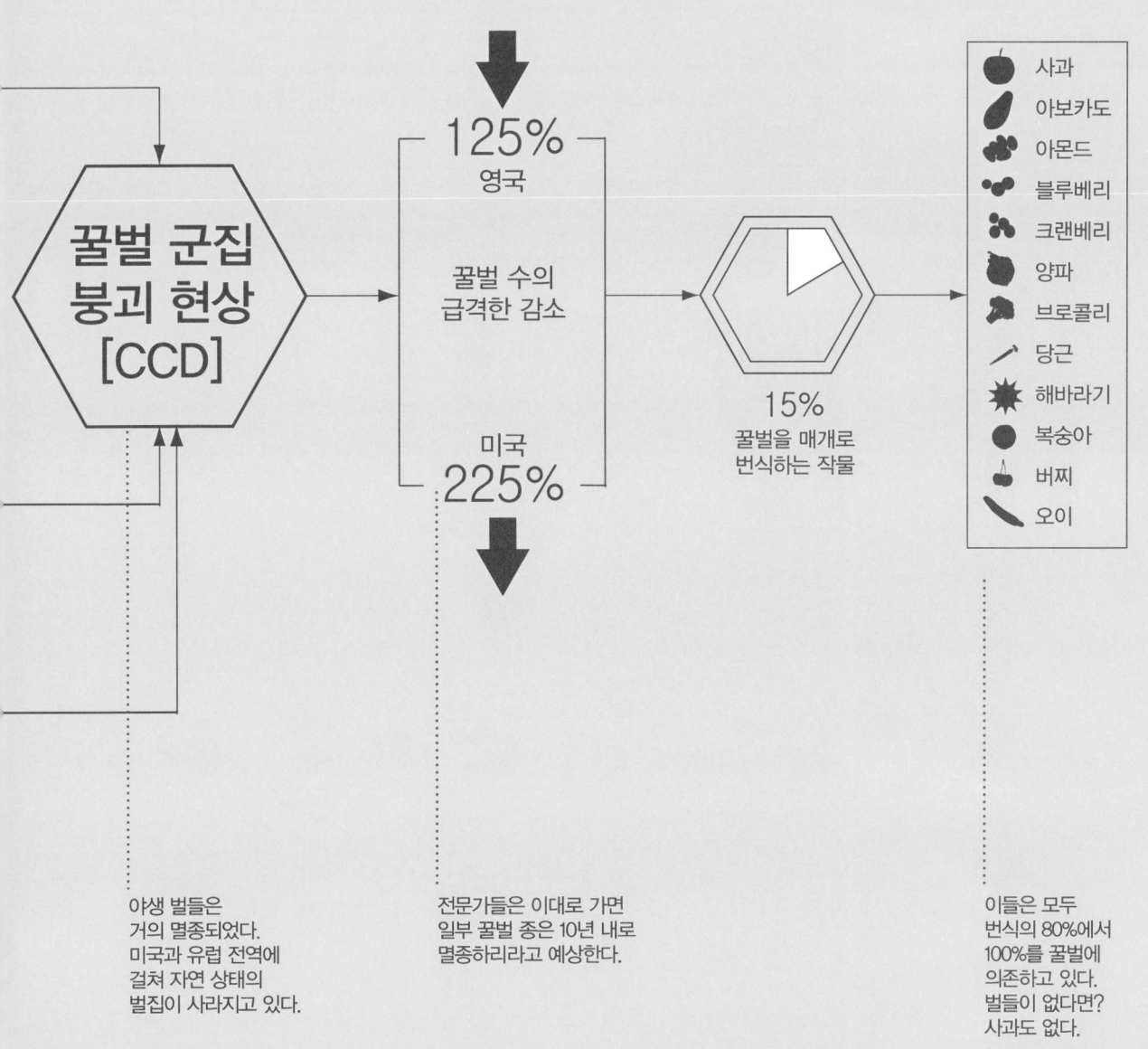

영혼을 사세요
자신의 영혼을 한번 그려 보라는 요청을 받은 아마존닷컴의 메카니컬 터크의 일꾼들

여자

아마존닷컴의 '메카니컬 터크'는 적은 돈을 받고 작은 일을 하는 데 행복을 느끼는 사람들을 위한 '온라인 일터'이다(25센트짜리 일부터 있음). 작가가 진행 중인 컬렉션을 위해 200명의 일꾼들에게 자신의 영혼을 그려 달라고 부탁했다. 우하하하하하하하하……

출처 : Mturk.com. 참여해 준 모든 터크 일꾼들에게 감사!

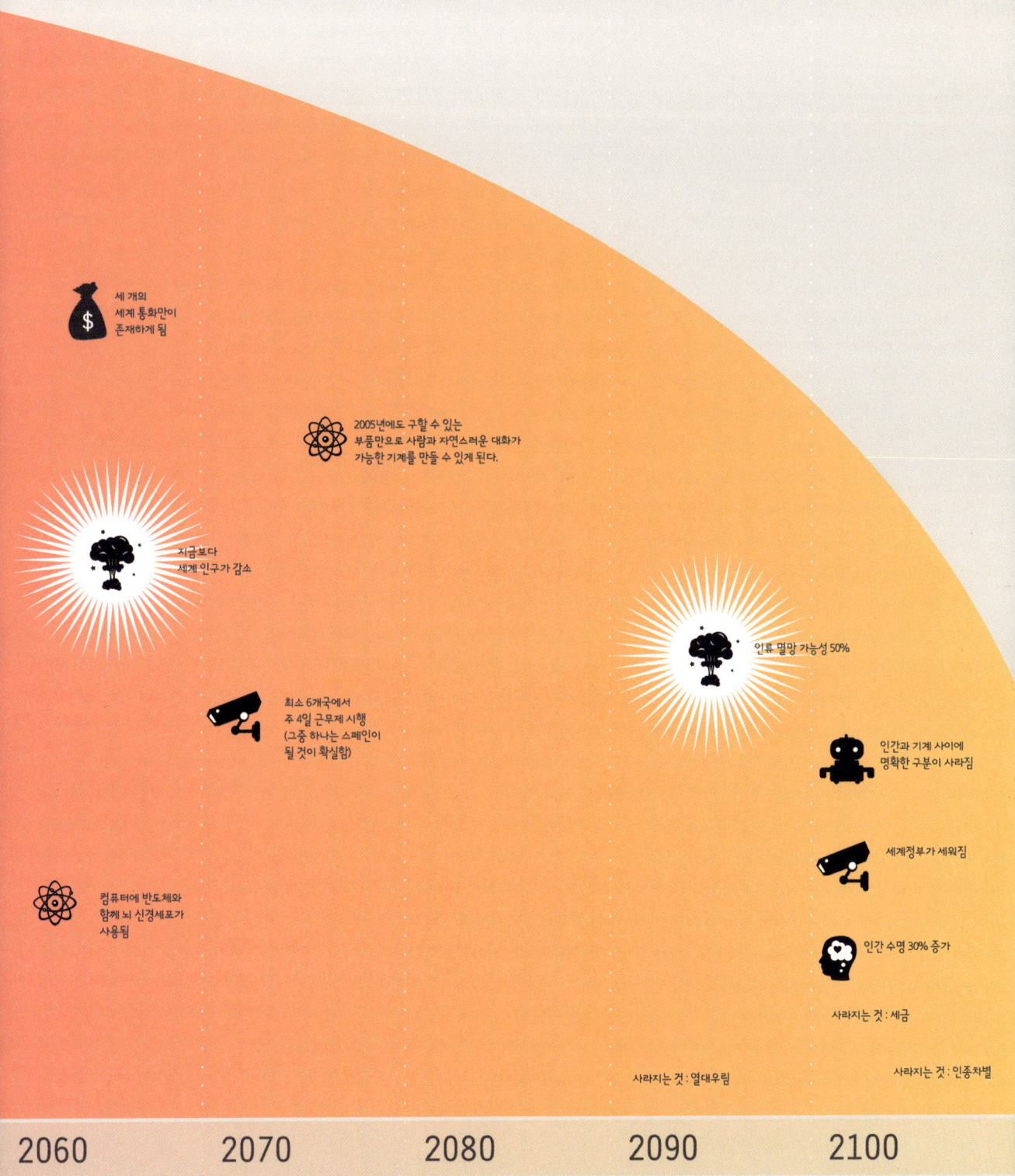

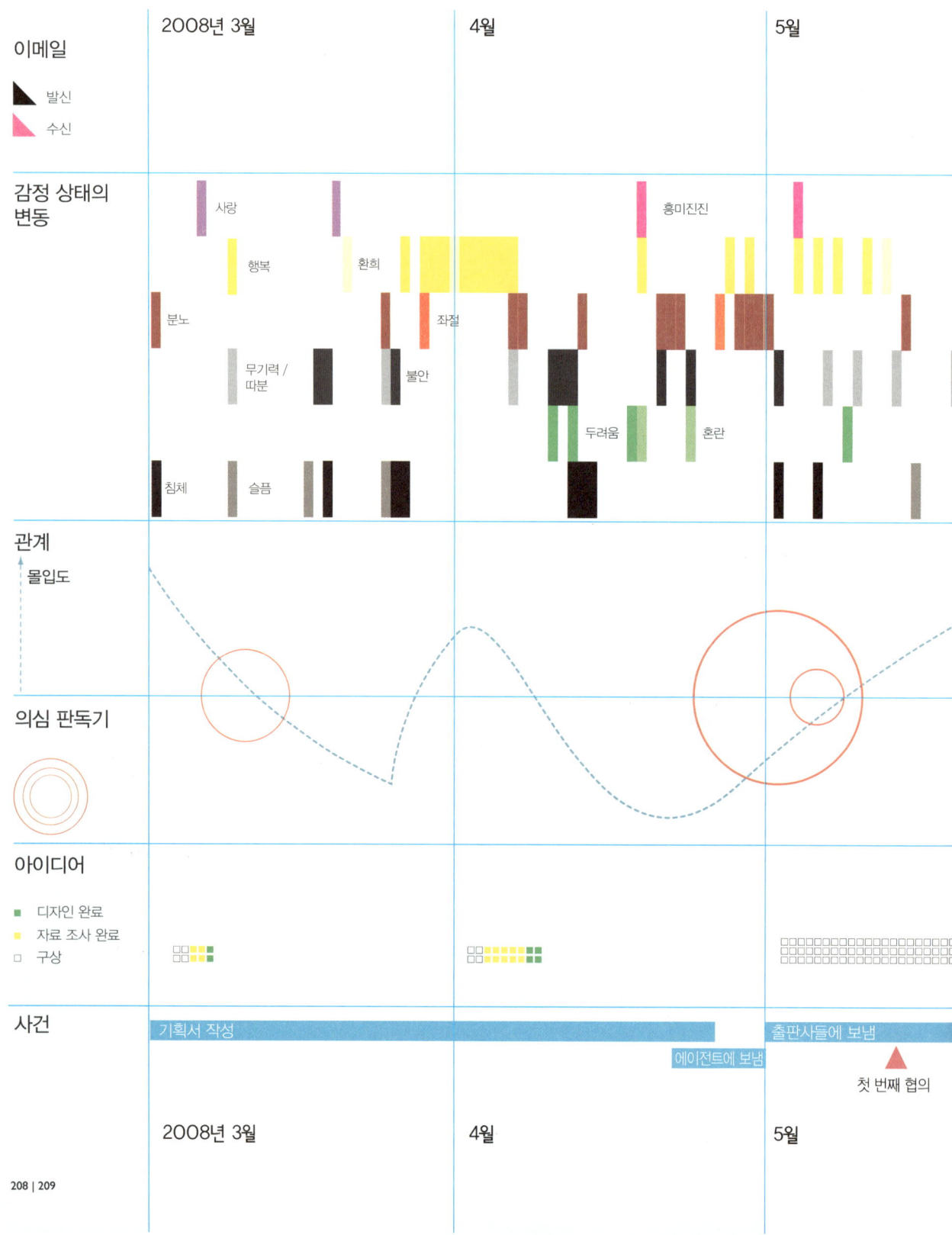

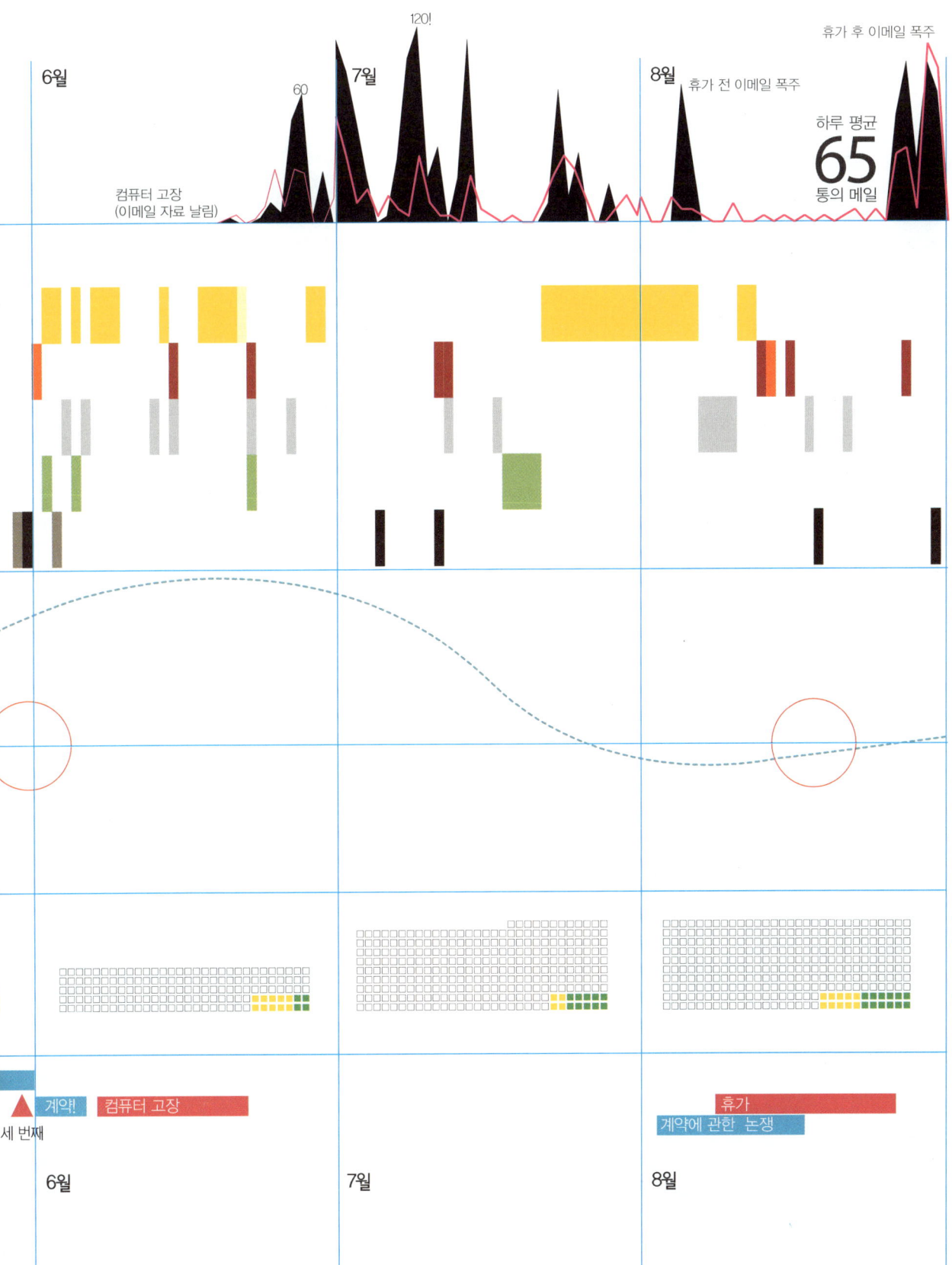

책 만들기
마지막 6개월

2008년 9월　　　　　10월　　　　　11월　　　　　12월

자료 조사 단계

디자인 단계

발목 골절!

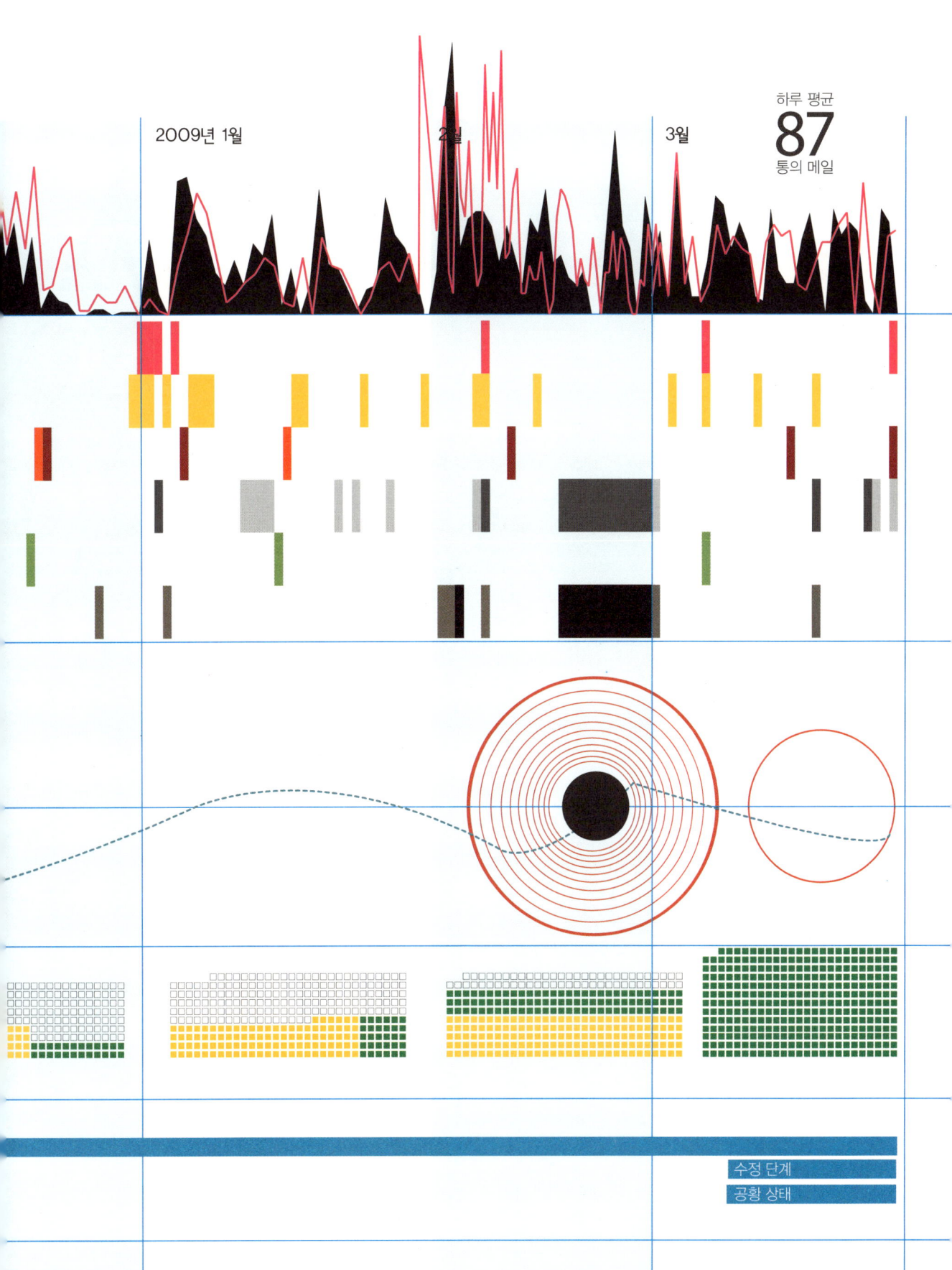

감사의 글
이 책이 나오기까지 도와주고 후원해 준 모든 이들에게 감사를 전하며

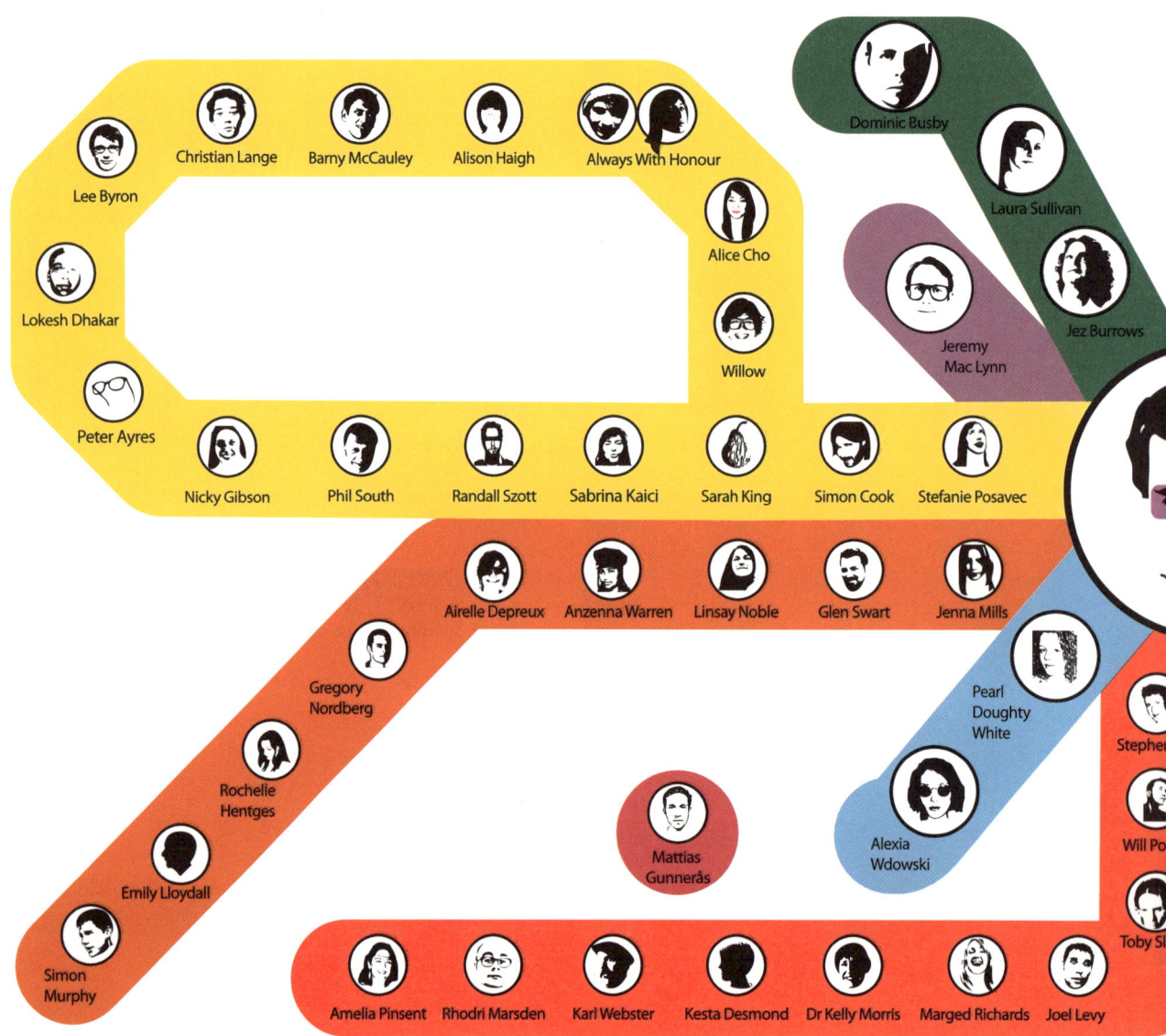

다음 분들에게도 감사를 전합니다 :
Vincent Ahrend, Dr David Archer, Steve Beckett, Delfina Bottesini, Laura Brudenell, Candy Chang, Susanne Cook Greuter, Dave Cooper, Kesta Desmond, Robert Downes, Danielle Engelman, Edward Farmer, Richard Henry, Dr Phil Howard, Claudia Hofmeister, Aegir Hallmundur, Becky Jones, Dongwoo Kim, Jenny McIvor, Priscila Moura, Mark O'Connor, Kate O'Driscoll, Dr. Lori Plutchik, Laura Price, Richard Rogers 그리고 트위터 부대와 메카니컬 터크 일꾼들

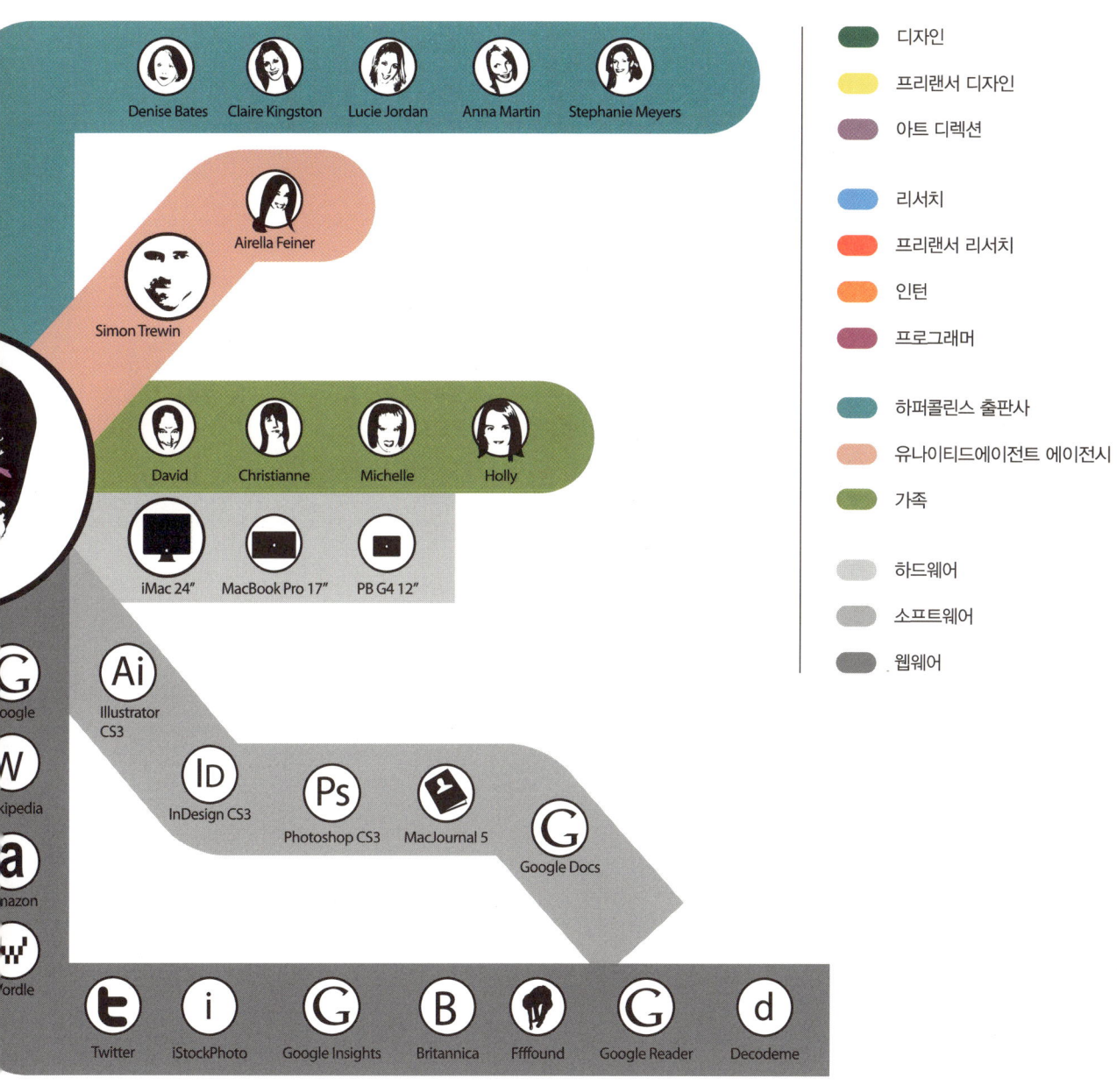

InformationIsBeautiful.net
책을 잘 활용하려면 우리 홈페이지를 방문하세요

더 많은 것을 알 수 있어요
우리 홈페이지는 비주얼 저널리즘을 비롯해 색다르고 참신한 인포그래픽과 데이터의 시각적 표현을 다루고 있습니다.

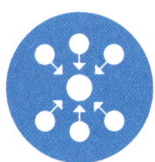
참여해 주세요
새로운 디자인을 위한 사실과 정보들을 조사, 연구하고 발굴할 수 있도록 참여해서 도와주세요.

활력을 느끼세요
쌍방향 소통이 가능한 이미지와 애니메이션을 경험하세요.

즐겨 보세요
이 책에서 이용한 데이터와 연구 자료 들을 볼 수 있어요.
이미지를 골라 직접 편집할 수 있는 버전도 있으니 찾아보세요.

그 밖에도 많은 것들이 있어요
새로운 다이어그램, 아이디어 맵, 버블 차트, 팩토라마 등 다양한 형태의 시각 자료들을 볼 수 있습니다.

twitter : @infobeautiful // facebook.com/david.mccandless

Can Drugs Make You Happy?

DRUGGIEST — Largest % of population using illegal drugs (7% or more)

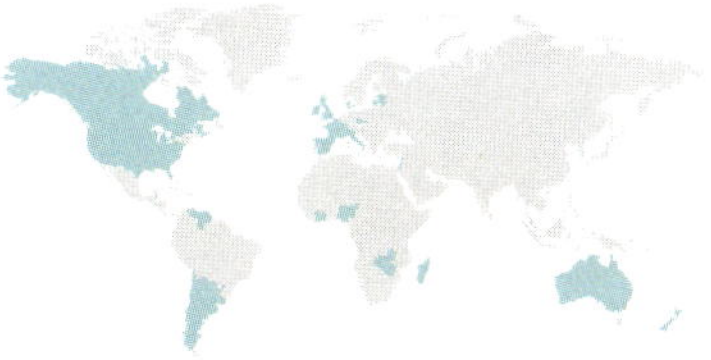

Argentina, Australia, Belize, Canada, Chile, Czech Rep, Denmark, England & Wales, Estonia, France, Ghana, Ireland, Israel, Italy, Jamaica, Kyrgyzstan, Latvia, Lebanon, Luxembourg, Madagascar, New Zealand, Nigeria, Spain, Switzerland, Uruguay, USA, Venezuela, Zambia, Zimbabwe

source: Guardian Data blog, UN

HAPPIEST — by Happiness Index Rating (above 6.8/10)

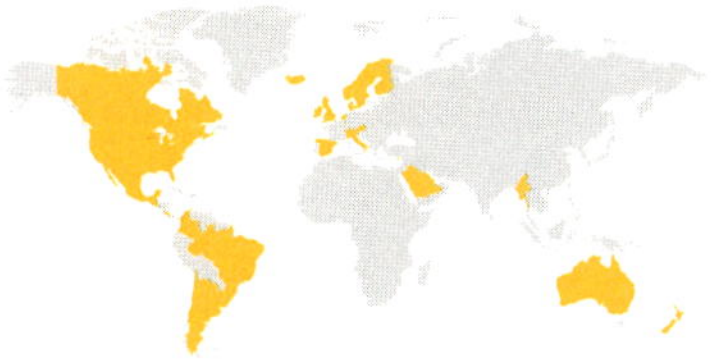

Argentina, Australia, Austria, Belgium, Belize, Brazil, Canada, Chile, Colombia, Costa Rica, Cyprus, Denmark, El Salvador, England & Wales, Finland, Guatemala, Iceland, Ireland, Italy, Luxembourg, Malta, Mexico, Netherlands, New Zealand, Norway, Saudi Arabia, Singapore, Spain, Sweden, Switzerland, Thailand, Trinidad & Tobago, UAE, USA, Venezuela

source: Erasmus University Rotterdam, Worlddatabaseofhappiness.eur.nl

BLISSED OUT! — where happiness strongly correlates with drug use

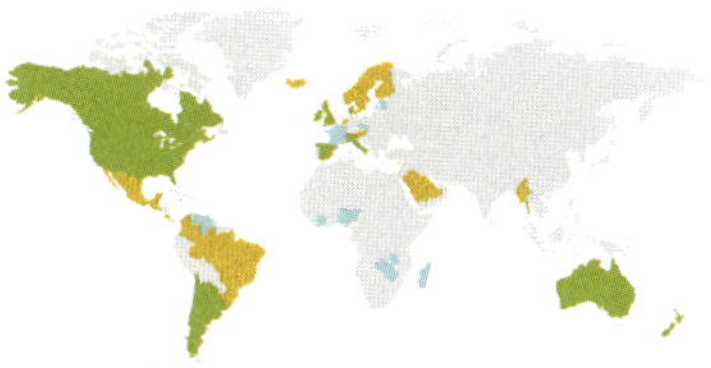

Argentina, Australia, Belize, Canada, Chile, Denmark, England & Wales, Ireland, Italy, Luxembourg, New Zealand, Spain, Switzerland, USA, Venezuela

just for fun, correlation is not cause

42%

Ain't Nothing Going On But The Rent
money and divorce in a co-dependent relationship?

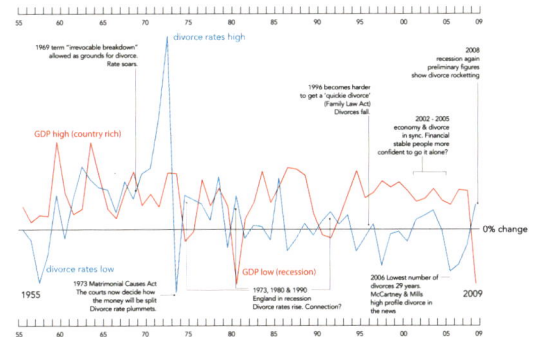

Pre-Flight Check
Reduce your odds of dying in a plane crash

Final Destination
Density of fatal accidents 1942-2009

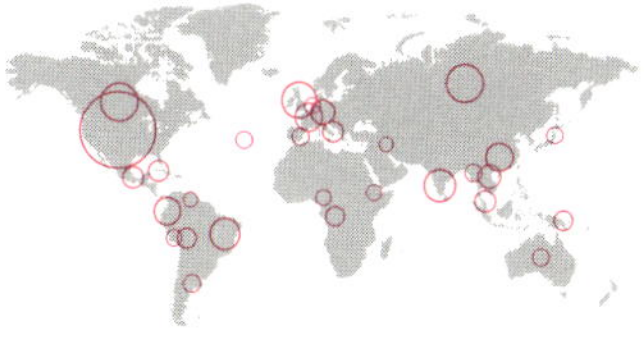

USA (2013 presidents), Russia (626), UK, India, Canada, Brazil, France, China, Colombia, Germany, Vietnam, Indonesia, Mexico, Italy, Cuba, Bolivia, Philippines, Congo (former Zaire), Spain, Argentina, Atlantic Ocean (and associated seas like Mediterranean, Caribbean), Myanmar, Australia, Japan, Venezuela, Netherlands, Sudan, Nigeria, Iran, Peru, Angola, Papua New Guinea, Afghanistan, Poland, Egypt, Pakistan, Thailand, Turkey, Ecuador (25)

source: www.aviation-safety.net/database/country

Squadron Leaders
Fatal accidents by aircraft type

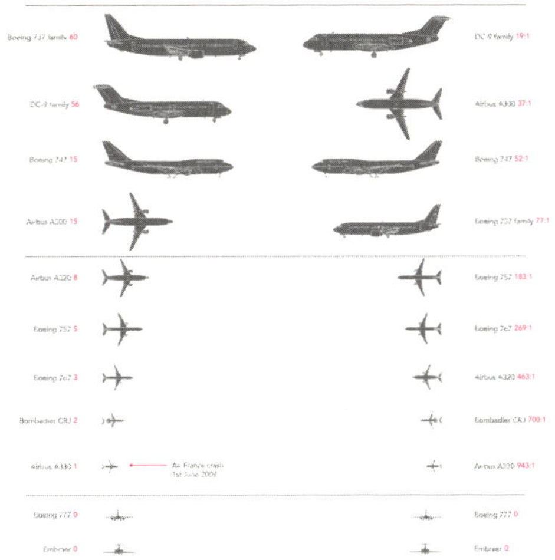

Boeing 737 family 60
DC-9 family 56
Boeing 747 15
Airbus A320 15
Airbus A300 8
Boeing 757 5
Boeing 767 3
Bombardier CRJ 2
Airbus A330 1
Boeing 777 0
Embraer 0

2nd Squadron Leaders
Ratio of fatal accidents to number of planes in services (the higher the better)

DC-9 family 19:1
Airbus A320 37:1
Boeing 747 52:1
Boeing 737 family 77:1
Boeing 757 183:1
Boeing 767 269:1
Airbus A320 463:1
Bombardier CRJ 700:1
Airbus A330 943:1
Boeing 777 0
Embraer 0

— Air France crash 1st June 2009

source: www.acdenworldwide.com (via Guardian Datablog)

Seating Plan
Survival rate relative to seat position

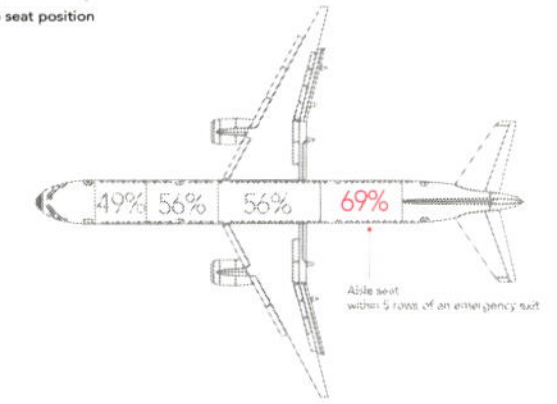

49% | 56% | 56% | 69%

Aisle seat within 5 rows of an emergency exit

source: Popular Mechanics (via PlaneingData.com), University of Greenwich study

Bad Month
Months with the most fatal airline accidents 1942-2009

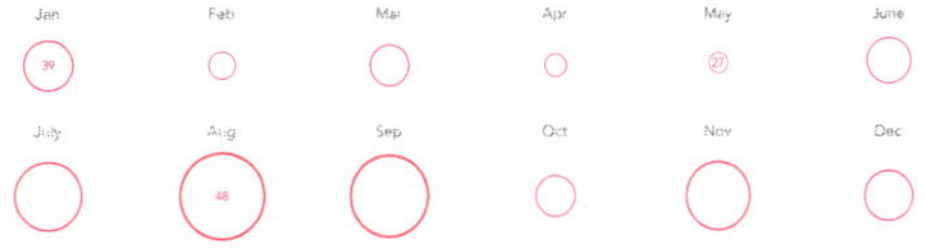

Jan 39 | Feb | Mar | Apr | May 27 | June
July | Aug 48 | Sep | Oct | Nov | Dec

source: Wikipedia/List_of_air_disasters

The Odds
Chances of actually dying in a plane crash

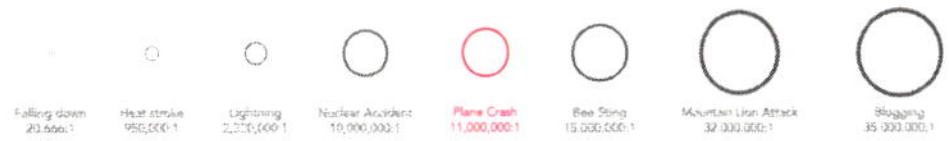

Falling down (20,000:1) | Heart stroke (980,000:1) | Lightning (2,320,000:1) | Nuclear Accident (10,000,000:1) | Plane Crash (11,000,000:1) | Bee Sting (19,000,000:1) | Mountain Lion Attack (32,000,000:1) | Mugging (35,000,000:1)

source: Google

억만 달러
010

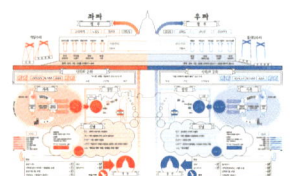
좌파 vs. 우파
014

시간선
016

만병통치약?
018

창조론 vs. 진화론
020

침소봉대
022

탄소의 무게 I
024

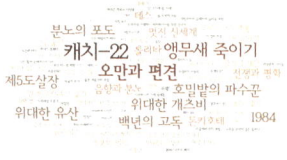
꼭 읽어야 하는 책들
026

먹어도 좋은 생선은?
028

무슨 색을 '입었을까'?
030

무슨 색을 '골랐을까'?
032

마법의 숫자 3
034

누가 세계를 움직일까?
036

누가 진짜 세계를 움직일까?
038

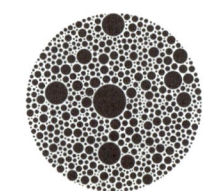
재고 점검
040

30년 사이에 I
042

창조 신화
044

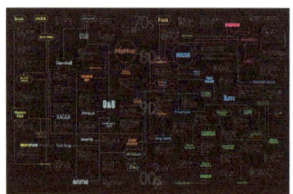
댄스음악의 계보
046

당신에 대한 책
048

나에 대한 책
050

록의 계보
056

간단한 것들 I
058

의식이란 무엇인가?
064

온라인 사랑 찾기
066

바닷물이 밀려온다!
068

색과 문화
070

당신의 단계
071

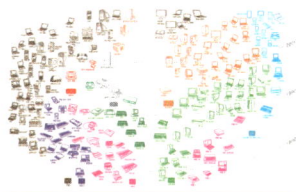
퍼스널 컴퓨터의 진화
078

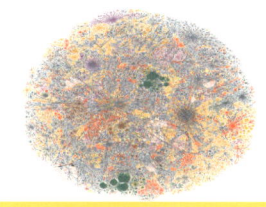
세계가 하나
080

유 튜브
086

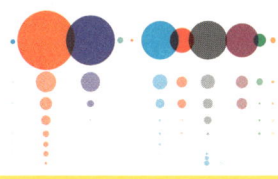
세계의 종교
088

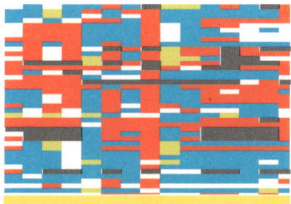
가치관의 매트릭스
090

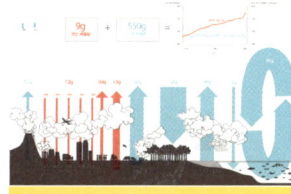
이산화탄소 순환
092

해상도
094

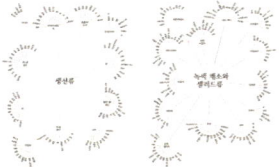
미뢰, 맛의 꽃봉오리
096

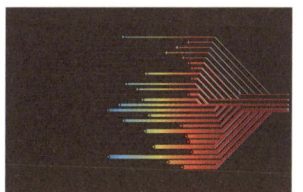
멸종
102

세계 최고
104

독배
106

치료제
107

샐러드드레싱
108

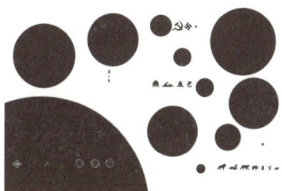
누가 더 똑똑할까?
109

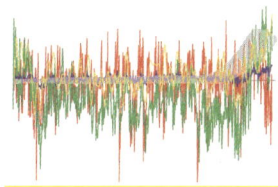
20세기의 죽음
110

지구온난화 회의론 vs. 과학적 합의 112

위인들의 뒤에는……
116

정보 시각화의 유형 118

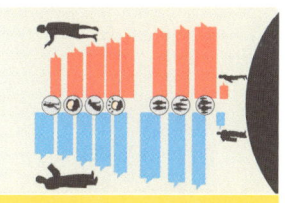
소스 좀 주세요
119

타고나는 것이냐 vs. 키워지는 것이냐 120

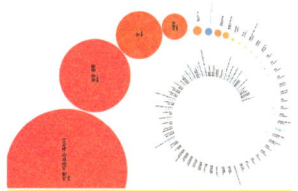
포스트모더니즘
122

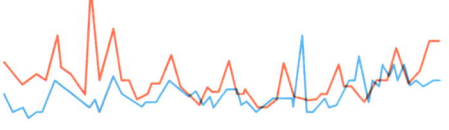
죽음의 확률
124

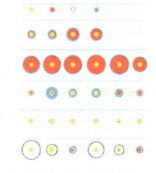
Google 검색 통계
126

교토 의정서의 목표 129

다양한 형태의 연애, 서양 결혼의 진화 130

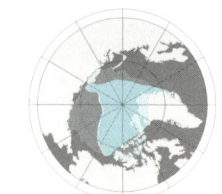
30년 사이에 II
132

베이컨보다 낫네 134

불멸
135

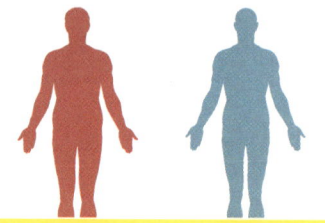
불가항력
136

신체 비례
139

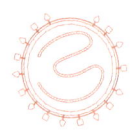
가장 위험한 병원균들 140

화장품 성분
141

암을 일으키는 것들 142

커피의 종류
144

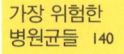
탄소의 무게 II
146

전쟁 중인 항목들
148

워터 타워
150

미디어 정글
152

일일 다이어트 식단
154

칼로리 섭취, 칼로리 소모
156

수염의 유형
158

와인 빈티지
160

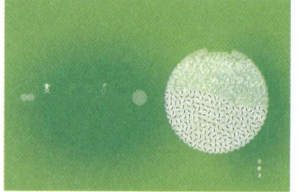
양서류의 멸종률
162

동기, 이별 시기, 이별 통보
164

빨강 vs. 파랑
166

사람의 사람 사랑
168

간단한 것들 II
170

페터스 투영도법
174

대체 의학
176

클라우드
178

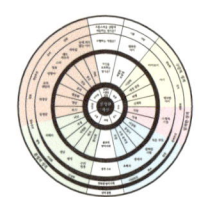
방어기제
180

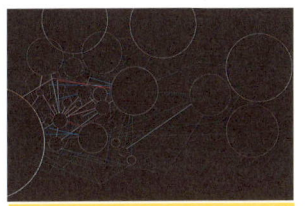
중동
184

중동에 대한 몇 가지 전후 맥락
186

에너지의 미래
187

가장 성공한 록 밴드들
188

22가지 이야기
190

흥행에 성공한 할리우드 영화
192

흥행에 성공한 영국 영화
196

역대 흥행 영화
198

에니어그램
200

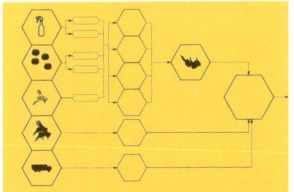
꿀벌의 경고
202

영혼을 사세요
204

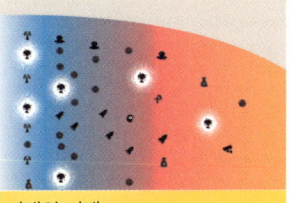
미래의 미래
206

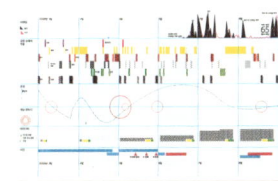
책 만들기
208

감사의 글
212

InformationIsBeautiful.net
214

정보는 아름답다

초판 1쇄 | 2012년 2월 1일
초판 4쇄 | 2014년 1월 15일

지은이 | 데이비드 맥캔들리스
옮긴이 | 이정인

펴낸이 | 황호동
디자인 | 이인옥
펴낸곳 | (주)생각과느낌
주소 | 서울 마포구 창전동 2-43 2층
전화 | 02-335-7345~6 팩스 | 02-335-7348
전자우편 | tfbooks@naver.com
등록 | 1998.11.06 제22-1447호

ISBN 978-89-92263-16-0 (03000)